U0136117

臺灣鄉土與宗教研究叢刊

# 臺灣民間信仰中的五營兵將

許宇承 著

蘭臺出版社

# 臺灣鄉土與宗教研究叢書總序

李世偉（花蓮教育大學鄉土文化系副教授）

人類對於鄉土的感情是原生性的，毋庸刻意學習與培養，自然而成。鄉土既是生命情懷之託，也是知識啟蒙之端，因此古云「君自故鄉來，應知故鄉事」，那是一種每個人最熟悉的生命經歷，而所謂「以鄉之物教萬民」則當是傳統社會的自然及社會教育了。

解嚴以來，隨著政治改革的民主化與本土化的潮流，臺灣鄉土教育與文化日益受到重視，最初由部分知識分子與地方政府草根式的推動，由下而上地顛覆中央政府過去以中國大陸為中心的教育政策，鄉土教育成為體制內所認可的重點。影響所及，教育部也制定了系列的鄉土歷史文化教學活動，在國中小次第開展；此外，各種的鄉土文化藝術活動受到極大的重視與鼓勵，地方文史工作室紛然而立，一時之間，臺灣各地充滿著濃厚的「鄉土熱」。

然而，鄉土熱的風潮未必能帶來相對的研究成果與水平，這除了鄉土研究的時間尚短，相關的問題意識、文獻積累、研究方法、研究視野等尚未充分且深入的開展外，意識型態的干擾、媚俗跟風者眾，也是關鍵因素。這使得表面上鄉土文化的論著充斥書肆，研究資源也易於取得，但研究水平難有實質上的提昇。這樣的反差是頗令人感慨的，因此有了出版這套「臺灣鄉土與宗教研究叢書」之構想。鄉土文化研究以民間宗教信仰作為切入點，自然是著眼於臺灣漢人移民社會的特質而發，從移民之初至今，民間宗教信仰作為族群認同、社區凝聚、經濟生產、常民生活、精神文化等作用，已是我們所熟知的課題，因此作為叢書論述的

主軸。

這套「臺灣鄉土與宗教研究叢書」首先推出七本佳著，分別是周政賢《臺灣民間地基主的信仰》、陳桂蘭《臺灣民宅的辟邪物》、施晶琳《臺灣的金銀紙錢》、楊士賢《臺灣的喪葬法事》、陳瑤蒨《臺灣的地獄司法神》、邱秀英《花蓮地區客家信仰的轉變》、許宇承《臺灣民間信仰中的五營兵將》。這些論著均為作者的學位論文改寫而成，雖然他們都是學界新秀，識者不多，舞文弄墨的身段也未必老練。但熟悉學界之生態者多知，許多人一旦躋身教授之流後，或困於教學、行政之壓力，或疏於己身之怠惰，或安於升等後之既得位階，要再期待有佳作問世，便如大旱之望雲霓也。相對的，若是研究生能潛心專志、奮力相搏，反而能有驚豔之作。毋庸誇誇之言，這七部書都是內容紮實的精彩作品，文獻資料詳實可徵，作者們也都作了大量的田野調查，為我們提供第一手的觀察與論證，圖像資料亦相當可貴，具有極高之參考價值。當然，更重要的是，作者所探討的主題均為漢人民間社會中極重要，卻較少被有系統性的處理者，因此益顯彌足可貴，有心之讀者可以細加體會。

臺灣蘊藏的鄉土文化極為豐富，這次首推的叢書，其主題雖多與宗教信仰相關，但我們希望能夠再發崛其它的主題論著，也期許有更多的人投入其中。這套叢書能順利出版，感謝蘭臺出版社的盧瑞琴小姐與郝冠儒先生的支持，要在利潤微薄的出版市場上作這樣投入，是需要一點冒險與勇氣的。另外老友王見川從旁的一些協助與意見，亦一併致謝。是為序。

# 目　　次

表目次

# 第一章

## 緒論

　　許多聚落裡的居民，會在每月初一、十五備妥菜飯、水果、乾糧等立即可食用的食物及紙錢至廟埕「犒軍」，是為犒賞守護聚落的五營兵將。聚落的犒軍活動呈現出兩個世界，一是無形的鬼神世界，一是聚落境內的人界；神明統領五營兵將，來阻擋邪魔鬼怪侵入聚落境內以保「合境平安」，而聚落居民則以例行性的犒軍方式，來誠心慰勞這些兵將，並祈求它們繼續擔負起守衛聚落之事。

　　與守護聚落的五營兵將相關的置物主要分成兩種，一是置於廟內的「五營座」，另一是安置於聚落外圍的營寨。五營座上置放著象徵五營將領的人偶像、指揮五營軍兵的五色旗幟，以及法師及童乩調遣軍兵所用的相關法器；五營座平時置放於廟內供奉著，而在進行犒軍時則搬遷至廟埕供桌上，或在年度的安鎮五營活動時隨行至各營位所在。而位於聚落外圍的營寨，則依五方的配置，設置於聚落外圍的路口處，營寨內可見竹符、令旗、令牌、神像、烘爐……等。五營兵將依五方駐守在一境域或聚落外圍的營寨，其外型與置物各地呈現諸多不一的面貌，有些地區的營寨儼然成了一座豪華小廟的形式，也有許多地區的營寨卻連遮蔽物都沒有，而僅是在營位所在之處插立一支竹符而已。若從外表形式來看，營寨的種類繁多，復加近年來道路的增建與拓寬頻仍，這些位於路旁及路口的營寨也隨著遷移或改建，營寨的形式或經互相模仿、或再加以改進，而有不同的樣貌出現，營寨的外表形式應是後來發展的結果，起因於為了避免「竹符」受風吹雨打而設的遮蔽物。從營寨的置物來看雖各地亦有不同組合，但似乎以「竹符」為主體，竹符為一段三尺餘長的竹節，在竹節一面上削皮整平，上面書寫著諸如「奉某神之令派遣某營將領兵鎮守、驅邪壓煞」之意的符文；竹節上端則用紅布包紮起來，竹節下端則

削尖，在穿透一倒置的瓦罐後，釘入營位所在處的土地內，符文的內容是明瞭五營兵將設置意涵的重要管道。這些書有符文的五營置物，將其安置在某處就象徵著將兵員部署於某地，其任務即依符文上所敕令之事，這些符文上的內容就好像人間的一只「派令」一樣，書寫在某神明旨意下，命令各營部將帶領軍兵鎮守一地，而五營符文安置物所環繞起的空間，即標誌出整體的守備範圍，通常兵員的安置是不超過該廟宇神明所管轄的境域範圍。

另外在竹符符文的書寫、五營營寨的安置到犒賞活動，大多由「法師」或稱「小法」、「五方」來操作，這些法師是在廟方需要時經由外聘而來，或是由廟方內部代代相傳的法師團人員所擔任。在法師調遣兵將的相關儀式過程中，有一歷代相傳的咒簿作為文本，以唱誦或口白交互的方式呈現，通常以唱誦的部分為主體，也佔了儀式大部分的時間。在唱誦時通常採眾人大聲齊唱並伴隨鑼鼓的聲響呈現；而口白的部分則僅由居於壇桌前之法師一人，依平日說話般的音調說出，且未配合鑼鼓等聲響。咒文本就如同戲劇綱要般，作為整著儀式進行的主軸；而儀式過程中，法師所操演的動作亦多配合咒文的文義來做。綜觀來說，在整個調遣兵將的相關儀式如犒軍過程中，即包含了法師團成員、童乩與信眾三方人員。法師團成員是主要犒軍儀式操演者，以咒文本當作儀式操演的劇本，而在請神咒曲調及鑼鼓聲的配合與催化下，儀式現場的乩身也順利的進入「起童」的狀態下，以神明的角色來巡視犒軍會場。而備妥祭品前來犒軍的信眾們，則觀看與經歷了一齣儀式劇；法師團成員唱誦的內容與「口白」部分的文義，就好像是對各神明生平事蹟的說明，以及對現場所行的儀式之旁白解說；而神明降臨乩身並巡視會場，讓信眾直接的感受到神明的存在，並相信自身在定期對神軍的奉祀之下，神軍也會保

佑闔家平安、諸事順利。

　　有關臺灣民間信仰中「五營兵將」的特別之處在於：不同地區的五營設置物，雖其形式樣貌看似不同，但在五營兵將的構成、安置及在調兵遣將的儀式作法中，有著一套頗為近似的系統性作法，其源流與意涵值得吾人進一步去探求。基於此，本書從文獻上來探討安置五營兵將的時機及意義，並配合現今田野調查所得資料來比較同一信仰在不同時空下之異同；再經由記錄「安營」之過程，並在訪問儀式操作者以及咒文本資料配合下，來探究安營活動之意義。進一步透過考古的發現以及文獻記載來明瞭古代中國的宇宙觀及五行原理，以探討五營兵將配置概念的源起；並進一步從道書及佛經來探討五方軍將防衛概念的起源，及其與現今五營兵將防衛觀念之關連。另外從法師所操作的犒軍活動及「三十六將」群人物，來明瞭法壇裡兵將之組成，並進一步探討其來源與相關事蹟及其與瑜珈教派之關係。

# 第二章

# 五營兵將的構成、安置與意涵

## 第一節　五營神軍組成與安置

### 一、神軍的觀念

　　鈴木清一郎在《臺灣舊慣冠婚葬祭と年中行事》書中「臺灣民性與一般信仰觀念」裡，提到「神軍」的觀念[1]：

> 　　所謂神軍，就是指負有軍事或警察任務的神將兵卒。天上
> 有三十六天罡的天兵兇神，地下有七十二地煞的地兵惡
> 煞，兩者都被稱為「神將」，而前者則稱為三十六軍將。
> 此外還有相當於雜兵的神兵，通通附屬於王爺或城隍爺等
> 主神，全軍分成東西南北及中央（五方）五營（五部隊），
> 各營都有神將負責指揮；中央部隊的中營，有大將軍中壇
> 元帥坐鎮，位居其他四營的統帥地位；各營都有神將，稱
> 為「五營神將」，其神像是鎗身人首。

鈴木清一郎所稱的神軍負有軍事或警察任務，包含有三十六天罡
之屬的天兵、七十二地煞之屬的地兵以及附屬於主神之下的五營
神軍。而宋龍飛在〈澎湖的開發史與移民的風俗民情〉文中提到
澎湖地區有關「神將」的觀念，亦近似於鈴木清一郎有關「神軍」
的說法：

> 　　按照澎湖人的說法，所謂「神將」，就是指在地方上，負
> 有軍事警戒與警察糾察任務的將士，他們認為在天上有三

---

[1]　鈴木清一郎《臺灣舊慣冠婚葬祭と年中行事》頁 25~26，臺北：南天書
　　局，1995 年（1934 年初版）。

十六天罡的天兵凶神，在地下有七十二地煞的地兵惡煞，
兩者都被稱為「神將」，而前者則又稱為三十六「將軍」。
除此以外還有很多神兵，由地方上之「王爺」、「城隍」
等神明所統帥。五營神將全軍分成東、西、南、北、中央
等五營，各營都有一神將負責調度與指揮。[2]

五營神軍有別於三十六天罡、七十二地煞之天兵、地兵，而是附
屬於王爺或城隍爺等主神之下，並由地方上之「王爺」、「城隍」
等神明所統帥。

　　有關五營神軍附屬於城隍爺等主神之下的相關說法，亦見於
增田福太郎《民族信仰を中心として---東亞法秩序說》一書中，
不過文中的論述是將五營神軍列為城隍爺及東嶽大帝的從屬輔
助神。內文提到跨及幽明兩界的法政諸神，為使司法、行政雙方
完成其職務，需要不少輔助機關。就城隍及東嶽兩神而言，其從
屬的輔助神有文武判官、牛爺馬爺、六神爺（掌六司）、謝范將
軍（七爺八爺）、神將神兵。神將神兵隸屬於境內主神之下，有
莊嚴神威、保護人類之用意；在神輿繞境時更扈隨神明出巡。增
田福太郎有關「神將神兵」說明如下[3]：

　　　　一般來說，神有無數部下隸屬於祂，如同王侯擁有軍隊一
　　　　樣。但神將神兵因無神像之故，常為外來者忽視而未見。
　　　　造詣廟宇時，可見主神左右具有花瓶樣的圓筒，圓筒內立

[2]　宋龍飛〈澎湖的開發史與移民的風俗民情〉《民俗藝術探源》頁 352~354，
　　藝術家雜誌社，1982 年。此篇原載於〈澎湖的開發史與移民的風俗民情〉
　　《藝術家》第 9 卷 4 期，1979 年。
[3]　增田福太郎《民族信仰を中心として---東亞法秩序說》頁 142~143，東
　　京：ダイヤモソド社發行，1942 年初版。

有黃、綠、紺[4]、赤、黑五彩的令旗及刀劍。此乃神明的
部下神將所司，以表示有神將神兵駐屯，除了莊嚴神威，
還表示著保護人類安全。

上述神將神兵並無神像，依其描述所指應為五營將兵，其象徵是
插置於主神左右圓筒內的五色令旗。而在祭典時，這些五營相關
置物如五營令旗及刀劍均與神像共置轎內出巡，並有「打花面」
的男子視己身為神兵神將，扈從於神轎之旁[5]：

> 當舉行祭典時，主神像乘神輿外出巡狩，令旗和刀劍均與
> 神像共置轎內。在城隍祭、東嶽帝祭、青山王祭（大眾爺
> 乃純然的陰司故無神將神兵）祭典行列中，所看到以濃豔
> 色彩描繪顏面成各種模樣的男子扈從於神轎，就是所謂的
> 神兵，其中乘坐在椅子上者乃神將（此場合中，他們視自
> 己為神將神兵，跟隨於神明）。其面貌實在描畫得獰猛，
> 此稱為「打花面」，中國南北遍行之。

另外，有關五營神軍附屬於王爺之下，並由地方上之「王爺」、
所統帥的說法在曾景來《臺灣宗教と迷信陋習》內即有記載，書
中在「王爺公崇拜」章節裡提到王爺廟中經常祭祀著五營將軍，
平日有著避火災，護廟之神力。而為了驅邪、無病息災等信眾的
祈願，王爺每年會進行一次到數次的巡境，五營神兵則安置在境

---

[4]　紺為深青帶紅之顏色。一般五色令旗由青、紅、白、黑、黃所組成，此
　　處獨缺白旗而代之以「紺」色之旗，有可能是白旗，因久置廟中沾染煙
　　塵而成此種顏色。
[5]　增田福太郎《民族信仰を中心として---東亞法秩序說》頁 143，東京：
　　ダイヤモソド社發行，1942 年初版。

地，用以守境。內容如下[6]：

> 王爺廟中經常也祭祀著五營將軍（又稱五營頭或五爺頭），是將鎗身人頭的五神植於四角的木棧上，置於廟宇的一隅，或是神桌的一端。有東南西北中五方，中央的為中壇元帥，俗稱太子爺。五營在一般寺廟中有祭祀，尤其是王爺廟中，經常可見。據說可避火災，也是護廟之神。王爺與太子爺經常祭祀在同一間寺廟中，據說為力量強大之神，可驅邪治病。
>
> 昔日，王爺廟必備輦轎（神輿）。為了驅邪、無病息災的祈願，每年會進行一次到數次的境內巡轎，五營神兵放置在境地，用以守境。彼時王爺崇拜之熱烈，可由巡境的盛況看出，非吾人所能想像。信徒們深信王爺鎮守境土，主管人類的吉凶禍福，深知民眾的私心。因此王爺經常給予好人福運，給壞人災禍。王爺神通廣大，威力無邊，在消災解禍、驅邪治病上最是靈驗。

黃文博在《臺灣信仰傳奇》裡亦提到五營神兵本屬王爺手下的眾將官，受其節制和指揮。後因神靈「角色擴散」的結果，只要任一區域性的主神，都可以具有兵權統領五營神兵以防衛庄頭。內容如下[7]：

> 五營神兵本是「王爺」的「眾將官」，駐防攻守或調遣派

---

[6]　曾景來《臺灣宗教と迷信陋習》頁 129~133，臺北：南天書局，1995 年二版二刷。臺北：臺灣宗教研究所，1938 年初版。

[7]　黃文博《臺灣信仰傳奇》頁 39~51。臺北：臺原出版社。1989 年（第一版第一刷）

用完全受其節制和指揮。基本上,「王爺」是指「瘟神」,
只有瘟神才能「擁兵自重」,雄據一方保衛村莊。可是神
靈「角色擴散」的結果,能招兵買馬擁有武力的,也就不
限於瘟神王爺了,任一區域性的神明,如關帝、大道公、
媽祖、佛祖、萬善爺、大眾爺,甚至平埔族的阿立祖等等,
都可以備有五營神兵;換句話說,何種神明能擁有五營神
兵並不重要,重要的是祂的勢力範圍與角色問題,只要是
角頭身份,祂是某村或是某庄的主神,那麼祂就有資格而
且也必須具有兵權以防衛庄頭。

上文提到「王爺」是指「瘟神」,並說道只有瘟神才能「擁兵自
重」,此論點作者並未進一步說明其根據為何?但由早期文獻所
載,神明統領五營神兵,來驅瘟除疫的觀念是相當普遍的,如鈴
木清一郎在《臺灣舊慣冠婚葬祭と年中行事》書內,有關安置神
軍的時機裡即有相關敘述[8]:

> 神除了要賞善罰惡之外,還要抑壓驅逐邪靈疫鬼(散播疫
> 病奪取人命的惡鬼),為此而來指使神將神兵。故假若現
> 在疫病流行或有外敵來襲時,作為神之子民的部落居民感
> 到不安,經大家協議之後,就要舉行息災平安的祭典。在
> 舉行這種祭典時,全體部落居民都要備供物虔敬祈願,並
> 把神將神兵配置在各地方,以便抑壓散佈疫病的邪鬼惡靈
> 之作祟。

---

[8] 鈴木清一郎《臺灣舊慣冠婚葬祭と年中行事》頁 25~26,臺北:南天書
局,1995 年(1934 年初版)。

有關神明統領五營將兵，來驅瘟除疫的相關內容將在「安置、調動神軍的時機及意義」章節裡再作進一步論述。

## 二、五營兵將與境域主神的關係

從上述文獻裡對神軍世界的記載，吾人可作如下的想像：神軍的組成有「天兵天將」與「五營兵將」之別。天兵天將可跨越境域的限制來出使任務，若狀況需要時可稟告上天已獲求支援；而五營兵將可說是派駐各地方的軍隊，依五方配置來負起守衛境域的責任，而掌理、調動此一部隊的兵權在當境的主神。五營兵將平日除要守衛境域以防邪鬼妖魔入侵外，在有任務需要時，也要遵從地方主神的派遣行事。所以，五營兵將與境域主神的關係是十分密切的。

主神與五營將兵的關係，呈現於廟內五營相關置物上，如「五營頭」。五營頭是為五營首領的象徵，片岡巖在《臺灣風俗誌》裡即有記載，內容如下：

> 王爺廟內安奉於主神旁的五箇勇者人形，頭部由竹支或鐵線串起，稱作五營頭，是五個兵營首領的象徵。[9]

曾景來於《臺灣宗教と迷信陋習》書中亦有「五營頭」的記載，五營頭安放於木棧上，置於廟宇的一隅或是神桌的一端。內容如下：

---

[9]　片岡巖《臺灣風俗誌》頁 1002，臺北：臺灣日日新報社，1921。
　　　陳金田譯、片岡巖著《臺灣風俗誌》頁 640，臺北：大立出版社，1981年。

王爺廟中經常也祭祀著五營將軍（又稱五營頭或五爺頭），是將鎗身人頭的五神植於四角的木棧上，置於廟宇的一隅，或是神桌的一端。[10]

有關「五營頭」的記載與描述，周榮杰於〈閒談童乩之巫術與其民俗治療〉裡有更為完整的紀錄：

在神廟內，我們可以發現神桌上置有一木架，上插東、南、西、北、中五營神將，神像頭部約兩拇指大，無身，僅以鐵棒接頭部，分青臉（東營將）、紅臉（南營將）、黃臉（中營將）、白臉（西營將）、黑臉（北營將），五色代表五營，此正合乎五行五色的道理。就因神將的形貌僅是頭部，所以俗稱「五營頭」。[11]

「五營頭」造型簡易，通常置於主神旁的神桌上，是五營首領的象徵，一般廟內與五營相關的置物除「五營頭」外，還有五方旗、令旗、敕令及刀劍等。鈴木清一郎於《臺灣舊慣冠婚葬祭と年中行事》中，即有記載：

廟中主神神座中央前方，置放有印敕（表示官位官職的官印與玉皇大帝或天子所授的敕封），左右還有插三角形五方旗（五色旗）的圓筒，同時又有令旗（表示神的命令之旗）及敕令（表示神的命令之笏板）與刀劍等。這些都是

---

[10] 曾景來《臺灣宗教と迷信陋習》頁 129~133，臺北：南天書局，1995 年二版二刷。臺北：臺灣宗教研究所，1938 年初版。

[11] 周榮杰〈閒談童乩之巫術與其民俗治療〉《高雄文獻》30/31：頁 82~91，1987 年。

為使主神指揮神軍所用的東西，藉以顯示雄壯的神威。每當祭典或主神出巡時，都要把上面的東西放在神輿中，或安置在主神的前後，以象徵主神統帥三軍的神兵。[12]

上述之五色旗、令旗、敕令及刀劍等，是主神指揮與調動五營兵將的器物。這些器物在神明出巡時亦安放於神輿中，象徵著五營軍兵跟隨主神出巡，並聽從主神的指揮來行事。有關「五營旗」與「五營頭」的描述，亦見於黃文博《臺灣信仰傳奇》中：

「五營旗」與「五營頭」，大多置於神殿供桌上。所謂「五營旗」，也叫「五營轎」，是在類似「手轎」的小轎上，依五方各插上五色三角旗幟，各旗皆載明該營的元帥、番號、軍馬和兵員數目，可視為營旗及令旗。「五營頭」是在五營旗前增列或另置架插放五個小木偶頭像，一般都有頭無身，講究者則以布袋戲裝，蠻精緻的，其排列方式，中營必在中央，而其顏色，亦依五行五色而裝扮。[13]

將上述不同時代文獻所載，有關廟內五營相關置物整理如下：

| 記錄者 | 神將頭（首） | 令旗 | 笏板（令） | 法器 | 位置 |
|---|---|---|---|---|---|
| 片岡巖 1921 年 | 五營頭：五箇勇者人形，頭部由竹支或鐵線串起，是五個兵營首領的象徵。 | 無 | 無 | 無 | 安奉於主神旁 |

---

[12] 鈴木清一郎《臺灣舊慣冠婚葬祭と年中行事》頁 25~26，臺北：南天書局，1995 年（1934 年初版）。

[13] 黃文博《臺灣信仰傳奇》頁 39~51。臺北：臺原出版社，1989 年（第一版第一刷）。

| 記錄者 | 神將頭（首） | 令旗 | 笏板（令） | 法器 | 位置 |
|---|---|---|---|---|---|
| 鈴木清一郎 1934 年 | 無 | 令旗（表示神命的旗）、三角形五方旗（五色旗） | 敕令（表示神命的笏板） | 刀劍 | 主神左右的圓筒 |
| 曾景來 1938 年 | 五營頭或五爺頭。將鎗身人頭的五神植於四角的木棧上。 | 無 | 無 | 無 | 置於廟宇的一隅，或是神桌的一端的木棧上 |
| 周榮杰 1987 年 | 五營頭：神像頭部約兩拇指大，無身，僅以鐵棒接頭部。 | 無 | 無 | 無 | 神桌上木架 |
| 黃文博 1989 年 | 五營頭：五個小木偶頭像。 | 五營旗：五色三角旗幟，各旗皆載明該營的元帥、番號、軍馬和兵員數目。 | 無 | 無 | 置於神殿供桌上類似「手轎」的小轎上。 |

　　上表是文獻裡有關廟內五營相關置物資料的整理。另外田野調查所得相關資料，依同樣格式整理如下：

表 2-1-1：田野調查所得廟內五營相關置物一覽表

| 訪查地點 | 神將頭（首） | 令旗 | 劍形令牌[14] | 法器 | 位置 |
|---|---|---|---|---|---|
| 臺南市安平區港仔尾社靈濟殿（主祀伍府恩主公） | 五營將首二組、龍虎將首 | 五營令旗 | 無 | 無 | 置於中壇元帥[15]左側長方形木架上 |

---

[14] 劍形令牌，簡稱「劍令」或「令劍」，外型有如一支倒放的劍身（不包含劍柄），上寬下窄。

[15] 中壇元帥位居廟內神明桌中，最前排（近廟門）中央位置/主爐後。

| 訪查地點 | 神將頭（首） | 令旗 | 劍形令牌[14] | 法器 | 位置 |
|---|---|---|---|---|---|
| 臺南市安平區王城西社西龍殿（主祀池府王爺） | 五營將首（五男五女，共十名）、龍虎將首 | 五營令旗 | 無 | 劍 | 中壇元帥[16]右側方形架上 |
| 臺南市安平區海頭社文朱殿（主祀李天王） | 五營將首、龍虎將首。 | 五營令旗 | 無 | 無 | 置於中壇元帥[17]左側長方形木架上。 |
| 臺南市西區金安宮（主祀天上聖母） | 五營將首、龍虎將首、六丁六甲將首。 | 無 | 五支令牌 | 刺球、七星劍、鯊魚劍、刺棍、角棍。 | 後殿右側神龕內一方形架上。 |
| 臺南市西區四聯境普濟殿（主祀池府千歲） | 男五營將首、女五營將首 | 五營令旗 | 無 | 無 | 主神左側「註生娘娘」神位下方穴內架上。 |
| 臺南市西區南廠保安宮（主祀五府千歲） | 五營將首、龍虎將首、吞精食鬼將首、六丁六甲將首 | 五營令旗 | 無 | 無 | 主神右側「福德正神」神案右側架上。 |
| 彰化縣埔鹽鄉崙嶠村閭山道院（主祀閭山法主） | 五營將首 | 五營令旗 | 「五營令」一支，令牌上書寫「五營官將鎮境平安」 | 無 | 置於左側殿內「五營將軍」神位之案桌方形木架上。 |

---

[16] 中壇元帥位居廟內神明桌中，最前排（近廟門）中央位置/主爐後。

[17] 中壇元帥位居廟內神明桌中，最前排（近廟門）中央位置。

| 訪查地點 | 神將頭（首） | 令旗 | 劍形令牌[14] | 法器 | 位置 |
|---|---|---|---|---|---|
| 彰化縣埤頭鄉十三甲清峰巖（主祀清水祖師） | 無 | 五營令旗 | 一支令牌，令牌上書寫「奉玉旨敕令清水祖師聖令」 | 無 | 有兩組，分別置於中央神桌之兩側架上。 |
| 彰化縣埤頭鄉崙腳村新吉宮（主祀玄天上帝） | 無 | 五營令旗 | 一支令牌，令牌上書寫「□北極玄天上帝敕令」 | 無 | 廟內主神左側「五營將軍」神位桌上。 |
| 彰化縣埤頭鄉庄仔保安宮（主祀五年千歲） | 五營將首 | 五營令旗 | 一支令牌，令牌上書寫「奉旨代天巡守五年千歲聖令」 | 無 | 廟內主神右側「五營將軍」神位桌上 |

　　上述廟內與五營相關的置物有：五營頭（五營將首）[18]、五營令旗、笏板（令牌）、刀劍等法器，通常齊置於一方形架上，暫時稱此整體為「五營座」。「五營座」擺放於廟內壇桌上之側

---

[18] 臺南地區的五營座內除五營將首外，常還配置著龍虎將首（龍、虎將軍頭像）、女五營將首、吞精食鬼將首（吞精大將、食鬼大將），這些將領與五營各將軍，為同一系統內的兵將群（三十六將之內），有關三十六將兵將群，將於下一章內再進一步探討。至於「六丁、六甲」應屬天將之列。另外臺南地區尚存有傳承自澎湖的廟壇，廟內所置放的營頭，不同於一般所見的五員，而有三十六員，稱為三十六將，或稱三十六官將、三十六關將，上表暫未列入，亦於下一章再論。

邊，或放於配祀神神龕內之側邊，也有單獨置於廟內主神旁神龕內或案桌上奉祀。「五營座」裡令牌上寫著諸如「奉玉旨勅令清水祖師聖令」、「奉旨代天巡守五年千歲聖令」、「北極玄天上帝勅令」的文字或其他符文；「營首」則是指僅有頭部的人偶像，有些會穿上衣服，大多是五個人偶，人偶面部、衣服會分別配上青、紅、黃、白、黑色；「令旗」有五支，分別是青、紅、黃、白、黑色，上面繡有龍形圖案，亦有素面者。令旗上面依青、紅、黃、白、黑色旗，寫著諸如：

「東營九夷軍　九千九萬人」、「南營八蠻軍　八千八萬人」、「中營三秦軍　三千三萬人」、「西營六戎軍　六千六萬人」、「北營五狄軍　五千五萬人」[19]或是

「東營張公聖者」、「南營蕭公聖者」、「中營李元帥」、「西營劉公聖者」、「北營連公聖者」[20]等文字。

「令牌」上文字傳達出五營將兵乃受廟內主神之命令而行事，「營首」代表著各營之統帥，「令旗」上文字說明各營軍兵之組成。五營座置物及符文，透露出由上而下的統屬關係，即五營將領受主神之命，統領營內兵員，戍守各方。

　　值得注意的是，五營座並非固定置於廟內，在神明繞境時，會把五營座內的東西，即五營令旗、令牌、刀劍等安置在神輿中或主神的前後，鈴木清一郎於《臺灣舊慣冠婚葬祭と年中行事》文中即有相關記載：

　　　　廟中主神神座中央前方，置放有印敕，左右還有插三角形

---

[19] 彰化縣埤頭鄉（新庄仔-濟安宮）廟內五營座上令旗。

[20] 臺南市（菱洲宮）廟內五營座上令旗。

五方旗的圓筒，同時又有令旗及敕令與刀劍等……。每當
祭典或主神出巡時，都要把上面的東西放在神輿中，或安
置在主神的前後，以象徵主神統帥三軍的神兵。[21]

另外增田福太郎於《民族信仰を中心として---東亞法秩序
說》文中亦有相關記載：

造詣廟宇時，可見主神左右具有花瓶樣的圓筒，圓筒內立
有黃、綠、紺[22]、赤、黑五彩的令旗及刀劍。此乃神明的
部下神將所司……。當舉行祭典時，主神像乘神輿外出巡
狩，令旗和刀劍均與神像共置轎內。[23]

神明出巡繞境，是為巡視境域各方是否有邪鬼妖魔等盤據以
擾民滋事。將五營座內調兵遣將的信物如令旗安置在神輿中，即
有著令五營軍兵隨扈神明之旁，針對各種狀況聽候主神的調遣，
以協助處理各種狀況之意。另外五營座裡為何還需置放刀劍等法
器呢？這應該是準備作為神靈降駕於乩身時，童乩操演時所用。
是為了證明其為神附身的實體，而過程中乩身有傷口出血的情
況，亦有辟邪的作用。曾景來於《臺灣宗教と迷信陋習》內「王
爺公崇拜」章節裡即有類似的描述[24]：

---

[21] 鈴木清一郎《臺灣舊慣冠婚葬祭と年中行事》頁 25~26，臺北：南天書
局，1995 年（1934 年初版）。
[22] 可能是白旗，因久置廟中沾染煙塵而成它種顏色。
[23] 增田福太郎《民族信仰を中心として---東亞法秩序說》頁 142~143，東
京：ダイヤモソド社發行，1942 年初版。臺北：南天書局，1996 年二刷。
[24] 曾景來《臺灣宗教と迷信陋習》頁 129~133，臺北：南天書局，1995 年
二版二刷。臺北：臺灣宗教研究所，1938 年初版。

乩童必須表演插五針[25]、剖頭、莿球等技術。主要是在屋內進行，若是繞境的話，則必須在輦轎上、在眾人注視下演出，不過，現在已經很少看的到了。「插五針」就是乩童拼命將針（長一寸至二、三寸）往自己身上（主要是顏面手腳）插，證明其為神附身的實體。「剖頭（破頭）」則是乩童用劍弄傷自己的頭部（額頭），使其流血，也是為了證明神附身的行為。此外，乩童還會使用莿球，即在木球上釘釘子來傷害身體，表示自己不會感到疼痛，證明有神附身。

進一步說，操演法器的過程，即象徵著神力的展現，而鮮血與法器本身亦都有驅邪鎮煞的作用，此在周榮杰於〈閒談童乩之巫術與其民俗治療〉文中，關於童乩所用的巫器與作法中，亦有類似說法：[26]

> 童乩常用的巫器，計有七星劍、鯊魚劍（骨刀）、狼牙棒（銅棍）、月眉斧（月斧）和刺球（紅柑）等五樣，俗稱「五寶。有時為顯現神力，銅針、香把、甚至鋸刀也都派上用場，其目的皆在淌出鮮血。表面上看，童乩是藉著汩汩血流的神異氣氛而招來觀眾，以提高自己確為神靈附體的說服力，然真正用意，流血卻是一種見誠與辟邪行為；本質上，五寶即是辟邪法器。

---

[25] 「插五針」，通常是在顏面、雙手及雙腳各插置一針，共計五針。
[26] 周榮杰〈閒談童乩之巫術與其民俗治療〉《高雄文獻》30/31：頁 82~91，1987 年。

此種操演也具有「點閱兵將」的含意在內：[27]

> 在迎神賽會時，常有隨進香團前來「操演」的童乩，童乩
> 大多赤裸上身，重要慶典時則加上一塊胸前印有八卦的圍
> 兜，腰纏一塊紅布，右手執法器，左手執令旗，腳踏七星，
> 口唸咒令。操演時法器不停的往身上揮落，人也不停的跳
> 動，全身血汗齊流，口中喃喃有詞，隨從的手中握著一瓶
> 米酒，含在口中向童乩噴，俾以消毒、消炎。「操演」，
> 通稱為「點兵」或「點將」，是仿古時將軍派兵要征伐前
> 的點將儀式。童乩左手所拿的令旗，也和軍旗一樣分前、
> 後、左、右、中五路，但神祇的令旗不用寫，而以顏色劃
> 分；點將用的武器有七星劍、鯊魚件、狼牙棒、月眉斧、
> 刺球五種。用哪一種兵器點將，就是將這一種武器交給前
> 去征戰的將軍之意。

另外在「貢王」的過程，亦有童乩動刀操演的情景。於臺南
州衛生課所出版《童乩》[28]一書內，即有所描述：[29]

---

[27] 周榮杰〈閒談童乩之巫術與其民俗治療〉《高雄文獻》30/31：頁 82~91，1987 年。

[28] 在國分直一〈童乩の研究〉，載於《民俗臺灣》第一卷第一號，頁 10，昭和 16 年（1941 年）。內容裡提到：對乩童研究貢獻很大的是在 1937 年（昭和 12 年），由臺南州東石郡警察課針對所檢舉的郡下童乩，令其精細實演而記錄的資料。這記錄在當時是由警察課長永田三敬氏及司法主任篠宮秀雄氏整理，經州衛生課長野田兵三氏整理，然後再經國分直一整理而成的。上述資料應當就匯集成《童乩》一書，而由臺南州衛生課於 1937 年出版。

[29] 國分直一等人《童乩》頁 70~72，臺南州衛生課，1937 年。

　　童乩突然從自宅衝出至廟，童乩做出顫抖的樣子，村人蜂擁至廟前，通譯也前來問事。在此處發表貢王的御告，決定出舉行十桌大宴會的時日。到是日時，村人各自料理，將食物裝在臉盆和桶內運送至廟前陳列。童乩從自家宅飛奔前來，神明也乘乩身移駕而來，是先於道士入場。

　　此處道士童乩繼續讀經，在桌前移步迴轉，下命令、檢閱。檢閱三十分到一個小時左右結束，後將惡魔拂走，童乩也多次的動刀操演，之後準備銀紙燒化。後各自將食物帶回家中，並不在現場食用。當然到現在為止，神的兵隊與鬼卒一隊作戰，鬼大敗北而退卻。神的兵隊吃了料理，流行病依次的被燒化退卻而去。

過程中，乩身曾多次的動刀操演，即是在展現神威，並指揮調派兵將來擊退惡魔，而蔓延村中的流行疫症，也隨著鬼卒部隊的敗北，漸次的消失無蹤。在貢王裡首重兵將的調遣，以對抗入侵的邪鬼惡靈，而兵權是由主神所掌握，在當下的情境中，即是透過童乩來行使。

## 三、安置、部署神軍的時機及意義

　　早期民間安置五營神軍，除了要祈求作物豐收、闔境平安外，常與瘟疫的蔓延有關。鈴木清一郎在《臺灣舊慣冠婚葬祭と年中行事》書內，提到「五營神軍」的觀念，內文有關安置神軍的時機及方式如下[30]：

---

[30] 鈴木清一郎《臺灣舊慣冠婚葬祭と年中行事》頁 25~26，臺北：南天書局，1995 年（1934 年初版）。

神除了要賞善罰惡之外，還要抑壓驅逐邪靈疫鬼（散播疫病奪取人命的惡鬼），為此而來指使神將神兵。故假若現在疫病流行或有外敵來襲時，作為神之子民的部落居民感到不安，經大家協議之後，就要舉行息災平安的祭典。在舉行這種祭典時，全體部落居民都要備供物虔敬祈願，並把神將神兵配置在各地方，以便抑壓散佈疫病的邪鬼惡靈之作祟。這時童乩等人代替主神「放軍」，即是記下五營神將的大名，把五方旗分別插在村落的五方（東、南、西、北、中央），這等於就把五營神兵部屬好了。

宋龍飛〈澎湖的開發史與移民的風俗民情〉內容提及，在澎湖各鄉村間安放「五營神軍」，是常見的一種民間信仰：[31]

> 民間為祈田作物豐收，以免山林、川澤鬼怪作祟，往往延請道士或乩童，安放五營，以祈閤境平安。安放五營神軍最重要的意義是：民間依靠這種超乎自然的神力，增強自己本身與自然搏鬥的勇氣，使民間的人們由畏怖精靈鬼怪作祟的心態，提升至與其奮鬥抗衡的境界，帶有安定的力量感。

> 平時五營神將都供奉在廟內的神龕木架上，神像的形貌僅是頭部（俗稱五營頭）。每當地方上的民眾，心裡感覺不安寧的時候，或是遇有流行疾病侵襲時，民眾往往會齊集於廟中虔誠禱告，舉行消災解厄祈安祭典，祈求神明

---

[31] 宋龍飛〈澎湖的開發史與移民的風俗民情〉《民俗藝術探源》頁 352~353，藝術家雜誌社，1982 年。此篇原載於〈澎湖的開發史與移民的風俗民情〉《藝術家》第 9 卷 4 期，1979 年。

降旨，允許神兵神將們，配置在發生祟物及流行疫症的地點，以便鎮壓邪魔鬼怪的作祟，冀希保佑閤境平安。代替神主施行所謂「放軍」的人亦即所謂的法師，有道士，也有童乩，這種調請天兵、天將驅除邪魔的巫術，又稱「貢王」。法師將五營神將的大名書在五支預定的竹節上，並連同五方旗幟，分別插在村落的五個方位（東、西、南、北、中央），亦有集中插在一起的，用以象徵五方，這樣五營神將、神兵便部署好了。

黃有興在〈澎湖的法師與乩童〉文中，提及法師及乩童施法，其中有關「放營」的內容如下[32]：

法師將五營神將之名寫在五支竹節上，連同五方旗幟，分別插在村落的東、西、南、北、中五個方位，或集中插置於一處。這樣表示五營兵將已部署完畢（俗稱放營）。

周榮杰在〈閒談童乩之巫術與其民俗治療〉文中，提及神軍的安置，即所謂「安五營」，內容如下[33]：

經由童乩踏字勘地，辨識方位，發輦之後，敕令「五龍清淨，九鳳安兵」，擇地放營釘竹符（將軍柱）、豎令旗，此叫「安五營」，猶如排兵列陣，各方元帥開始領兵鎮守押煞。

---

[32] 黃有興〈澎湖的法師與乩童〉《臺灣文獻》第 38 卷 3 期，頁 146~148，1987 年。

[33] 周榮杰〈閒談童乩之巫術與其民俗治療〉《高雄文獻》30/31：頁 87，1987 年。

黃有興在《澎湖的民間信仰》「宗教廟堂」卷裡，亦提到五營神將的安置[34]：

> 在澎湖，凡有廟宇的村莊，均有安放五營神將。於村落外圍之東、西、南、北及中央安放。民眾稱，它的作用就如同大軍營的外哨。……澎湖各廟宇的主神均有轄區，神明調請天兵神將駐紮於境內，鎮壓邪魔鬼怪作祟，以保佑閤境平安謂之「放營」。通常代替神明執行「放營」的是法師，無設法師之廟宇始由道士擔任（澎湖白沙鄉瓦硐村武聖廟係由道士擔任放營等工作）。法師將五營神將的神號書在五支竹節上，象徵五營神將，連同五方旗，分別插在村莊的東、西、南、北、中央五個方位，亦有集中插在一起，以象徵五方的。[35]

上述有關安置「五營神軍」的內容整理如下：

| 著者 | 安置時機 | 安置神軍之作用 | 操作者 | 作法 |
|---|---|---|---|---|
| 鈴木清一郎 | 疫病流行或有外敵來襲時。 | 把神將神兵配置在各地方，以便抑壓散佈疫病的邪鬼惡靈之作祟。 | 童乩等人代替主神「放軍」 | 記下五營神將的大名，把五方旗分別插在村落的五方。 |
| 宋龍飛 | 民眾感覺不安寧時、遇有流行疾病侵襲時；祈求作物豐收。 | 將神兵神將配置在發生祟物及流行疫症的地點，以便鎮壓邪魔鬼怪的作祟，冀希保佑閤境平安；配置神軍以免山林、川 | 法師 | 將五營神將的大名書在五支預定的竹節上，並連同五方旗幟，分別插在村落的五個方位（東、西、南、北、 |

[34] 黃有興《澎湖的民間信仰》頁 131~133，臺北：臺原，1992 年。

[35] 黃有興、甘村吉 編撰《澎湖民間祭典儀式與應用文書》頁 84，澎湖縣立文化中心，2003 年。

| 著者 | 安置時機 | 安置神軍之作用 | 操作者 | 作法 |
|---|---|---|---|---|
| | | 澤鬼怪作祟，以令作物豐收。 | | 中央）。 |
| 黃有興 | 平日，祈求閤境平安。 | 調請天兵神將駐紮於境內，鎮壓邪魔鬼怪作祟，以保佑閤境平安。 | 由法師或道士來「放營」 | 將五營神將的神號書在五支竹節上，連同五方旗，分別插在村莊的東、西、南、北、中央五個方位。 |

從上表可知，在早期安置五營神軍的時機主要是疫症流行時，將神兵神將配置在發生祟物及疫症發生等地點，以便鎮壓邪鬼惡靈的作祟，以保佑閤境平安、作物豐收。

　　另外，這種調請天兵、天將驅除邪魔的巫術，又稱「貢王」[36]。有關「貢王」之時機與作法文獻上有多筆記載，依時間的先後排列如下：

1.國分直一等著《童乩》[37]臺南州衛生課，1937 年。

　　在童乩的祈禱方法中有問神明（觀童乩）、落嶽府、進花園、貢王、脫身、法事、討嗣、觀手輢仔、觀乩、續壇。關於「貢王」

---

[36] 宋龍飛〈澎湖的開發史與移民的風俗民情〉《民俗藝術探源》頁 353，藝術家雜誌社，1982 年。此篇原載於〈澎湖的開發史與移民的風俗民情〉《藝術家》第 9 卷 4 期，1979 年。

[37] 在國分直一〈童乩の研究〉，載於《民俗臺灣》第一卷第一號，頁 10，昭和 16 年（1941 年）。內容裡提到：對乩童研究貢獻很大的是在 1937 年（昭和 12 年），由臺南州東石郡警察課針對所檢舉的郡下童乩，令其精細實演而記錄的資料。這記錄在當時是由警察課長永田三敬氏及司法主任篠宮秀雄氏整理，經州衛生課長野田兵三氏整理，然後再經國分直一整理而成的。上述資料應當就匯集成《童乩》一書，而由臺南州衛生課於 1937 年出版。

的記載如下[38]：

> 這方法是流行病在村裡蔓延的場合裡，神明命令村中
> 全體的人來行事。村中通常居有守護神一人或二人。赤
> 鬼、青鬼的卒子部隊來掠奪村莊時，村莊守神部下專屬的
> 兵隊被派出前去擊滅鬼卒部隊，當敵方人數極多而勢不可
> 擋，對戰無勝算，我方在鬼的毒牙前顯得戰戰兢兢，此時
> 村莊流行病患者人數增多。
>
> 守神懇請附近親戚神來應援，在內外相呼應下於村莊
> 展開一場戰鬥。村民為前來支援的兵隊準備五十桌、六十
> 桌的兵糧，此方法屬使用最多金錢的方法。在霍亂、黑死
> 病流行病猖獗之中，數十人數百人聚集在一個地方吃食，
> 這是基於對赤鬼來襲之事感到害怕。

(2)國分直一〈童乩的研究〉《民俗臺灣》第一卷第一～三號，昭
　和 16 年（1941 年）。文中提到有關童乩問神驅邪之法，在東
　石郡司法課，曾經令童乩們舉其種類有「問神明或觀童乩」、
　「落地府」、「進花園」、「脫身」、「法事」、「討嗣」、
　「貢王」。其中所謂「貢王」，內容如下：

> 所謂貢王，是於流行病魔猖獗侵襲村莊時舉行。村莊的守
> 神率領神兵，有時與鬼魅發生衝突，鬼魅勢力較大，村莊
> 陷入危殆狀態時，往往發生瘟疫。這時，守神不得不多得
> 援兵，來和敵方戰鬥。村莊的人們，因犒賞神兵，必須供
> 應五、六十桌以上盛大肴饌酒禮。判斷前述諸項的是童

---

[38] 國分直一等著《童乩》頁 70~72，臺南州衛生課，1937 年。

乩，命令供應肴饌酒禮的也是童乩。此時於眾多人群中，降下神佛的童乩，大多狂踊狂喚地施行乩示。[39]

(3)吳瀛濤〈臺灣的降神術---關於關童乩的迷信〉《臺灣風物》第九卷‧第5、6期，頁25-27，1959年。

　　文中提到童乩所行的法術，有跳童、落地府、驅邪、進花園、貢王、脫身、討嗣、過火等。其中有關「貢王」一事敘述如下：

> 貢王，亦即貢王爺，在於惡疫蔓延時，俗信神明當統帥神兵與疫鬼展開一場激戰，為著增援更多的神兵，就由童乩出面行乩示，動員村民全體，準備幾百份的筵席，做為酬勞援兵們的出力。

(4)周榮杰〈閒談童乩之巫術與其民俗治療〉[40]

　　內文提到若依童乩作法之目的來分，大體尚可分為五種：一是問神治病，二是過火，三是保胎保兒，四是落地府領回病人的魂魄，五是保鄉衛境。「保鄉衛境」是指在醫學尚未發達時代，境內發生流行病時，人們祈求神明保佑，想藉著神力將瘟疫驅除，這種動員境內所有守護神來驅退惡魔，如此大規模的祈禱法會，就是所謂的「貢王」。人們認為瘟疫的產生都是邪穢作祟，為了壓抑這些疫鬼，只好請神將來幫忙掃除。

(5)黃有興在〈澎湖的法師與乩童〉提及「貢王」的法術[41]：

---

[39]　周全德譯〈童乩的研究〉《南瀛文獻》第八卷合刊，頁48~49，1963年。

[40]　周榮杰〈閒談童乩之巫術與其民俗治療〉《高雄文獻》30/31：頁82~91，1987年。

[41]　黃有興〈澎湖的法師與乩童〉《臺灣文獻》38（3）：頁157，1987年。

臺灣本島的法師有一種請調天兵天將，並指揮驅逐邪魔的法術，這種法術又稱為「貢王」，係在地方遇有流行病時舉行。澎湖亦然。後來澎湖盛行「請王」，認為這種驅逐邪魔，消除流行病事，可由「王爺」辦理，無須舉行貢王，於是貢王之風漸衰，但該地調請神將天兵到壇之「調營」及恭請神明「操營格界」之法術與「貢王」的「調營」幾乎相同。

有關貢王的時機與作法整理如下：

| | 時機 | 作法/方式 | 執行人員 |
|---|---|---|---|
| 國分直一等著 1937 年 | 赤鬼、青鬼的部隊來掠奪村莊，因敵方人數極多而勢不可擋，造成流行病在村裡蔓延。 | 守神懇請附近親戚神來應援。村民為前來支援的兵隊準備五十桌、六十桌的兵糧（註：偶數桌）。 | 童乩 |
| 國分直一 1941 年 | 流行病魔侵襲村莊，因鬼魅勢力較大，村莊陷入危殆狀態時發生瘟疫。 | 村莊人們供應五六十桌以上盛大肴饌酒禮來犒賞神兵。 | 童乩 |
| 吳瀛濤 1959 年 | 惡疫蔓延。 | 神明統帥神兵與疫鬼展開一場激戰。動員村民全體，準備幾百份的筵席，做為酬勞援兵們的出力。 | 童乩 |
| 周榮杰 1987 年 | 境內發生流行病（瘟疫） | 大規模的祈禱法會。動員境內所有守護神來驅退惡魔；請神將來壓抑、掃除疫鬼。 | 童乩 |
| 黃有興 1987 年 | 地方遇有流行病。 | 貢王 | 法師 |

上述記載有關「貢王」舉行的時機，都是在村境內瘟疫蔓延時。在對流行病因不解的年代，人們將流行疫症的起因歸之於邪靈、鬼怪之類的作祟。具體來說，即是因病魔、邪鬼等入侵村莊，

因鬼魅勢力太大，村庄守軍一時無法退敵，這種情勢危急之際所反映出的現象即是村莊多人相繼感染疫症。在這樣的觀念下，當流行疫症侵襲、蔓延之時，居民求助於境域內的神明，境內主神為扭轉上述劣勢，需動員境內所有守護神或懇請附近親戚神來應援，神明無形之神力，透過乩童、法師或道士來操演，以調遣神將神兵，部署於村落各方以鎮壓散佈瘟疫的邪靈惡鬼。過程中，法師等人將五營神將的名號書在五支預定的竹節上，並連同五方旗幟，分別插在村落的五個方位，代表五營神將、神兵的部署；而此時村民全體也需動員起來，為前來支援的軍兵準備五十桌或六十桌以上盛大肴饌酒禮，以犒賞這些驅逐疫鬼的神兵、神將。

　　早期文獻記載有關五營兵將的調動與安置時機，都與瘟疫的入侵有很大的相關，但今日對流行疫症已知是經由細菌或病毒傳染而造成，在這樣不同的情境下，現今對安置五營兵將的時機與作法又是如何呢？目前有關臺灣地區中南部及澎湖地區，有關聚落五營設置物及相關祭儀活動的調查顯示：五營的設置情形各地互有消長，但大體上於境域明顯的聚落內，尤其是鄉村地區五營的安置還是非常普遍。至於都市地區，邱上嘉在《「五營」的境域觀念研究：以雲林縣傳統聚落及臺南府城聯境為例》文中提到[42]：

> 臺南府城聯境地區，因境域觀念已逐漸式微，形成「境域五營」減少，而逐漸由「廟宇五營」（將五營竹符集中於一營厝內，並設置於廟旁）取代境域五營。

[42] 邱上嘉《「五營」的境域觀念研究：以雲林縣傳統聚落及臺南府城聯境為例》頁 153。行政院國家科學委員會八十九年度專題研究計畫成果報告。執行單位：國立雲林科技大學空間設計系暨研究所，2000 年。

上文所述「境域觀念的式微」應不是「境域五營」減少主要原因，因為在臺南府城聯境地區，由於廟宇間的交陪組織嚴密，廟會活動興盛，境域的區分還是明顯存在的，境域的觀念仍在。主要的改變是境域的領域範圍，因隨著人口的增加及角頭廟宇的相繼建立，而在原來主廟境內再分別劃出一屬於角頭廟的廟境，以致原先的大廟廟境有被分割或壓縮的情況產生。目前在臺南府城聯境地區，以及鄰近的周圍地區，五營的設置大多由五處分置的五營，轉為集中於一處來安放，這是因地區的觀念上認為，當境域外圍安置五營兵將來守衛的期間，人們在初一、十五必須行犒賞活動，並需於每天早晚要至營位上香禮拜。在都市裡生活及工作的人們，要達到此種的配合是不容易的，所以在境域無特別狀況期間，將五營兵將的守衛範圍縮小至廟宇周圍，而以五營齊置的「總營」方式來安置軍兵，犒賞的次數也縮減為各季一次（一年共四次），或配合神明生日，人手足夠之時來辦理犒賞活動，是目前普遍採行的變通方式。

另外值得注意的是，臺南地區許多宮廟內的法師依循傳統作法，平常時日並不在廟境周圍安置五營軍兵，是要在特殊時機下才會於廟境周圍安置五營軍兵，其安置五營軍兵的時機與相關作法，整理如下表：

表 2-1-2：臺南地區安置五營軍兵的時機與相關作法

| 地區 | 安放營軍（安置竹符）時機 | 相關作法 |
|---|---|---|
| 臺南市安平區王城西社西龍殿 | 取乩期間、作醮前後；由神明指示放營時間。 | 營上豎竹符、帶尾竹枝繫營旗。五營將：張、蕭、劉、連元帥、哪吒元帥。初一、十五巡營、賞兵。 |

| 地區 | 安放營軍<br>（安置竹符）時機 | 相關作法 |
|---|---|---|
| 臺南市安平區<br>囝仔宮妙壽宮[43] | 放大營（光營）時機<br>[44]：作醮時、取小法（法師）、取乩；地方擾亂、歹年冬、瘟疫時。 | 大營：豎竹符、帶尾竹枝繫營旗。初一、十五犒賞，七月時要掩營。五營將：張、蕭、劉、連、李。 |
| 臺南市安平區<br>海頭社廣濟宮[45] | 放明營[46]：建廟、做大醮、戰爭、瘟疫。 | 營上置物：竹符。五營將：張、蕭、劉、連、李。初一、十五犒賞。 |
| 臺南醒心堂[47] | 作醮時[48]、瘟疫時、地方不平靜。 | 營上置物：竹符。安營後，每日早晚至營位點香換馬草水；初一、十五巡營、賞兵。 |
| 臺南市南廠保安宮[49] | 起建廟期間、作醮時、地方不平靜及不平安時、天災地變、瘟疫時。 | 作醮後大犒賞。營上豎竹符、帶尾竹枝繫營旗。五營將：張、蕭、劉、連聖者、李元帥。初一、十五犒賞。 |
| 臺南市和意堂[50] | 作醮時、地方不平靜及不平安時。 | 營上豎竹符、營旗。五營將名號：康、趙、黑、白、啟元帥。每日早晚至營位點香換馬草水。初一、十五於廟埕犒賞；或備牲禮、四果、茶、酒至營頭祭拜。 |

---

[43] 經詢問妙壽宮蔡雨通法師。

[44] 目前放小營（暗營）。若放大營（光營）時，表示五營兵將守衛嚴密，無形界人員的出入均需接受檢查；而放小營（暗營）時，表示無特別情況下，人員可自由出入；安小營有著標示境域界線之意。（法師頭蔡雨通）。

[45] 經詢問廣濟宮蔡新健法師。

[46] 目前無放明營。放明營是指在境域四周依東、南、西、北、中安竹符，放五營軍兵。五營將領一樣用張、蕭、劉、連、李名號（訪問法師頭）。

[47] 經詢問醒心堂柯天降法師。

[48] 作醮時（豎燈篙前）同時安內、外五營。內營為勤、何、李、紀四仙姑及九天玄女所統領；外營為張、蕭、劉、連四聖者、李元帥所統領。

[49] 經詢問保安宮柯興、蔡登勇法師。

[50] 經詢問和意堂許銘楠法師。

上表中的作法，與早期文獻的記載，都顯示著五營軍兵的安放，是在境域內逢疫病流行、地方不安寧、起建廟期間、作醮期間等特殊情境下，才於境域周圍設置五營軍兵來加強鎮守，待危機解除或事情完成，在一番盛大犒賞軍兵後，即恢復成平日的作法。後來五營會轉變成常置性的設置於聚落周圍，應與聚落領域的標定有關。

## 四、五營符文內容與五營兵將的安置

在論述「五營兵將的安置」之前先區辨一般學者常用所謂「內、外五營的觀念」。文獻上有關「內、外五營」這樣有如專有名詞的說法始見於周榮杰〈閒談童乩之巫術與其民俗治療〉文中[51]：

> 基本上五營有內外營之分。依神的位階而論，凡曾受帝王敕封的正神，如保生大帝、王爺等，皆設內外營；而本無兵權卻擅自擁兵的陰神，如萬善爺，則只設內營。若依廟的性質而論，私壇僅設內營，角頭廟均設內外營。若依地域而論，鄉間廟宇大多設內外營，而市區廟宇則受空間限制多不設外營。
>
> 內營總兵馬三十六萬，係主神的近衛軍，負責主神本部的安全防務。其布置係於神殿供桌上，置插有五營旗的「五營轎」和「五營頭」。外營是以主神座殿的廟宇為中心，分佈於庄頭五方的營寨，總兵三十一萬，另有軍馬三

---

[51] 周榮杰〈閒談童乩之巫術與其民俗治療〉《高雄文獻》30/31：頁86，1987年。

萬一千，為部落的防衛部隊。其營寨位置，多選擇四方要
道的出入口或制高點，互為犄角，以使邪魔惡煞不得其門
而入。

黃文博在描述「五營神兵」時，亦沿用近似於上述的說法[52]：

> 「五營旗」與「五營頭」是內五營的主要象徵物，大
> 多置於神殿供桌上。所謂「五營旗」，也叫「五營轎」，
> 是在類似「手轎」的小轎上，依五方各插上五色三角旗幟，
> 各旗皆載明該營的元帥、番號、軍馬和兵員數目，可視為
> 營旗及令旗。「五營頭」是在五營旗前增列或另置架插放
> 五個小木偶頭像，一般都有頭無身，講究者則以布袋戲
> 裝，蠻精緻的，其排列方式，中營必在中央，而其顏色，
> 亦依五行五色而裝扮。
>
> 外五營是以庄廟為中心，分佈於庄頭五方的營寨，各
> 地稱法不一，大致有：營頭、營頭仔、營厝仔、營頭厝仔、
> 營寨仔、營頭寨仔、兵將寨等多種，總兵三十一萬，另有
> 軍馬三萬一千，為庄頭的防衛部隊。其營寨位置，多選擇
> 五方要道的出入口、交叉口、轉彎處或制高點安設，互為
> 犄角，以使邪魔惡煞不得其門而入；其中，中營通常安設
> 於庄廟前後或庄頭中央，亦有安設於廟內，或根本不安
> 設，而以內五營代替者。[53]

黃有興、甘村吉 編撰《澎湖民間祭典儀式與應用文書》亦

---

[52] 黃文博《臺灣信仰傳奇》。臺北：臺原出版社，1989 年。
[53] 黃文博《南瀛五營誌·溪北篇》頁 38，臺南縣政府，2004 年。

依內五營、外五營來描述五營神將的安奉[54]，文中對「內五營」的描述如下：

> 在廟中神案前除可看到鎗身人首之三十六官將外，尚有雕刻的「五營神將」（含「領令」計六位，但通稱「五營神將」）俗稱「五營首」、「五營將軍」、「五營頭」或「官將頭」。神案上，除「五營首」外，還可以看到花瓶樣圓筒內，豎有四方形黃旗（令旗）及三角形之黃旗（代表中營）、青旗（代表東營）、紅旗（代表南營）、白旗（代表西營）、黑旗（代表北營），總稱「五營旗」、「五方旗」、「營頭旗」，此亦為五營的象徵。新建或重建廟宇「安宮」時，張貼於「鏡符」旁之「五營符令」，亦可視為內五營之一。

對「外五營」的描述：

> 澎湖廟宇於舉行「安宮」儀式時，例立五營竹符於廟外之角頭，雖貼近廟之牆壁但其位置在廟外，似為廟宇對外的第一道防線，可視為外五營之一。法師將五營神將的神號書在五支竹節上，象徵五營神將，連同「五方旗」，分別插在村莊的東、南、西、北、中央五個方位，亦有集中插在一起，以象徵五方的。現在已有不少神位，用石碑豎立起來，以求牢固，或蓋小屋予以安置，此即所謂「外五營」，或稱「五營頭」、「營頭將軍」、「營伍」。

---

[54] 黃有興、甘村吉 編撰《澎湖民間祭典儀式與應用文書》頁 83~85，澎湖縣立文化中心，2003 年。

不過，曾光棣於《澎湖的五營—以空間的角度來看》文中曾提到受訪者（童乩、法師與小法等）認為五營神軍並無內、外營之分，內容如下：[55]

> 大多數受訪者（童乩、法師與小法等）認為五營神軍並無內、外營之分，「五營首」、「三十六官將頭」、「五營旗」等僅為五營將領、神軍的象徵物。另外在宮廟建成時，安置於其周圍的竹符與宮廟內牆上張貼的紙符，這些竹符與紙符上的符文、製作過程與安置儀式，不但與外營的竹符相似，也具有五營安鎮的意義。

曾光棣認為內外營應可重新定義成：

> 內營為駐守在宮廟周圍的神軍，其具體象徵物為宮廟周圍的竹符與廟內牆上的紙符；外營為駐防在聚落外圍的神軍，其具體象徵物為聚落外圍的厭勝物。

而筆者在田野調查與紀錄過程中發現，若以廟內相關的五營設置物如：「五營轎」、「五營旗」與「五營頭」等當作內營；以廟外相關的五營設置物如：營頭（竹符）、營厝等當作外營，這樣的二分法有其方便性，但亦有其解釋上的侷限性。以犒賞時候來說，廟內的「五營旗」及「五營頭」常連同插置的基座（此基座與五營旗及五營頭等組合暫時稱為「五營座」），搬到廟埕壇桌上，由法師來操演犒賞法事。這時整著五營座，已由廟內移至廟埕上，那是不是表示內營換了位置了呢？而「五營旗」更是法師

---

[55] 曾光棣《澎湖的五營—以空間的角度來看》碩士論文，頁 17~18。中壢：中原大學建築研究所，1995 年。

在安營時，拿在手上揮動，以調遣或號令各營軍兵行事的旗幟，這時五營旗從廟內，隨著法師的行事，而被帶到各營所在，那又應如何解釋此時的「內營」所在呢？甚至在澎湖地區，小法作操營格界中之「格武界」時，還利用到五營座裡的五營頭，以五營頭的尖端刺進小法人員的手臂皮膚，並以以紅布固定在上臂處以進行「格武界」的儀式；作為五營統領象徵的五營頭，此時變成了如同法器般的臂針，又要如何解釋呢？種種跡象顯示，整個五營座裡的置物，包含五營旗、令牌、五營頭、刀劍、刺球等器物，皆是神明（童乩）及法師等人，在調遣、號令軍兵時所需的重要憑據，據此代表主神來調遣軍兵，也藉著法器的操演所傳達出的威勢，以鎮服手下的軍兵，以利號令的傳達與執行；上述器物若特地以「內、外五營」來名之不免會產生先入為主的觀念，而在進一步解釋上亦會有所侷限與偏差。

其實在與法師或相關儀式操作者討論五營兵將的觀念時，有時是會有「內營」與「外營」的說法出現，但僅僅是描述性、比較性的說法。通常是因為境內在一些重要的場合或時機下，同時調派了兩組五營將領來守衛不同的層次範圍，為了區別這兩組軍兵的不同，而有「內營」及「外營」之區別。如臺南地區所見，在廟宇「作醮」期間裡，除了原先境內主神所統領的一組五營軍兵外，有時為了慎重起見，避免作醮期間各方邪神惡鬼趁機侵擾作亂，妨礙醮事的順利進行，會再增設一組五營軍兵，這組五營將領多取自咒文本內所載的三十六將，如溫元帥、康元帥、馬元帥、趙元帥分別統領東、南、西、北營，再配合殷元帥或高元帥等來統領中營。這組五營軍兵的組成，以天兵天將為主，而且隨著醮典的結束，在人們對其一番犒賞後也將回歸天庭。至於法師所用咒文本內是否有「內五營」、「外五營」這樣的名稱用法，

目前只找到一處，出現在安平西龍殿「賞軍」咒文裡，內容如下：

> 固分天子有印，主管天下無道鬼神；法師有印，主管內外
> 五營軍兵。
> 眾內外五營軍兵駐在壇前壇後，隨以列位千歲有功之日回
> 壇就賞。
> ……
> 拜請東營張元帥軍馬未犒賞進前來，……
> 拜請南營蕭元帥軍馬未犒賞進前來，……
> 拜請西營劉元帥軍馬未犒賞進前來，……
> 拜請北營連元帥軍馬未犒賞進前來，……
> 中營哪吒三太子軍馬未犒賞進前來，……
> 內五營軍馬賞去了，且退去。拜請外五營軍馬未犒賞，請
> 進來。
> 拜請左營青龍軍軍馬未犒賞，請進來。……
> 拜請右營白虎軍軍馬未犒賞，請進來。……
> 拜請前營朱雀軍軍馬未犒賞，請進來。……
> 拜請後營玄武軍軍馬未犒賞，請進來。……
> 拜請中營螣蛇勾陳軍軍馬未犒賞，請進來。……
> 外五營軍馬賞去了，且退去。拜請三十六員大神將軍馬未
> 犒賞，請進來。

上文中「內五營」是指張元帥等人所統領的東營、南營、西營、北營、中營軍馬之總稱。「外五營」是指青龍軍、白虎軍、朱雀軍、玄武軍、螣蛇勾陳軍軍馬之總稱。但此處的「內、外五營」與周榮杰、黃文博、黃有興等人所採內、外五營的說法也是有著明顯差異。因此，筆者在本論文裡並不用周榮杰、黃文博、黃有

興等人所定義的「內、外五營」來論述，而是採描述性的敘述或採用當地人的說法來行文論述。基於上述觀點，對於這些無形的五營軍士的安置情況，在不沿襲「內、外五營」的區分下，該如何來明瞭呢？

其實，安置於各處的符文裡即有著直接而明白的說明。若我們仔細觀察，許多廟在正殿內兩側壁上及正門上方處，貼有與五營相關的符文，符紙顏色依東、西、南、北、中方向，有青、紅、黃、白、黑、黃色之別。符紙上分別寫著如下符文：

「雷令 東營張公聖者驅邪」、「雷令 南營蕭公聖者押煞」、「雷令 西營劉公聖者斬妖」、「雷令 北營連公聖者捉怪」、「雷令 中壇李元帥收斬魔鬼」[56]。

相關照片如下：

---

[56] 臺南市 （醒心壇）廟壇內。

北營符文

東營符文

剪刀、鏡、尺圖符

上述符文貼於「剪刀、鏡、尺」符圖下方，這是廟宇「謝土」儀式時，隨同「剪刀、鏡、尺」符圖一起安置的。亦有不隨同「剪刀、鏡、尺」符圖一起安置，而另擇時機將符文分別書寫在青、紅、黃、白、黑、黃色紙或板上，在儀式配合下於廟內依東、南、西、北、中五方位，安置於廟內壁上或柱子等上。各方符文如下：

> 「敕令　張公聖者（驅邪）罡」、「敕令　蕭公聖者（斬妖）罡」、「敕令　劉公聖者（押煞）罡」、「敕令　連公聖者（縛鬼）罡」、「敕令　中壇哪吒太子李元帥（治病）罡」。

[57]

而在聚落外圍擇依五方來安置竹符[58]的作法更為普遍，其相關符文內容舉例如下：

1.彰化縣埤頭鄉十三甲聚落，清峰巖廟外營厝內紙符上符文[59]

東營：雷令　東營張元帥安鎮（平安）；

南營：雷令　南營蕭元帥安鎮（平安）

西營：雷令　西營劉元帥安鎮（平安）

北營：雷令　北營連元帥安鎮（平安）

中營：雷令　中營李元帥安鎮（平安）

相關照片如下：

---

[57]　臺南市北區（市仔頭福隆宮）廟內符文。目前福隆宮並未在廟外轄境周圍安放五營相關置物，僅在廟內四周安置五處營符。詢問廟方相關主事人員有關在廟內安五營營符的意義，它們的說法整理如下：目前福隆宮內每週排有固定時間讓民眾「問事」，也就是採神明下降於乩身，來幫助信眾解決問題。五營軍將的安置，一來有守衛功能，另一是神明在幫民眾解決問題過程中，需要差遣兵員去處理無形界的事務。

[58]　五營所在的置物以書有符文的竹節為主體。現今仍可見許多聚落五營所在處，就僅見豎立一根竹符於地的形式。

[59]　符紙上可見「清水祖師」印。

中營符文　　　　　　中營符文　　　　　　東營符文

2.臺南市東區竹篙厝聚落各營竹符上符文

東營：勒令　張公聖者統領東營九夷軍　驅邪壓煞罡

南營：勒令　蕭公聖者統領南營八蠻軍　驅邪壓煞罡

西營：勒令　劉公聖者統領西營六戎軍　驅邪壓煞罡

北營：勒令　張公聖者統領北營五狄軍　驅邪壓煞罡

中營：勒令　李府元帥統領中營三秦軍　驅邪壓煞罡

相關照片如下：

中營符文　　　　　　　中營符文　　　　北營符文

3.澎湖湖西鄉沙港聚落，基座式五營上石碑上符文

東營：雷令　東方張公大聖者甲乙木青龍神君　鎮守

南營：雷令　南方蕭公大聖者丙丁火朱雀神君　鎮守

西營：雷令　西方劉公大聖者庚辛金白虎神君　鎮守

北營：雷令　北方連公大聖者壬癸水玄武神君　鎮守

中營：雷令　中央李哪吒戊己土呈蛇蛟陳神君　鎮守

相關照片如下：

南營　　　　　　　　　　　　南營符文

4.臺南縣（三寮灣）法安宮前營厝內，竹符上所書符文

奉主敕三寮灣法安宮（法主公）令南營蕭公聖者鎮守南方丙丁火境內平安罡

奉主敕三寮灣法安宮（法主公）令東營張公聖者鎮守東方甲乙木境內平安罡

奉主敕三寮灣法安宮（法主公）令中營李公聖者鎮守中央戊己土境內平安罡

奉主敕三寮灣法安宮（法主公）令西營劉公聖者鎮守西方庚辛金境內平安罡

奉主敕三寮灣法安宮（法主公）令北營連公聖者鎮守北方壬癸水境內平安罡

上述這些書有符文的五營置物，如竹節、瓦片、紙品、石碑等，將其安置在某處就象徵著將兵員部署於某地，其任務即依符文上所敕令之事，這些符文上的內容就好像人間的一只「派令」一樣，書寫在某神明旨意下，命令各營部將帶領軍兵鎮守一地，而五營符文安置物所環繞起的空間，即標誌出整體的守備範圍。在廟宇建成，入火安座之時，最需驅邪押煞，防止妖魔鬼怪趁機侵入，這時廟內境域的守衛最為重要，貼於廟內牆上的五方符文，即代表在這特殊時機下，部署五方兵員，加強鎮守廟內空間，以防邪煞妖鬼入內。除了廟內兵員的安置外，在廟宇主體建物四周安置諸如「竹符」的作法，這等於是在廟體四周再增派兵員戍守之意，有多重防衛之作用；而再向外擴大的防線，就是安置於聚落外圍的五方竹符了，通常兵員的安置是不超過該廟宇神明所管轄的境域範圍[60]。

## 第二節　五營軍兵的來源

### 一、向神界裡上級單位所請領

在臺南地區之宮廟壇堂執事人員普遍認為：一神靈顯蹟下降人間濟世之時，人們除為祂起建宮壇等硬體設施外，還需向天庭（至玉皇宮等）領天旨、至地府（至東嶽殿等）領地旨等，有如申辦開業執照之程序。領有天旨亦即擁有了天庭配發的天兵、天將，領有地令也即是領有了地府所配發的地兵、地將，另亦有到

---

[60] 臺南縣（佳里興-震興宮）在 2003 年建醮時，即是採廟內、廟宇主體建物四周、聚落四周皆設立竹符的防衛方式。

水仙宮、火神廟等請領水兵、火兵的說法。上述的天兵、地兵、水兵、火兵等，可說是向神界裡上級單位所請領的已受過訓練及編制的正規軍。舉臺南東嶽殿有關請領「地旨」的疏狀，其內容如下：

> 臺南東嶽殿　疏狀
> 神光廣大　聖德無疆　誠心祈禱　叩求庇佑　今寓
> 大中華民國臺灣省（填寫住址）居住恭就祇禳消災解厄，保安植福信女士（填寫童乩姓名、出生年月日）偕家人等祈求地府尊神主照言念，茲因信女士（填寫童乩姓名）奉請（神明名號）作主降壇指示因（填寫請領地旨事由[61]）奉請□□□□等諸位神祇，今領令兵馬等在家中設壇行醫救世、鎮宅平安之故，以致懇求（地府）尊神作主開恩赦罪，惠賜地旨令旗兵馬以使靈光自在，行醫救世萬事如意、鎮宅平安。
> 涓今吉日虔具疏文一道，敬備壽金□□支天地庫錢□□萬，恭對案前投疏消災解厄，押退凶星雜煞陰邪歸位，庇佑陽世信女士合家大小逢凶化吉、星辰明顯、元神自在、添福添壽，添根基、添財利，命運亨通關隘消除，劫數解除災禍永不起，凡在光中金叨巨庇，合家老幼平安，謹呈疏文百拜扣謝。恭望聖慈俯垂採納文疏
> 中華民國歲次　　年　月　吉日　　疏上奉

（疏狀上於文末日期附近，蓋有「臺南市東嶽殿仁聖大帝」印記）

---

[61] 如「普渡眾生、作善降祥、靈光顯赫、通靈自在、香火鼎盛、壇事順利、辦事分明光彩、保家鎮宅平安」等。

　　疏文內容提到上任神靈為普渡眾生、作善降祥、壇事順利、辦事分明光彩等之故，懇請地府尊神惠賜地旨、令旗及兵馬，以使靈光自在，行醫救世萬事如意、鎮宅平安。

## 二、地方神明自行招募

　　除了從上級單位所請領的軍士外，地方上的神明，有時亦會自行招募及訓練兵員，以補充因任務折損的軍士及因應特殊狀況的需要。以下舉例分述之：

　　（一）由神明選取地點來「招軍」

　　這種「招兵」或說「招軍」的對象是一些亡靈、陰魂之屬，有至水濱、海濱或山野等招軍之別，通常招兵地點的選擇是依神明的指示來行事。下列舉一「招軍」所用文疏內容，為永康市龍潭里順升宮[62]至青鯤作「招軍」時，法師吳鳳銘所呈文疏，內容如下：

> 文疏
> 臺南縣永康市中山北路 499 巷 2 弄 12 號
> 順升宮請賢納才力出水牌
> 順升宮道元祖師爺列位眾神降壇指示：
> 在中華民國甲申年五月初三日往青鯤身近海與河谷交接之處禮賢下士及請賢納才，就以吉時在此站牌立示。舉凡幾近境內四生六道、水中生靈或有靈無祇也，或深山之中、河谷之內各靈聖，有意歸位、且隨順升宮道元祖師爺聖駕回鑾，來到宮中將採編納入五營軍士立中。

---

[62] 順升宮主祀「道元祖師爺」。

> 謹任中華民國甲申年五月初三日在此集結本地近境深山
> 河谷之眾靈賢合仰悉和

文中透露出舉凡四生六道、水中生靈或有靈無祇也，或深山之中、河谷之內各靈聖，都是五營軍士的招募對象。

（二）神明收納往生信眾或在外降服的陰靈，施予訓練整編
　　　入五營軍士。

相關的作法及概念如下：

1.臺南市北區菱洲宮巡境時之作法

菱洲宮照例於每年農曆三月初巡境：由大轎（八人抬）出巡及大駕（四人抬籐轎）請神明出巡境內。「大駕」出發前須待神力降駕在轎上，抬「大駕」的人依著一股力量隨轎移動，換句話說是神明下駕出巡境內各地，並適時的處理境內一些不平安的事，大駕常停留的地點有空屋、道路上、民宅等。據實際參與的廟方人士陳述，神明在這些地方所處理之事，主要是處理一些遭意外死亡的孤魂、徘徊在各處的遊魂、侵入民宅作祟的鬼怪。神明制止這些鬼怪來作亂於境民，若有不聽勸阻或不伏者即用強力收押甚至當場處斬，有時神明亦會將這些孤魂、遊魂等收作為五營軍兵之用。

2.臺南市西區西羅殿之作法[63]

西羅殿的外營（外中軍營）及西大營，除了與各廟大體相同的營厝外，內部陳設卻是五支王令及案桌。廟方表示，這是因為前者，負責外五營兵馬的指揮調度，後者扮演招收訓練新進兵馬

---

[63] 資料摘錄自張歸帆〈西羅殿五營兵制，自成一格，分內外及男女營，另設王令與案桌指揮調度招兵〉、〈安五營，鎮煞避邪〉《中華日報》2001.08.11，23 版（府城采風）。

角色的緣故。西羅殿的營兵尚分內營、外營及男女營。據廟方表示，內營置於廟內左廂，安有中軍長及其他四營主將金身。外營的指揮調度權則在廟前的外中軍營，所以該營設有王令及案桌，供其調兵遣將。至於西大營所設王令及案桌，係因該營有如現代的新兵訓練中心，專司招收廣澤尊王收納往生信眾或在外降服的陰靈，施予訓練整編入營，故而有令有案。

西羅殿的執事人員表示，每年農曆八月廣澤尊王升天之日，除了設有王令的外中營及西大營，仍須到各大小營舍更換竹筒。據說外營兵將也都在此時進行輪調移防，西大營的新兵也是在此時遞補到各營。廟方林姓耆老表示，外中軍營與西大營的王令及案桌設置甚早，只知在小時候即已見過，緣起於何時已不可考。至於王爺收納往生信眾及降服陰靈為兵將更屬神明事，何者可收均由廣澤尊王決定，不是他能夠明瞭的，只知道這是代代相傳已久的習俗。另外也有生前在廟服侍廣澤尊王者及轎班有功人員，往生後得為廣澤尊王招納入營為兵將的說法。

## 三、至祖廟謁祖之際請領、增補軍兵實例

另外趁著至祖廟謁祖之際請領、增補軍兵亦是常見的作法。舉一實例並詳述過程如下：

（一）相關事項

時間：2004 年 5 月 9 日（農曆三月廿一日）

地點：安南區本淵寮五王壇，主祀五府千歲（李、池、吳、溫、范府千歲）。

事由：至南鯤身代天府謁祖進香並請領兵員。並由臺南市「醒心堂」法師團成員　隨行，來執行相關儀式。

（二）儀式過程

　　1.於五王壇作「清壇」、「請神」

　　2.啟程、途中邀請境內神明及友神同行

　　3.香擔、及神明請入南鯤身代天府內殿神案

　　4.法師團作「請神」、「淨壇」

中午吃飯、休息

　　5.下午作「清壇」、「請神」，續作「召營」、「喝營」

　　6.刈香火、返回五王壇

　　7.煮油除穢

　　8.安營放兵

　　9.送神

　　10.收兵回壇

上述過程詳述如下：

　　1.於五王壇作「清壇」[64]、「請神」

　　早上八時起，動起鑼鼓，在五王壇作「清壇」、「請神」。法師先燒化鹽米符、淨符等，接著以鹽米及符水來清淨壇場及敕點各項法器，如天皇尺、七星劍、法索（金鞭聖者）等。接著法師團人員面向壇內動鼓唸咒，此為開壇首段咒文，主要在奉請「玉清大法主」，內容如下：

　　　奉玉虛隨行遠　無為凶起騰　雷聲天寶化　助國救生民……
　　　玉皇親敕令　官將顯真靈　奉請玉清大法主　化行十方救萬民。

接著法師團人員續唸咒文，呼請合壇諸猛將下壇，包括有：穢跡

----

[64]「清壇」有清淨壇場之意。

金剛龍樹王、北極真武大將軍、文殊普賢二菩薩、觀音菩薩、清水祖師、金闕帝君、香山雪山二大聖、哪吒元帥、三世諸佛、十二伽籃等，統稱為合壇官將。咒文內容如下：

> 謹請合壇諸猛將　為國金剛龍樹王[65]　北極真武大將軍　五婆一切現如雲
> 文殊普賢二菩薩　三代張公下玄壇　觀音世勢真身現　四洲九座展神通
> 清水祖師同下降　硃砂符印攝生童　金冠帝君[66]五代世　八代金剛四天王
> 香山雪山二代世　金珠銀珠吐珠郎　杜天元帥通天兵　哪吒殺鬼虎咬羅
> 三世諸佛同下降　十二伽籃降壇前　弟子一心專拜請[67]
> 合壇元帥速降臨（居中法師行禮拜請）火急如律令

　　法師團人員續唸咒文，呼請「金鞭聖者」落壇，「金鞭聖者」是法師所用器物中「法索」神格化的尊稱。咒文內容如下：

> 謹請金鞭蛇聖者　身長萬丈入瑜珈　本在北極鎮殿前　降在三壇展威靈
> 五聲鞭響鬼神驚　邪魔惡鬼盡滅形……
> 一打東方天門開　諸員官將下壇來（居中法師：朝東方開鞭一下）

---

[65] 「為國金剛龍樹王」在其他法師團所用咒文本裡載為「穢跡金剛龍樹王」。

[66] 「金冠帝君」於多數法師團所用咒文本裡載為「金闕帝君」。

[67] 居中的法師站立，用雙手執法索（鞭）置於胸前，咒文唸至「弟子一心專拜請」時，鞠躬行禮。

二打南方地戶烈[68]明雞使者來報捷（居中法師：朝南方開鞭一下）

三打西方人長生　三壇官將現真身（居中法師：朝西方開鞭一下）

四打北方鬼精驚　押去酆都不留停（居中法師：朝北方開鞭一下）

五打中央保安寧　四時八節有餘慶　（居中法師：朝中央開鞭一下）

人有苦難清心請　現顯毫光在壇前　閭山門下專拜請　金鞭聖者下壇來

　　　　　火急如律令

此咒文除呼請金鞭聖者落壇之用意外，在開打法索過程中，除令鬼神驚懼、驅邪押煞及清淨壇場之效果外，還有召請法壇官將之作用。

　2.啟程、途中邀請境內神明及友神同行

　(1)轎後送

　八時五分，神轎準備啟程，法師團人員跟隨在轎後動鼓唸咒唸「神明咒」[69]，稱「轎後送」，咒文如下：

　　奉請九天劉元帥　金輪執法趙將軍　岳府通兵康太保　雷霆

---

[68] 在其他法師團所用咒文本裡「地戶烈」或作「地厚裂」。

[69] 柯天隆法師說明：於「轎後送」時所唸咒文，無一定配對的神明咒，取用該廟奉祀神明的咒文很適合，但各廟的神明不一，若法師團內成員無法熟記這些神明咒時，可取用「合壇官將咒」、「諸員官將咒」、「保生大帝咒」、「玄天上帝咒」、「張蕭劉連四聖者咒」、「中壇元帥咒」等。

　　黑暗火乾坤

　　宗靈真君關聖帝　監雷法主張聖者　哪吒太子神通大　遊行

　　天下走如雲

　　……弟子一心專拜請　諸位官將速降臨　　火急如律令

續唸其他神明咒文。

　　(2)邀請境內神明隨行

　　法師團人員跟在神明轎後敲鑼擊鼓、口唸請神咒文，前行至
五王壇附近的朝興宮，朝興宮為本淵寮地區的境主廟，法師團人
員於廟前廣場動鼓唸「神明咒」後，法師持法索開鞭三下[70]來邀
請廟內神明隨同前行。之後將神明轎安置在車上，法師團成員於
車頭前，動鼓唸「神明咒」後，法師持法索開鞭三下來請神明前
行。

　　(3)邀請「友神」隨行

　　八時四十五分，進香車隊轉至另一小路，前往某民宅。八時
五十分，神轎下車，法師團成員隨行於轎後至一民宅，宅前設一
香案，香案上置一神像。法師團成員至香案前動鼓唸「神明咒」，
待唸至「法天張聖者」時，法師持法索開鞭三下，請民宅奉祀神
明隨同前行，接著法師團人員續唸神明咒直至神轎抬上車為止。

　　3.香擔、及神明請入南鯤身代天府內殿神案

　　九時二十分，至南鯤身代天府前廣場。待神明轎抬下車，整
備隊伍後向廟前行，法師團人員跟在神明轎後動鼓唸神明咒。隊
伍進入廟內正殿前埕，接著將裝香爐的小厝及神轎內的神明，請

---

[70]　「鞭」指法索，開打法索時除有驅邪押煞及清淨壇場之效果外，還有召
　　　請神明之意，法索尾端的擺向，即是請神明前往的方向（柯天降法師之
　　　說明）。

神兵火急如律令

接著法師團人員轉往神轎旁，此時神轎東方地上正燒著一堆紙錢及馬糧[71]。一法師手持法索面向神轎，法師團人員動鼓念咒：

> 謹請法天張聖者　世居覆郡延林府　赤足修來行正法　普陀妙相度凡人
>
> 金砂橋上翻光斗　青龍潭裏佐修行　腳踏火輪驅邪鬼　手執寶劍斬妖精
>
> ……火急如律令

b.喝營

法師走至神轎旁東方處，手拿法索指向神轎口唸咒文（喝營）：

> 敕～東營立是張公聖者九梭軍　九梭馬　九梭軍馬九千九萬人
>
> 人人頭帶盔　身穿甲　手執青旗火炎鎗　輪刀舞劍　領兵鎮守自在轎內

喝營後，開鞭三下，法索尾由外打進神轎方向，即是要請軍兵由外進駐到轎內之意。

接著同「召東營」步驟，接著再「召南營」、「召西營」、「召北營」、「召中營」。

召完中營後法師團成員停鼓休息。

---

[71] 紙錢包含壽金、甲馬；馬糧為「蕃薯籤」，即是將地瓜削成細絲。

### 6.舀香火、返回五王壇安置

待預定的時辰到，執事人員將南鯤身廟內爐中香灰舀入五王壇請來的爐中，香爐放入香擔內，香擔門貼上封條，乞火儀式完成後，隨即將香擔及神明請出內殿，香擔上方派人手舉黑色雨傘遮天，神像則陸續請入轎內安置，完成後隨即離開南鯤身準備返程。在神明轎上車時，法師團人員於車頭前，動鼓唸「神明咒」後法師持法索開鞭三下，請神明前行。

待回到本淵寮後，神轎下車，眾人採步行回五王壇。法師團人員隨行於神轎後擊鼓唸咒前行，行至五王壇前待咒文唸完後息鼓。廟壇人員將神轎上神像，一一經過壇前香爐上後入廟歸位。廟壇眾人員持香跪於壇前向神明稟告後，將香擔內香火舀至廟壇內各香爐內。接著法師團人員於廟壇外準備「煮油」事宜。

### 7.煮油除穢

「煮油」的用意在驅除邪穢，潔淨場域。因接續要於廟壇安放五營軍兵，此境域內又屬初次安營，所以安營前的潔淨境域的工作至為重要；而「煮油」在法師所操作的法事中，又是屬效果較為強大的「除穢」方式。

煮油除穢的過程如下：

油鼎內先貼兩道符後再將油倒入，置於燒著碳火的爐上加熱，加熱過程中法師團人員在旁開始擊鼓唸「神明咒」[72]。

> 謹請法天張聖者 世居覆郡延林府 赤足修來行正法 普陀妙相度凡人

---

[72] 此時是要讓火旺起來，唸常用的「神明咒」皆可。若要讓火滅，要押火則唸誦屬水、屬寒的神明咒文（柯天降法師之說明）。

金砂橋上翻光斗 青龍潭裏佐修行 （油鼎內出現火苗，火勢開展於油表面上）
腳踏火輪驅邪鬼 手執寶劍斬妖精 （持續加熱，讓火勢足夠且穩定）
騰雲滴雨沾世界 畫符出相度眾生 護國庇民顯妙相 代天興化救生民
……火急如律令

當油鼎表面的火苗穩定燃燒後，即可開始抬著此油鼎至廟壇內外，來作除穢清淨之事。油鼎移至一地作清淨除穢時，法師所作動作如下：口含米酒，捏指抉書符後，手打出指抉，腳踏著步罡，將口中米酒噀向油鼎，油鼎上方泛出一陣火光，旁人同時喝出聲響。依此方法，先於廟壇外連做兩次後，油鼎移至廟壇內中央處，同上述步驟連做三次，再轉往壇內東方做一次，依序往壇內南方、西方、北方各做一次後，接著將油鼎移至廟壇外，待置放穩定後再做一次，至此整個廟壇內外的潔淨已完成。過程中，法師團人員持續動鼓唸咒直到油鼎熄火。唸的神明咒依序為：「張公聖者咒」、「蕭公聖者咒」、「劉公聖者咒」、「連公聖者咒」、「哪吒太子咒」……。

之後亦讓在場的信眾以跨過油鼎，或拿家人衣服一同跨過的方式來達到除穢的用意。待信眾過完後，將油鼎移到壇外路邊，準備熄火，此時法師團人員改唸「玄天上帝咒文」：

謹請玄天上帝爺 威猛神通為第一 敕封鎮天號真武 威震北極應真靈
披頭散髮騰空起 烏旗展起鬼神驚 左手執劍斬妖精 左手敕旨救萬民

　　左有英雄康元帥　又有忠勇趙玄壇　蒼龜赤蛇朝真武　六丁
六甲左右隨

　　我發北方壬癸水　押送南方火精神　凡間有事急急請　時時
刻刻到殿前

　　弟子一心專拜請　玄天上帝速降臨　火急如律令

　　唸至「押送南方火精神」時，居中法師，口含符水，手捏指訣書
符後，打出指訣，同時間腳踏著步罡，將口中符水噴向油鼎，另
一法師則揮動一面書滿符文的黑旗，此時油鼎上方泛起一陣火光
後即刻熄火。待此段咒文唸完後即息鼓，準備下一階段「安營放
兵」事宜。至於在滅油鼎之火時配合唸誦〈玄天上帝咒文〉之原
因，法師的說明就如同咒文內容所言：玄天上帝乃威震北極之神
靈，北方屬壬癸水，適合於押送南方之火精神。

　　8.安營放兵

　　　首先在廟壇內牆壁貼上東、南、西、北營符文，中營符文貼
於正門上方處。每個營位處，有三張符文並列而置，符文兩側各
掛一串「五色高錢」。東營符紙青色以朱墨書寫，中間符紙上可
見「雷令 東營張公聖者驅邪」字樣；南營符紙紅色以黃墨書寫，
中間符紙上可見「雷令 南營蕭公聖者押煞」字樣；西營符紙白
色以朱墨書寫，中間符紙上可見「雷令 西營劉公聖者擒妖」字
樣；北營符紙藍色以白墨書寫，中間符紙上可見「雷令 北營連
公聖者捉怪」字樣；中營符紙黃色以朱墨書寫，中間符紙上可見
「雷令 中壇太子李元帥收斬魔鬼」字樣。並且各營符紙上，皆蓋
有三個相同的紅色印記，印記內文為「閭山法寶，今古相同」。

　　　起鼓前，一法師立於香案（香案置於廟壇外拜亭裡，案上擺
放五營座、祭品及法器）前，面向廟壇外，手高舉七星劍，口唸

咒語。接著法師左手持七星劍，右手拿黃色方形令旗高舉，左右來回搖旗，在這同時周圍法師團人員起鼓唸咒：（此時整個法師團人員皆面向廟壇外）

> 本師為吾來召兵　祖師為吾來召兵　仙人為吾來召兵　玉崙為吾來召兵
> 召兵三師三臺將　召兵三師三童郎　賜吾令旗拱劍印　時時刻刻親降臨
> 　　　　神兵火急如律令

(1)安東營

法師團人員移動至廟壇內，面向東營方位，一法師左手持七星劍置於身側，右手拿青色營旗高舉，左右來回搖旗。周圍法師則動鼓唸咒：

> 法鼓差鳴第一聲　一聲法鼓調東營　召請東營九梀軍　九千兵馬九萬人
> 人人頭戴身穿甲　手執青旗共長槍　令旗齊齊軍馬到　令旗齊齊軍馬行
> 走馬排兵到殿前　走馬排兵來殿前　若是延緩受斬首　召請東營九梀軍
> 　　　　神兵火急如律令

續唸「張公聖者咒文」：

> 謹請法天張聖者　世居覆郡延林府　（法師點燃一古仔紙及三支香，朝主神方位行禮後，將燃燒中的古仔紙及香置於東營位下方金爐桶內，與爐內金紙一起燒化。之後，法師雙手置胸前持法索，立於廟壇內中央位置。）

赤足修來行正法　普陀妙相度凡人　金砂橋上翻光斗　青龍
潭裏佐修行……
三界祖師吳太宰　三壇走符江舍人　更有蕭劉連聖者　協力
符水救世間
弟子一心專拜請　張公法主速降臨　（居中小法行禮拜請）
　　　　　　　　火急如律令

接著法師走至東營位前，手拿法索指向東營，一腳尖在地上
點踩三次，將口中符水噴向法索頭後口唸咒文（喝營）：

敕～東營立是張公聖者九梅軍　九梅馬　九梅軍馬九千九
萬人
人人頭帶盔　身穿甲　手執青旗火炎鎗
輪刀舞劍　領兵鎮守自在東營（旁人跟著喊出「東營！」）

喝營即在號令營兵，喝營後居中法師開鞭三下，法索尾由外
打進營位所在，有號令營兵進入東營營位之意。接著同「安東營」
步驟、續安南營、北營、西營、北營及中營。

9.送神

送神時，法師喝一口淨缽內符水，拿起天皇尺沾一下淨缽內
符水，走至眾神像所在神案前，先將天皇尺在神案上沾點幾下
後，舉起天皇尺指向眾神像所在方向，同時將口中符水噴出，接
著以天皇尺在前方空中劃符，劃符完將天皇尺點向前方一尊神像
胸前。接著在旁法師團人員開始敲打鑼鼓口唸咒文，內容如下：

綾羅峪裏三太子　太子七歲展神通　頭縛雙髮紅羅帶　手執
金鎗拋繡球

八萬四千黑雲將　功曹丁甲到殿前

鎗刀劍戟如雲雨　三壇官將展威靈　（此行節奏快）

弟子一心專拜請　哪吒元帥降臨來　（此行節奏快）

火急如律令

接著法師團人員轉身向廟壇外跪下，同時擊鼓唸咒來恭送列位眾神明回宮，咒文內容如下：

恭送列位眾神明　雲馬彩輿駕飛鳶　四季荷蔭祐家境　良辰奉送神回天

吾奉太上元亨利貞　奉送諸神聖駕歸回宮

神兵火急如律令　（此時一法師於廟壇內點燃一古仔紙，拿至壇外拜亭裡香爐內燒化後，法師團人員起身轉回面向廟壇內。）

10.收兵回壇

法師手執法索打出第一鞭（法索尾由外打進廟壇內方向），口中唸：一打…收兵…（旁人跟著唸出「收兵啦！」）

接著打出第二鞭，口中唸：二打…列神歸位…（旁人跟著唸出「歸位」）

接著打出第三鞭，口中唸：三打……合境平安…（旁人跟著唸出「平安」）

接著法師團人員擊鼓齊聲唸「回壇神咒」：

哪吒英靈　統領天兵　袁罡太子　三壇殿前

金輪拋去　打開球裡百萬雄兵　哪吒諸猛將　六丁六甲隨吾行

軍到殿前開金井　虎到殿前歸深山　恩主殿前歸本壇

五營兵馬速速歸本壇　五營兵馬速速歸本壇　急急如律令
（息鼓）

此段咒文唸完後息鼓，至此今日至祖廟請領軍兵，並領兵回廟壇安營之事，在收兵回歸本壇後完成。

# 第三節　五營兵將安置過程及其意涵（一）

## 一、安營、犒軍、收營的年中行事

安營指安放營兵，通常是由法師或童乩來調遣軍兵至各營戍守，在營位所在地所安置物件則以竹符為主體。各地安營、犒軍、收營的年中行事如下：

（一）鯤身地區

1.臺南市安平港子尾社靈濟殿（主祀伍府恩主公）：境域五營（五座）。

安營：八月初由本廟法師安營。

犒軍：4/23 主神生日下午，境眾備菜飯來廟埕，由法師主持犒軍事宜。

收營：次年六月底收營。

2.臺南市安平囝仔宮社妙壽宮（主祀保生大帝）：境域五營（五座）。

安營：每年固定於 3/15（主神生日）由廟方法師安竹符。

犒軍：2/4（良禹帝君生日）、3/15（保生大帝生日）、10/1（普庵教主生日）下午，境眾備菜飯來廟埕，由法師主持犒軍事宜。

3.臺南市四鯤身南區龍山寺（主祀清水祖師）：境域五營（五座）。

安營：1/6（清水大祖師生日）、6/6（三坪祖師生日）、9/6（清
　　　水二祖師生日）由廟方法師安竹符。

犒軍：安營日下午境眾備菜飯來廟埕，由法師主持犒軍事宜。

4.臺南市南區喜樹萬皇宮（主祀三府千歲）：境域五營（五座）。

安營：4/10（主神生日前一天）聘請賴德水法師至各營更換竹
　　　符。

犒軍：2/19（觀音菩薩生日）、4/11（三府千歲生日）、6/19
　　　（觀音菩薩得道日）及年底擇一日下午，境眾備菜飯來
　　　廟埕，由聘請的賴德水法師主持犒軍事宜。

　（二）臺南舊城區及五條港地區

1.臺南市中區沙淘宮（主祀中壇元帥）：廟宇前設「統兵營」（一
座）。

安營：無固定日，由廟方法師安營。

犒軍：4/8（主神飛昇日）、9/9（主神生日）下午境眾備菜飯
　　　來廟埕犒賞；初一、十五僅由廟方準備來犒賞軍兵。

2.臺南市中區和意堂（主祀七祖仙師）：廟宇前拜亭處，擇五處
安置各營符令。

安營：1/15（七祖仙師生日）前擇日由廟方法師安營；

收營：六月底擇日收營。

安營：10/5（王靈千歲生日）放營。

收營：十二月底擇日收營。

犒軍：1/15（七祖仙師生日）、5/5（馬府千歲生日）、六月底
　　　收營日、10/5（王靈千歲生日）、11/5（金禪祖師生日）、
　　　十二月底收營日下午境眾備菜飯來廟埕，由法師主持犒
　　　軍事宜。

3.臺南市中區仁厚境福德祠（主祀福德正神）：廟宇前設「總營」
　（一座）。

　安營：主神生日前擇日由外聘和意堂法師安竹符。

　收營：六月底收竹符。

　犒軍：安竹符日、年底送神日前擇日、收竹符日下午境眾備菜
　　　　飯來廟埕犒賞軍兵。

4.臺南市中區小南城隍廟（主祀朱公一貴）：境域五營（五座）。

　安營：3/23（媽祖生日）由神明透過童乩來安竹符。

　犒軍：3/23 下午境眾備菜飯來廟埕犒賞軍兵。

　收營：六月底收營，八月初放營。

5.臺南市西區四聯境普濟殿（主祀池府千歲）：境域五營（五座）。

　安營：由廟方法師來安營。約在 1995 年之前，於主神生日前
　　　　安營（安竹符），於神明生日後再收營，當時安竹符的
　　　　地點由神明指示，並不固定。後來設立了固定式的營
　　　　厝，營厝內置有一寫有各營將領名稱的令牌，設營厝後
　　　　則不再安釘竹符，不過在每年神明生日前，神明會在繞
　　　　境時順道巡視各營察看。

　犒軍：3/18（張府聖軍生日）、6/18（池府千歲生日）下午境
　　　　眾備菜飯來廟埕，由廟方法師主持犒軍事宜。

6.臺南市西區西羅殿（主祀廣澤尊王）：境域五營（五座）。

　安營：每年於主神得道日（8/22）前換竹符。由廟方法師來操
　　　　作安營事宜。

　犒軍：安營日下午境眾備菜飯來廟埕犒賞軍兵。

　（三）臺南市其他地區

1.臺南市南區下林建安宮（主祀中壇元帥）：境域五營（五座）。

　安營：無固定日，由神明指示後由廟方法師安營。

　　犒軍：每月初一、十五（七月暫停）下午境眾備菜飯來廟埕，
　　　　　由法師主持犒軍事宜。

2.臺南市南區水門宮（主祀吳府二鎮）：境域五營（五座）。

　　安營：主神生日（3/15）前一天，神明出巡至各營，廟方法師
　　　　　隨行至各營更換竹符。

　　犒軍：3/15（吳府二鎮生日）、4/26（李府千歲生日）、6/20
　　　　　（朱府千歲生日）、9/15（吳府千歲生日）下午境眾備菜
　　　　　飯來廟埕，由法師主持犒軍事宜。

3.臺南市東區關帝殿（主祀關聖帝君）：廟宇前設「總營」（一
　　座）。

　　安營：神明生日前一天（6/23）外聘陳結成法師更換竹符。

　　犒軍：安營日下午，境眾備菜飯來廟埕，由外聘的陳結成法師
　　　　　主持犒軍事宜。

4.臺南市東區前甲顯明殿（主祀文衡聖帝）：境域五營（五座）。

　　安營：外聘陳結成法師，於七月普度當日下午更換竹符。

　　犒軍：三、六、九、十二月中擇一日下午，境眾備菜飯來廟埕
　　　　　犒賞軍兵。

5.臺南市東區南天宮（主祀南天文衡聖帝）：廟宇前設「總營」
　　（一座）。

　　安營：外聘林斗枝法師，於主神下降安座日（10/20）下午更換
　　　　　竹符，隨後由林斗枝法師主持犒軍事宜。

　　犒軍：另依四季而於 3/20、6/24、9/20、12/20 犒軍，境眾備菜
　　　　　飯來廟埕犒賞軍兵。

6.臺南市東區開帝殿（主祀開天炎帝）：廟宇周圍四角落及廟前
　　右方各安置一支竹符。

　　安營：八月初由廟方法師安營。

收營：六月底由廟方法師收營（將軍兵收回看顧廟內）。

犒軍：4/26（主神生日）、六月底收營日、八月初放營日、十二月底擇一日下午，境眾備菜飯來廟埕，由法師主持犒軍事宜。

在上文所述的臺南地區安營、犒軍、收營的年中行事中，最大的差異在於有些地方會在六月底收營有些則無，六月底是否收營的作法是依地方慣例來舉行，但各地不管六月底是否收營，在七月時皆不作犒軍活動，因七月正逢民間對陰間孤魂（好兄弟）的普度活動接連舉行著，此時辦理犒軍活動有不妥之處。試想在一犒賞五營軍兵的筵席中，外圍突然出現一大堆討食的群眾，混亂與相爭的場面是可預期的，所以七月不犒軍，是為避免上述狀況的發生。至於六月底收營的概念是因七月時，眾「好兄弟」在外遊走，為避免五營軍兵與眾好兄弟間起衝突，故七月間五營軍兵暫時召回本部，讓大部分的五營軍士趁此期間休假，僅留部分的軍兵鎮守本部即可，待七月結束，八月初時再重新召回軍兵，恢復平日駐守的狀況。另外六月底未將營兵召回本部的作法，其概念又是如何呢？法師們認為：七月時對境域的守護仍有必要，許多突發的狀況反而容易出現。但為避免五營軍兵與眾「好兄弟」因小事而起衝突，故主要是維持在待命的情況，此時五營軍士並不同平日在外巡邏盤查，而是退回崗哨或各營所在駐守，眾軍士維持在待命的情況。

（四）彰化地區

彰化地區許多地方於年初安營，也即是安釘竹符，安營後則要定期的犒賞軍兵，至年底後再行收營。收營時，若安營時會再安置新竹符者，在收營時將竹符收回，也有不收的作法，因有些地方安置竹符處並未設有遮蔽物，竹符歷經風吹、雨打、日曬後，

早已損壞或不翼而飛了。收營時，不管竹符是否收回，還需由廟方主事人員向神明稟明收營的事由或由法師來作收營的法事，通常在收營日會辦理犒軍活動。彰化地區安營、犒軍及收營的年中行事如下：

1. 彰化縣埔鹽鄉閻山道院（主祀閻山法主）：

　　安營：3/3（上帝公生日）由境內法師安竹符。

　　收營：十月「作平安」後收營。

　　犒軍：3/3（放營日）、6/18（池府王爺生日）、9/22（主神生
　　　　　日前一天）、收營日下午，境眾備菜飯來廟埕，由法師
　　　　　主持犒軍事宜。

2. 彰化縣鹿港鎮廖厝里下廖庄慈后宮[73]（主祀天上聖母）：

　　安營：二月時擇一日安營。由廟方法師來安營，或由同門（閻
　　　　　山道院天訣堂）法師來協助安營。

　　收營：「作平安」後，冬至前收營。

　　犒軍：安營後每月初一、十五下午犒軍，七月時暫停犒軍。

3. 彰化縣溪湖鎮草埔顯光宮（主祀池府千歲）：境域五營（五座）。

　　安營：三月初三，由廟內五方法師安營。

　　收營：十月「謝平安」（神明看日）時收營。

　　犒軍：安營後每月初一、十五下午境眾備菜飯至廟埕犒賞軍
　　　　　兵，七月時暫停犒軍。

但在六月底時擇一日犒軍。安營、收營日及主要神明生日亦犒軍。

4. 彰化縣溪湖鎮西勢厝西安宮（主祀三山國王）：境域五營（五座）。

　　安營：2/25（主神生日），聘請鄰村（十一號庄）法師來協助

_____

[73] 慈后宮之法師團成員乃閻山道院天訣堂所傳授。

安竹符。

收營：十月「謝平安」（神明看日）時收營。

犒軍：安營後每月初一、十五下午境眾備菜飯至廟埕犒賞軍
　　　兵，七月時暫停犒軍。安營、收營日及主要神明生日亦
　　　犒軍。

5.彰化縣北斗鎮中寮順天宮（主祀順天元帥）：境域五營（五座）。

安營：二、三月間（神明看日），由境內法師安營。

收營：年底「謝平安」（神明看日）時收營。

犒軍：安營日犒軍，進香活動（不定時）前連續犒賞三天。

6.埤頭鄉合興村合興宮[74]（主祀天上聖母）：境域五營（共七座）。

安營：3/23（主神生日），由廟內五方法師安竹符。

收營：十月「謝平安」（神明看日）時收營。

犒軍：安營後每月初一、十五下午（七月暫停犒軍），境眾備
　　　菜飯來廟埕犒賞軍兵。收營日亦犒軍。每年主神生日
　　　前，擇一日前往北港朝天宮進香，如訂於3/11進香，則
　　　3/9、3/10、3/11連續犒軍三日。

7.彰化縣埤頭鄉埤頭村埔尾四武宮[75]（主祀溫府元帥）：境域五
　營（五座）。

安營：二月時擇一日，由廟內五方法師安竹符。

收營：十一月十五日左右收營。

犒軍：安營後每月初一、十五下午（七月暫停犒軍）於廟埕，
　　　由廟內五方法師主持犒軍事宜。收營日亦犒軍。

8.彰化縣埤頭鄉豐崙村菁埔仔救行宮（主祀秋香尊者）：境域五

---

[74] 合興宮早期曾聘請閣山道院天訣堂的法師前來傳法。
[75] 四武宮早期曾聘請鹿港照法堂之法師前來傳法。

營（五座）。

安營：二月時擇一日（神明看日），由廟內五方法師安竹符。

收營：十月「謝平安」時（神明看日）收營。

犒軍：安營後每月初一、十五下午（七月暫停犒軍），境眾備
菜飯來廟埕犒賞軍兵。收營時亦犒軍。

9.彰化縣埤頭鄉崙仔村庄仔保安宮（主祀五年千歲）：境域五營
（五座）。

安營：3/15（保生大帝生日），由境內法師安竹符。

收營：十月「謝平安」（神明看日）後一星期左右收營。

犒軍：安營後每月初一、十五下午（七月暫停犒軍），境眾備
菜飯來廟埕犒賞軍兵。收營日亦犒軍。

10.彰化縣埤頭鄉永豐村十三甲清峰巖（主祀清水祖師）：境域五
營（五座）。

安營：1/6（主神生日），由廟內五方法師安竹符。

收營：十月「作平安」時日早上收營。

犒軍：安營後每月初一、十五下午，境眾備菜飯來廟埕犒賞軍
兵。六月底連續犒軍三天，七月暫停犒軍。收營日亦犒
軍。

11.彰化縣埤頭鄉崙腳村新吉宮（主祀玄天上帝）：境域五營（五
座）。

安營：無固定時間，由神明指示。由廟方執事人員依神明（乩
童）指示來安營，或聘請鄰村法師協助安營。

犒軍：每月初一、十五下午，六月底犒軍，七月暫停犒軍。

12.彰化縣埤頭鄉陸嘉村復安宮（主祀池府千歲）：境域五營（五
座）。

安營：二月時（神明看日），由廟內五方法師安竹符。

收營：十一月「謝平安」後擇日收營。

犒軍：放營、收營日前二天，於自宅備菜飯、紙錢犒軍；放營、收營當日境眾備菜飯、紙錢來廟埕犒賞軍兵。6/16~6/18（主神生日），境眾連續於廟埕犒賞三日。

彰化地區有關安營、收營、犒軍的作法差異不大，其中很重要的因素是閭山道院天訣堂在彰化地區廣傳後所造成的影響。而其他非閭山道院天訣堂法師所傳法的地區，其師承也多來自鹿港地區法師，而早期閭山道院天訣堂的創辦人蔡標先生，也曾學法於鹿港地區的法師。這些廟內所屬法師團成員常以「五方法師」稱之，或簡稱「五方」有時亦稱「小法」或書寫成「少法」。法師團成員主要負責每月初一、十五有關「召營犒賞」之事，另外「小法」亦與童乩配合來負起民眾「問神」之事。

彰化地區的安營日期大多選在農曆二月期間，或是配合神明聖誕日而提前至一月，或是延後至三月。選擇在二月間進行，可能與農民在此時已完成田裡的插秧播種工作，有一小段空閒時間有關；就如同年底的收營活動，亦選在農作物收割後農閒時間舉行一樣道理。不過收營日再怎麼早，都得等「作平安」或說「謝平安」後。「謝平安」活動以「戶」為單位，每戶都要準備祭品至指定的地點祭拜，通常是村廟前的廟埕，此時廟埕另設一祭拜上蒼的祭臺，村民面對祭臺朝廟埕外方向祭拜。「作平安」的用意是要感謝上天這一年來的庇佑，使農作物得以豐收、個人亦無災無厄的度過。許多地區的收營活動選擇村落「作平安」之日，亦在當日犒賞五營軍兵，感謝與慰勞五營軍兵這一年來的辛勞。

## 二、彰化縣閭山道院天訣堂傳承係譜及「安營」過程

　　彰化地區有關安營的作法差異不大，其中很重要的因素是閭
山道院天訣堂在彰化地區廣傳後所造成的影響。因此在本節中，
先敘述閭山道院天訣堂傳法地區，再舉「安營」的實際過程來說
明。有關閭山道院的記載，見於劉枝萬〈閭山教之收魂法〉內文，
內容如下：

> 閭山道院創辦人蔡法師，1907 年生，彰化縣溪湖鎮人，祖
> 籍福建泉州。十多歲時，即赴鹿港鎮，就某法師學法，但
> 無甚所獲，旋返故里，再敗其舅父洪法師（亦祖籍泉州）
> 為師，遂自成一家，就地開設天訣堂，以應市井之需。一
> 面專心傳法，輔導後進，門徒漸多，遍布鄰近該鎮之若干
> 鄉鎮，並有少許在該縣外者。

　　上文提及閭山道院創辦人蔡法師姓名為蔡標，據其子蔡敏秋
先生所述，蔡標先生之出生年為 1903 年，蔡標先就一鹿港法師
蔣家舍[76]（音譯）學法，覺得所學尚不足，再向其舅父洪大瑞學
法。洪大瑞住彰化縣二林鎮，師承自澎湖地區的老師。

　　至於閭山道院所在地彰化縣埔鹽鄉崑崙村，興建的源由據閭
山道院蔡敏秋法師所述：是當時第六十三代天師（張恩溥）為使
各教派有統一的行政職責，遂成立中華民國道教總會，下轄五個
道院即「閭山」（法師、乩童系統）、「正一」（道士系統）、
「瑤池」（慈惠堂等系統）、「先天」（一貫道等系統）及「五

---

[76] 蔣家舍是早期鹿港地區有名的法師，法力相當高，是頂街尾人。此資料
　　載於〈鹿港地區民間信仰「法師」系統及相關儀式採訪〉《彰化縣口述
　　歷史二》陳慶芳訪談，楊素晴總編輯。彰化縣立文化中心出版，1996 年。

術」（風水、地理等五術系統）共五道院。張天師派人訪查各地
法師團後，認為當時蔡標先生所領的法師團傳承人員最為眾多，
可作為道教下閭山派之代表，兩相結合後而有籌建閭山道院之
舉，但閭山道院尚未建成，六十三代張天師卻已逝世，其後繼之
人並無心推行原先設「閭山道院」的計畫，但閭山道院仍然在法
師團成員及建廟所在地的人士交相支持下完成。[77]

現今閭山道院所祀「法主公」即來自原先蔡標先生家中所祀
神尊，而「玄天上帝」、「池府王爺」、「順正府大王公」即為
原先崑崙村內居民所輪祀之神明。現今閭山道院天訣堂內法師團
事務，由蔡標之子蔡敏秋法師掌理。蔡敏秋出生於 1952 年，從
小對法事耳濡目染下，十三歲已會替人收驚；十四歲正式拜師（拜
蔡標為師）。一般拜師後各階段所學內容如下：

第一壇（級）：調兵、操兵、犒賞。

第二壇（級）：收魂、逐煞。

第三壇（級）：拜天公、遊地府。

第四壇（級）：關神（關童乩）、駕禁（坐禁）。[78]

有關閭山道院天訣堂[79]傳法地區，經由蔡敏秋法師所提供資
料及筆者訪查資料，整理如下。

「＊」：表示由蔡標前去傳法[80]；「※」：表示由蔡敏秋前去傳

[77] 經訪問閭山道院蔡敏秋法師後，整理而成。

[78] 以上有關閭山道院及法師團相關資料，經訪問蔡敏秋先生後，整理而得。

[79] 經由閭山道院天訣堂所傳承的法師團，皆可用「天訣堂」這堂號，並不
特別再取一堂號，但為了區別，通常在「天訣堂」堂號前加上其所屬的
宮廟名稱，例如鹿港鎮廖厝里下廖庄慈后宮內的法師團成員，腰上所繫
龍虎裙上即繡有「慈后宮天訣堂」字號。

[80] 在蔡標先生傳法的年代，許多村莊的神明還處於輪祀狀態，還未建有宮

法；「＃」：表示由蔡敏秋師兄弟前去傳法。內容整理如下：

表 2-3-1：彰化縣埔鹽鄉閣山道院天訣堂傳法地區

| ◎彰化市 | ◎彰化縣鹿港鎮 |
|---|---|
| ＊莿桐里（志同宮） | ※頂番里（池聖宮；私人壇） |
| ＊南安里 | ※脫褲庄（玄聖宮） |
| ＊阿夷里（泰和宮） | ※廖厝里（慈后宮） |
| ※茄苳里（武玄壇，私人壇；已移至 | ＃學子里（南天宮；私人壇） |
| 和美鎮鐵山里） | |
| | ◎彰化縣秀水鄉 |
| ◎彰化縣福興鄉 | ※秀水鄉安東村 |
| ＃福興鄉二港村 | ＊秀水鄉下崙村 |
| ＊福興鄉福寶村（聖后宮） | |
| ＊福興鄉福興村（代天府） | ◎彰化縣花壇鄉 |
| ＊福興鄉福南村 | ＃花壇鄉南口村 |
| ＃福興鄉西勢村 | ※花壇鄉劉厝村（天德宮；私人壇） |
| | |
| ◎彰化縣鹽埔鄉 | ◎彰化縣溪湖鎮 |
| ＃出水村 | ＊西勢里 |
| ＃廓子村 | ＊番婆里 |
| ※好修村（天德宮） | ＊忠覺里（中角） |
| ＊天盛村（天龍宮） | ＊媽厝里 |
| ＃埔鹽村（順澤宮：主祀玄天上帝） | ＊湳底里 |
| ＃豐擇村 | ＃東溪里 |
| ※打廉村（大安宮：主祀三山國王） | ＊西溪里 |
| ＊崑崙村 | ＊大竹里 |
| | ＊河東里 |
| ◎彰化縣二林鎮 | ＊東寮里 |
| ＃西平里（仁和宮：主祀媽祖） | ＊西寮里 |
| ＊西平里（拱辰宮：主祀林府千歲） | ＊奉天宮（溪湖街上） |
| ＊外竹里 | |
| ※外竹里（法主堂；私人壇） | ◎彰化縣埤頭鄉 |
| ＊趙甲里 | ＊大湖厝（大湖村） |
| ※趙甲里（順興宮；私人壇） | ＊合興村（合興宮） |

廟。

| | |
|---|---|
| ＊振興里--西保庄 | ＊周厝崙（豐祐館） |
| | ＃菁埔仔（救行宮） |
| ◎彰化縣大城鄉 | ＊※[81]芙朝村（金安宮） |
| ＊東城村 | ＊路口厝（中和村） |
| ＊菜寮村 | |
| | ◎彰化縣北斗鎮 |
| ◎彰化縣芳苑鄉 | ※中寮（順天宮） |
| ※新寶村（私人壇） | ※興農路（私人壇） |
| | |
| ◎彰化縣竹塘鄉 | ◎雲林縣臺西鄉 |
| ＊新廣村 | ※海口村（武賢堂） |
| | |
| | ◎臺中縣梧棲鄉 |
| | ＊草湳里 |

接著描述閭山道院天訣堂「安五營」之過程：

　　此處記載閭山道院天訣堂於鹿港鎮廖厝里下廖庄慈后宮所作「安五營」過程。慈后宮內於甲申年農曆八月一日起，開始「觀乩」選取「天上聖母」及「哪吒太子」之乩身，歷時近一個月，爾後選出的新童乩又行「坐禁」七天。從「觀乩」到「坐禁」以至於此次的「安五營」，都由閭山道院天訣堂蔡敏秋法師及其帶領的法師團成員執行相關儀式；而安營所在地的擇取，亦是在甲申年農曆九月份繞境時，由神明（童乩）點出安營位置。以下為安營過程說明及記錄：

時間：2005.03.13（乙酉年二月四日）
地點：彰化縣鹿港鎮廖厝里下廖庄慈后宮（主祀天上聖母）。

---

[81] 「＊※」記號表示，芙朝村（金安宮）早期蔡標先生前去教過法，後來廟方又聘請蔡敏秋先生前去教法。

安營程序：

（一）出發安營前事宜

1.開壇　2.敕物品（於宮廟內操作）

3.放兵（先由本營放出）　4.請神降駕

（二）前往各營安放營軍

1.格界2.調兵入營

（三）調營犒賞

1.開壇請神　2.調營弄旗　3.請大令巡筵　4.喝語

5.犒賞五營軍兵　6.變食化紙　7.繳大令　8.辭神

安營程序說明：

（一）出發安營前事宜

　　1.開壇

　　(1)清淨

　　　法師站於壇桌前，一手舉點燃的壽金，一手搖動「法鐘」[82]，游走壇桌周圍（有淨壇之意），後再回到壇桌前，將壽金交給旁人。接著，法師一手拿起「龍角」（號角）置於嘴邊鳴吹數聲，另一手拿法鐘搖動，法師口唸各項「淨咒」咒文，同時手搖法鐘。在旁其他法師則緊敲鑼、鼓及小鈸，依序唸〈清淨咒〉〈淨身咒〉〈淨口咒〉〈淨心咒〉〈淨天地咒〉〈淨香咒〉。

　　(2)請神

　　　法師站立於宮廟內，面向神位方向，呼請「觀音佛祖、天上聖母、濟公禪師、福德正神、閭山法主、普庵教主、哪吒太子、黑虎將軍……」神明名號，其中包含了天上諸神、境域內祀神以及法壇內諸神將等。

---

[82] 同臺南地區法師團所用之「帝鐘」。

2.敕物品（於宮廟內操作）

(1)一法師將五營竹符在廟內主爐上方讓香煙薰繞一番，再置回桌上；另一法師燃化一張「淨符」於盛水的碗內。接著取來一隻雞，將點燃的壽金，在雞隻前方作書符動作（寫「敕令」）後，在雞隻周圍作左右、上下不規則搖晃及圈繞的動作。接著法師沾灑符水於雞身上，法師用腳於地上作書符動作（寫「魁罡」），接著用齒咬雞冠令其出血，用雞冠血敕點符紙、掃路用黑色方形令旗（名為大令，上有符文）、竹符、捲好的草席。——敕點後，法師朝雞隻噴出一口符水後，將雞放置於廟門外。

(2)接著取來一隻鴨，將點燃的壽金，在鴨前方作書符動作（寫「敕令」）後，在鴨身周圍作左右、上下不規則搖晃及圈繞的動作。接著法師沾灑符水於鴨身，法師用腳於地上作書符動作（寫「魁罡」），接著法師抓取鴨嘴在草席上畫符（畫一「押煞」符式），法師在桌上拍打一下奉旨[83]，朝鴨身噴出一口符水後將鴨置於廟門外。

(3)敕水

用點燃的香於碗口上畫符（寫「敕令」），後將香頭沒於碗水中，將香朝廟門外丟出，後用手指沾水灑向周圍各方。

(4)敕鹽米

燒化一符紙於鹽米碗中。接著用點燃的香於碗口上畫符（寫「敕令」），後將香頭沒於碗內鹽米中，將香朝廟門外丟出，抓取碗中鹽米灑向周圍各方。

3.放兵（先由本營放出）

放兵前，需先於廟門口處，擺設一張方桌，上置香爐、五營

---

[83] 「奉旨」為一長方體木塊，長約 10 公分、寬及高約 4 公分。

座（內置五營令旗、五營首、一劍形令牌）、米斗（米斗內已插
著一支代表中營的竹符，符文為「雷令（三清圖符）收中營李元
帥鎮陰押煞　合境平安」[84]）。法師從五營座上取出青旗，拿在
左手上左右搖動，右手持續拍打著奉旨，口中念：

> 一聲法鼓鬧紛紛，放出東營九夷軍。九夷軍馬九千九萬
> 人，人頭戴頭茅身帶甲，手接白旗火炎光。靈車、靈車皀
> 皀軍馬走，走馬排兵到壇前。神兵火急如律令。

其他在旁的法師，持續敲響著鑼鼓。唸完咒文後，法師將青旗插
在一米斗內，表示已將東營軍馬放出。承上述動作，依序從五營
座取出紅、白、黑、黃旗，最後五支令旗皆移至米盆內，圍繞著
盆中竹符插置著。此時也表示已將各營兵已從本營放出，之後法
師至各營位安營時，再調派各營軍兵安置在各營。

　　4.請神降駕

　　法師先點燃一小疊壽金，手持壽金在一長板凳上下及周圍游
動，以淨化將為童乩所坐的板凳，板凳上亦放置一疊壽金。接著
一名乩身前來坐於板凳上，兩名法師站立於板凳兩旁護衛著，直
至神將（哪吒太子）降臨，乩身脫下上衣，身穿紅兜，腰繫龍虎
裙，左手拿方形黑旗，右手拿香，走至壇桌前，主事人員詢問神
明是否有事交辦，並向神明稟明說：「原預定安置北營的所在處
居民，不想讓營位安置於此，此事要請神明做進一步指示。」神
明未有具體指示，經眾人進一步詢問，得知是到當地再依情況處
理。

---

[84]　蔡敏秋法師提到，較正確的作法是插置「押煞青竹符」，符文為「敕令　翻
　　　天三肖娘娘收鬼邪滅煞　合境平安」。儀式完成後再將此青竹符燒化。

（二）前往各營安放營軍

　　1.安營相關事項

　　(1)安營的順序是：東、南、西、北、中營。

　　(2)安營的隊伍依序為：

　　掃路旗（黑色方形令旗，稱大令，上有符文，繫綁在一帶葉青竹枝尾端，由一人手持左右舞動）、乩童、法師、五營座（由一人端捧）、米斗（插置中營竹符及五營令旗；由一人端捧）、敲擊鑼鼓人員、提淨水桶一人、拿鹽米一人[85]、神明轎（位於最後位置）。

　　(3)法事用品：草席（捲成細長圓筒狀）、淨水、鹽米、法鞭、
　　　劍。

　　(4)乩童用五寶：七星劍、刺棍、月斧、鯊魚劍、刺球。

　　(5)營位上祭拜物品

　　三牲、酒、蠟燭；壽金、四方金、九刈金、三六金、中金、福金、甲馬、神馬。

　　(6)營位上置物

　　紙製小旗、轎、馬、涼傘、竹符（共五支，居中一支為完整竹管製成，其餘四支用竹片製成。中營只準備一支，且並未實際擇地插置竹符，而是將中營竹符燒化於宮前金爐中）。竹符上面書寫符文內容如下。

東營竹符上符文：

　「敕令　濟公禪師鎮陰押煞　鎮境平安」

　「敕令　慈后宮天上聖母鎮陰押煞　鎮境平安」

　「雷令（三清圖符）收東營張元帥鎮陰押煞　合境平安」

---

[85] 從法師至持鹽米的人員，行走時次序不定。

「敕令　慈后宮哪吒太子鎮陰押煞　鎮境平安」

「敕令　閭山法主鎮陰押煞　鎮境平安」

南營竹符上符文：

「敕令　閭山法主鎮陰押煞　鎮境平安[86]」

「敕令　慈后宮天上聖母鎮陰押煞　鎮境平安」

「雷令（三清圖符）收南營蕭元帥鎮陰押煞　合境平安」

「敕令　慈后宮哪吒太子鎮陰押煞　鎮境平安」

「敕令　濟公禪師鎮陰押煞　鎮境平安」

西營竹符上符文：

「敕令　閭山法主鎮陰押煞　鎮境平安」

「敕令　慈后宮天上聖母鎮陰押煞　鎮境平安」

「雷令（三清圖符）收西營劉元帥鎮陰押煞　合境平安」

「敕令　慈后宮哪吒太子鎮陰押煞　鎮境平安」

「敕令　濟公禪師鎮陰押煞　鎮境平安」

北營竹符上符文：

「敕令　閭山法主鎮陰押煞　鎮境平安」

「敕令　慈后宮天上聖母鎮陰押煞　鎮境平安」

「雷令（三清圖符）收北營連元帥鎮陰押煞　合境平安」

「敕令　慈后宮哪吒太子鎮陰押煞　鎮境平安」

「敕令　濟公禪師鎮陰押煞　鎮境平安」

中營竹符上符文：

「雷令（三清圖符）收中營李元帥鎮陰押煞　合境平安」

相關照片如下：

---

[86] 中央青竹符兩旁四支竹符排列順序，並無特別要依某順序來排列。

北營符文

安營情景

## 2.安東營過程

(1)格界[87]

法師點燃一疊金紙，置放於營位預定地。接著法師手拿草蓆棍（已捲成細長條狀之草蓆）豎立於地準備，此時法師面向東方（過程中法師也大多是面向東方操作）大喝一聲後，在旁的法師隨即敲鑼打鼓，同時唸起格界咒文：

> 奉請，奉請，格界格東方，調請天王無界主，無界天王主元君。

（法師雙手舞動草蓆，如同在舞動一長棍般，於胸前、兩旁、頭頂做旋繞、直推、平舉等動作。）

> 調請張公大聖者，領兵下來把壇界，不許外邪侵吾界。

（念至「不許外邪侵吾界」時，法師高舉草席棍，往地上營位預定地，即先前置放金紙的所在，重擊一次；同時有另一旁人灑出一把鹽米，灑落於營位處及其周圍。）

> 若有邪魔侵吾界，輪刀寸斬不留停。神兵火急如律令。

過程中法師繼續舞弄草席棍數回，待念至「輪刀寸斬不留停」時，右手作「劍訣」指訣後，朝營位處砍落一下，再繼續舞弄草席棍數回至咒文唸完。咒文唸完後，法師手持草席棍高舉，面向東方，先朝營位左側地面一擊，再朝營位右側地面一擊，接著朝營位中央所在一擊後鑼鼓停止，至此格界完成。「格界」作完，法師於安營處灑淨水，接著釘竹符，釘好將紙製小旗、轎、馬、涼傘擺

---

[87] 蔡敏秋法師提到：因此所安營位屬新設的地點，所以需作「格界」，若同一地點於下年度安營時，則不用再做「格界」。

放在竹符下方，並將牲禮襬放在竹符前，準備「調兵」。

(2)調兵

　　法師點燃一疊壽金，置於東營位旁。接著行拜禮（手持香屈膝行禮），後將香分兩次射出落於地。法師口含符水，手打「東營訣」（或說「張聖者訣」）。大喝一聲噴出一次符水，再喝一聲噴出一次符水，再喝一聲噴出一次符水同時將手訣往前打（推）出。接著法師取出插置於米盆內的青旗置於右手揮動，左手作「佛訣」[88]，來調動東營軍馬。此時在旁法師團成員手打鑼鼓，口唸〈調營弄旗咒〉：

> 一聲法鼓鬧紛紛，調到東營九夷軍，……（唸咒時，有人在旁燒化紙錢）

唸完咒，廟方人員至營位前持香祭拜。接著法師手拿法鞭，口唸喝語：

> 有印有牌，直入直來，無印無牌，不准邪魔侵吾境界，……
> 貪財買响者加有罪，東營兵馬鎮守在東營，庇佑合境平安。
> 神兵火急如律令

喝語唸完，打鞭三下。旁人燃放鞭炮。接著持掃路旗之人，進至營位前行「晉禮」，即擺動掃路旗作三進三退之動作。接著童乩進至營位前，左手持黑旗高舉，右手拿香平舉，閉眼、點頭、似察看貌。旁人遞七星劍給乩童，童乩右手接劍平舉，左手持黑旗高舉，隨著腳步左右踩踏，左右手交互上舉、平舉。待踩踏數步

---

[88] 「佛訣」：中指、無名指彎曲，拇指壓於中指、無名指上，食指、小指保持伸直。

後，腳步靜止，恢復右手接劍平舉，左手持黑旗高舉之動作，此時乩童閉眼、點頭、察看，然後舉劍砍背數次後，在旁法師喊：「好了（啊）！好了（啊）！」童乩暫停砍背動作。旁人接起童乩右手中七星劍。換為一束線香。童乩恢復左手持黑旗高舉，右手拿香平舉，閉眼、點頭、察看片刻後，往南營前行。接著換神明轎至營位前作三進三退之動作後，隨行在乩身後往南營進。行至中途，童乩止步，指示讓乩身著衣，因天氣寒冷（約攝氏 13-14度），神明暫時退駕。

　3.續安各營

　(1)安南營。（過程同東營，但神明未降落乩身，乩身僅是站立一旁觀看）

　(2)安西營。（過程同南營）

　(3)安北營。（過程同東營，神明再度降駕，廟方主事人員，向神明說明當初所選作為安北營之地，地主不贊成設營於此，眾人再擇附近地點，請示神明是否適合。先選第一處地點，神明未應允，再選第二處地點，神明應允。眾人經一番整地後，開始安營。）

　　安北營過程同安東營，唯一不同之處在東營時乩童有舉劍砍背數次之動作，在北營時改為拿鯊魚劍往額頭砍擊而淌血。

　(4)安中營

　　回到慈后宮，續安中營。中營安北營過程大致同安東營，不同之處在安中營時並未實際於地插置竹符，而是將中營竹符燒化於宮前金爐中，而安營過程中童乩僅是站立一旁觀看，安完中營，童乩進入宮廟內，表達對北營之處不能照原訂地安營感到不解與不悅。

　　安好中營，法師稍作休息後，準備犒賞事宜。犒賞壇桌擺在

廟內正門入口處，桌上擺放一香爐、五營座（營座內置五營令旗、五營首像、一支大令）、三杯酒。另外還擺放法師所需的法具：法索、奉旨、淨水缽等；壇桌下置一疊壽金，代表虎爺所在，上插三支香，有關犒賞的詳細過程見下一章節。

# 三、彰化縣埤頭鄉合興村合興宮「安營」過程

（一）安營相關事項

1.時間：2004 年 5 月 10 日（甲申年三月廿二日）；媽祖聖
　　誕前一日安營。

2.安營人員：由廟方之五方法師來安營。

3.安營順序：

東營→南營（本營）→南分營（二營）→南分營（一營）→
北營→西營→中營（位於廟旁）

4.隊伍順序順序：

　(1)黑令旗：開路旗。

　(2)四轝：四或二人抬之轎；轎上為中壇元帥神像。

　(3)大鼓陣等。

　(4)八轝：八人抬之神轎；轎內為媽祖神像。

　(5)五方法師：分別持鑼、鼓、小鈸。

5.營位上置物：竹符。

東營符文：奉勒令天上聖母鎮符雷令守東營張元帥鎮陰押煞淨
　　　　　（鎮境平安）

南營符文：奉勒令天上聖母鎮符雷令守南營蕭元帥鎮陰押煞淨
　　　　　（鎮境平安）

南（一）營：奉勒令天上聖母鎮符雷令守南（一）營蕭元帥鎮

陰押煞淨（鎮境平安）

南（二）營：奉勅令天上聖母鎮符雷令守南（二）營蕭元帥鎮
　　　　　陰押煞淨（鎮境平安）

西營符文：奉勅令天上聖母鎮符雷令守西營劉元帥鎮陰押煞淨
　　　　　（鎮境平安）

北營符文：奉勅令天上聖母鎮符雷令守北營連元帥鎮陰押煞淨
　　　　　（鎮境平安）

中營符文：奉勅令天上聖母鎮符雷令守中營李元帥鎮陰押煞淨
　　　　　（鎮境平安）

6.安營過程中祭品為：三牲及酒（三牲酒禮）。

7.燒化紙錢有：壽金、四方金、甲馬、馬壽、三六金、九刈金。

8.收營：

每年「作平安」日收營，東、西、南、北營竹符收回燒化，
營兵收回駐在合興宮大本營。中營竹符並未收回，留至安營時日
再換上新竹符。

（二）安營程序

1.安東營

(1)豎立竹符並敕符

至東營所在處後，先將一小陶盆倒放於地面，將東營竹符放
於陶盆底部，用大錘敲擊東營竹符頂端，竹符穿透陶盆底部沒入
地面（大錘柄上繫綁一條紅布）。接著，一法師提起雞隻，用雞
冠血在竹符表面書寫一「押煞」符文。再提起一鴨，用鴨嘴前端
在竹符表面書寫一「押煞」符文。此時隨行廟方人員，將祭品擺
在竹符前方地上。

(2)打出「東營手訣」

另一法師持香參拜後，口含符水，以右手食指在左手掌心書
寫「淨」字後，雙手扳起「東營手訣」打出，同時噀出口中符水。

(3)調東營軍兵

法師拿起青旗搖動，在旁其他法師敲鑼鼓並唸〈調營弄旗咒〉
咒文如下：

> 一聲法鼓鬧紛紛，調到東營九夷軍，九夷軍馬九千九萬
> 人。人人頭戴頭茅身帶甲，手接青旗火炎光。靈車、靈車
> 皂皂軍馬走，走馬排兵到壇前。神兵火急如律令

念〈調營弄旗咒〉過程中有隨行廟方人員，在一旁開始燒化
金紙。

(4)擲筊

　　接著法師一手搖動青旗，一手持杯筊，口唸〈求杯咒〉後擲筊。〈求杯咒〉如下：

　　　　東營軍，東營馬，東營軍馬濟到壇前笑納金杯。神兵聽令。

若擲無「筊」（杯），再唸〈求杯再催咒〉後擲筊。〈求杯再催咒〉如下：

　　　　本師為吾調東營，祖師為吾調東營，仙人為吾調東營，玉
　　　　女為吾調東營。調營三師三童子，調營三師三童郎。調卜
　　　　東營軍馬到壇前。神兵火急如律令

若擲無「筊」（杯），再口唸〈再催咒〉後擲筊，至擲得杯筊（應允）為止。〈再催咒〉如下：

　　　　紅旗炎炎照天來，黑旗黑黑招兵入壇來。太山推兵似道
　　　　六，六六牛頭馬先卦。六六牛頭馬先輝，身騎寶馬到壇前。
　　　　神兵火急如律令。

　(5)灑鹽米

　接著法師向竹符（營位）所在灑鹽米，以清淨場域。

　(6)開鞭及燃炮

　接著法師開打鞭三次，法師面向竹符所在分別朝左、右、中方開打法鞭。接著燃放鞭炮，收回祭品，往下一營前進。

　2.安營隊伍返回廟旁安中營

　依上述順序安營，最後回到廟旁準備豎立一尾端帶葉之青竹，青竹約三層樓高，青竹尾端繫一面方形黑旗。竹身另繫有紅布條。先拆除舊有之竹，再換上新的青竹。接著至中營所在處（亦在廟旁）安中營，過程如下：

　　先拔起舊有的中營竹符，接著倒放一小陶盆於地面，將中營竹符放於陶盆底部，用大錘將新的中營竹符垂下，竹符穿透陶罐底部沒入地面。之後同東營作法。不同之處為法師改拿黃旗，〈調營弄旗咒〉咒文內容為：

> 五聲法鼓鬧紛紛，調到中營三秦軍，三秦軍馬三千三萬人。人人頭戴頭茅身帶甲，手接黃旗火炎光。
>
> 靈車、靈車皀皀軍馬走，走馬排兵到壇前。神兵火急如律令

而中營竹符連同壽金、四方金（二五金）燒化。安營完成後，準備犒賞事宜。

　　合興宮法師團所用「調營犒賞」咒文本內容與閭山道院天訣堂法師所用咒文內容相同，是因在早期曾聘請閭山道院天訣堂之法師前來傳法。

## 四、彰化縣埤頭鄉十三甲清峰巖「安營」過程

（一）安營相關事項

　　1.時間：2005 年 2 月 14 日（農曆正月初六）

　　2.安營人員：由本廟五方法師來執行安營。

　　3.安營隊伍依序為：

　　(1)黑令旗：繫於一帶葉青竹尾上，由一人手持在隊伍前左右揮舞。

　　(2)二人轎：轎上椅上坐一神明，神明椅後插五色營旗。

　　(3)大鼓陣。

(4)乩童[89]：三位，手上各拿一黑令旗及法器。

(5)獅陣：二人；獅陣有助於押送凶神惡煞。

(6)天地掃一副：由二人各持一支，天地掃上貼一符紙[90]。

(7)青竹棍：十二支分別由十二人手持，為長七尺二寸表面帶
青色竹皮之竹棍，竹棍上貼一符紙[91]。

(8)神明轎。

4.營位上置物：

營厝內壁貼有紙符一張，另置紙糊轎子、涼傘、馬及紙旗，
營厝外繫一面營旗。各營符紙上內容分別為：

東營：「雷令　東營張元帥安鎮　（平安）」

南營：「雷令　南營蕭元帥安鎮　（平安）」

西營：「雷令　西營劉元帥安鎮　（平安）」

北營：「雷令　北營連元帥安鎮　（平安）」

中營：「雷令　中營李元帥安鎮　（平安）」

紙符上則蓋有「清水祖師」字樣之紅色印記。

5.安營

約下午三時開始，原本由東營開始，因今日煞東故先由南營
起，再安東營、西營、北營、中營（若今日非煞東，則依東、南、

---

[89] 童乩手拿法器分別為七星劍、刺球、釘棍。童乩身上斜背一紅色布條（紅
綾），布面上以白色粉筆寫有符文「雷令□押煞」，身穿兜衣上有八卦
圖案，腰繫一黃色龍虎裙。

[90] 符文為：「勅令　勅（火兵神、大兵神）押去五天下（明星法心）」，符
紙還須經鴨嘴血勅過再貼上掃帚。

[91] 共有四種符文，每張符文分別為：「奉勅令□康元帥押煞」、「奉勅令
□趙元帥押煞」、「奉勅令　□馬元帥押煞」、「奉勅令□溫元帥押煞」，
符還須經雞冠血勅過。每支青竹棍上貼一張符紙即可，青竹棍長七尺二
寸，符合文公尺上吉利寸尺。

西、北、中營順序來安營）。

6.神明下駕

安營前神明通常會先下駕於乩身，交代五方法師此次安營需要注意的事項或特別要處裡的事宜，如境內某處有因交通事故造成傷亡的地方，在安營的過程中通常會順道至該地點，來驅離盤據該處的邪靈惡煞並押送至境外。

（二）安營過程

1.以安東營為例

法師身斜背一藍色布條（青綾），布面上以白色粉筆寫有符文「雷令□押煞」，腰繫龍虎裙。安營操作過程如下：

(1)擺牲禮：先在東營前擺好三牲、三杯酒。

(2)焚香請神：

法師右手持一把香，左手拿點燃壽金數張，在營厝前焚香請神，法師口唸：

> 雲香恭請，速急如涼，天地開章，香煙沈沈，速降來臨，⋯⋯
> 今己彰化縣埤頭鄉十三甲清峰巖所在神明安鎮鎮守。

(3)放指

a.東營指

法師右手作「三劍指」於左手掌心上書寫「奉旨指法」符文，同時口唸「風、火、雷奉旨指法」。之後口含符水，雙手扳起「東營指（訣）」，口唸：

> 雲香半滿雲金里，答營雲香照爐衣。三花扯齊插在銀□[92]

---

[92] □內字形為「石瓦」字。「石瓦」即是「香爐」之意。

中，好酒進在壇中獻。以今奉請東營青龍宮九惟軍九惟
馬，九千九萬人，人人頭戴青盔身穿青甲騎青馬，領青旗
號令兵鎮守在東營，不許外邪深（侵）吾景（境）界，若
有外邪深吾景界，輪刀寸斬不留停。神兵火急如律令。

唸完此段咒文後將「東營指」打出，同時噴出口中符水。

b.虎營指

雙手扳起「虎營指（訣）」，口唸：

本師為吾放猛虎，祖師為吾放猛虎，金童為吾放猛虎，七
祖仙師為吾放猛虎，放起猛虎為吾落平洋，放起猛虎為吾
咬邪魔。神兵火急如律令。

唸完此段咒文後將「虎營指」打出，同時噴出口中符水。

(4)四大金剛指

雙手作出「四大金光（金剛）指」，口唸：

拜請天葱葱（蒼蒼）地葱葱（蒼蒼），焚香拜請四方四大
金光（金剛），專請毛（魔）礼青、毛礼紅、毛礼海、毛
礼寿，手接紅毛七星劍一口，指天天清、指地地靈；指人
人滿長生，指鬼鬼滅形。五（吾）奉四大神將勅。
神兵火急如律令。

唸完此段咒文後將「四大金光指」打出，同時噴出口中符水[93]。
也可以「觀音媽抱宋仁宗指」來取代「四大金光指」，而配合的
咒文為：

---

[93] 口含一口淨水缽中符水，配合三種指訣分三次噴出。

吾奉觀世音菩薩拜請天蔥蔥（蒼蒼）地蔥蔥（蒼蒼），焚香拜請四方四大金光（金剛），專請毛（魔）礼青、毛礼紅、……五（吾）奉觀世音菩薩勅。

神兵火急如律令。

(5)開鞭

開鞭（法索）揮鞭一下發出鳴響聲，同時口唸「一打鞭響天門開」。

再揮鞭一下發出鳴響聲，同時口唸「二打鞭響地厚裂」。

再揮鞭一下發出鳴響聲，同時口唸「三打鞭響人長生」。

再揮鞭一下發出鳴響聲，同時口唸「四打鞭響鬼踪盡該滅形」。

至此法師完成安營步驟。之後乩童進前揮動手中黑令旗及法器，口中喃喃自語，似乎在同五營軍兵交代相關事宜。同時獅陣亦行至營厝前舞弄一番後，隊伍繼續往下一營前進。各營依同樣步驟來作。當完成所有安營事宜後，隊伍行至廟前，請神明入廟，童乩退駕，眾人稍作休息後準備犒賞事宜。

限於篇幅，將臺南地區安置五營兵將的過程安排於下一節來敘述，並進一步探討彰化地區及臺南地區安營所顯現的意涵。

# 第四節　五營兵將安置過程及其意涵（二）

## 一、臺南市四鯤身龍山寺「安營」過程

（一）安營相關事項

1.記錄時間：2004 年 07 月 22 日（甲申年六月初六）

2.安營人員：由廟內法師團成員來安營。

3.安營時機：

　　每年舉行三次「安營（釘竹符）」，時間為清水大祖師聖誕日（正月初六）、清　水二祖師聖誕日（九月初六）、三坪祖師聖誕日（六月初六）下午。

　　4.安營順序：中營、副中營[94]、南營、西營、北營、東營，之後回到廟寺。

　　5.安營隊伍組成：

(1)開路車。

(2)黑旗。

(3)法師長：手拿七星劍，身上掛「神鞭聖者」（法鞭）。

(4)法師團成員

　　一人持黑旗，四人持鼓、一人持鑼；行進中，法師團成員手敲鑼鼓不唸咒文，黑旗則左右擺動。

(5)五營座：內有五營令旗、五營將軍首像、龍虎將軍首像，由一位小孩端著。

(6)淨水瓶及鹽米碗：由二位小孩分別拿著。

(7)爐主：手持拖盤，上面置放五支竹符、五個陶罐、五疊壽金、五疊「金錢」[95]。

(8)油鼎：由二人扛。

(9)神轎：三頂轎，轎內分別為清水大祖師、二祖師及三坪祖師神像。

　　6.營上安置物（以東營為例）

　　東營所在處插置著一面青色營旗，營旗繫於一帶葉的細竹枝

---

[94] 龍山寺的中營有兩處，一為原先廟前中營，另一為後來因神明捉鬼後，於該事發處再安置一營，稱「副中營」。

[95] 「金錢」為紙錢之名稱。

尾端,細竹枝則插置於地面。年初(正月初六)除安釘竹符外,並置換新竹枝及營旗(青旗),並將去年所安置的三支舊竹符及一面舊營旗收回燒化。之後在六月及九月兩次安營時,僅增釘竹符,不另行插置營旗,而舊有的竹符與營旗亦保留於原位,待年初時再一起收回。而各營竹符內容分別為:

東營:雷令 張聖者罡;南營:雷令 肖聖者罡;西營:雷令 劉
　　聖者罡

北營:雷令 連聖者罡;中營:雷令 中壇元帥罡;副中營:雷令
　　中壇元帥罡

相關照片如下:

　　東營竹符　　　　　　　陶罐及竹符

(二)安營過程

　　1.安東營

　　(1)破土安營

　　法師持七星劍在營位地上圈畫出一小塊區域，據法師長所言有著「破土安營」之意。接著將一陶罐倒放於圈內，罐底朝上，將竹符末端置於陶罐底部，拿鐵鎚敲擊竹符，竹符末端穿破罐底沒入土中。放一小塊「鹽糕」於竹符頂上，此時法師手持的七星劍亦插置在竹符旁。

　　(2)焚香呼請

　　法師焚香呼請（此時有人在旁開始燒化壽金、金錢），法師口唸：

> 東營張聖者，今日是三坪祖師聖誕千秋，要安五營，請東營張聖者鎮守東營，庇佑境土男女老幼平安。

　　(3)打手訣、開鞭

　　法師站好腳步後，雙手打出「蓮花訣」，同時噀符水、撒鹽米、開打神鞭（法索）三下。上述動作都有驅邪除穢之意。

　　(4)油鼎淨營位

　　油鼎（由二人扛）、五營座（由一位小孩端著）、爐主（手持拖盤，上面置放五支竹符、五個陶壺、五疊壽金、五疊金錢），分別繞東營營位三圈。（法師團成員在旁敲擊鑼鼓，同時唸「張聖者」[96]咒文）

　　接著一法師持黑旗在營位上左右來回擺動三次，有掃除除邪煞之意。最後，待「張聖者」咒文唸完，則燃放鞭炮。法師長拔起插於竹符旁的七星劍，旁人拿起置放在竹符上的「鹽糕」，往下一營前行。

---

[96] 安南營時唸「蕭聖者」咒文、安西營時唸「劉聖者」咒文、安北營時唸「連聖者」咒文、安中營時唸「哪吒元帥」咒文。

2.依上述順序安各營

各營安營程序皆相同。安好各營後，接著返回廟寺，隊伍前行接近廟寺時，隊伍暫行，是因里長的奶奶在醫院過往，救護車將遺體載回住家，住家恰巧在廟寺附近，待其安頓好，隊伍再前行入廟。

入廟過程中，法師團成員動鼓口唸「合壇諸猛將」咒文，進廟後安放好相關物品後休息。接著準備犒賞相關事宜。

# 二、臺南市安平妙壽宮「安營」過程

（一）安營相關事項

1.時間：2005 年 4 月 23 日（農曆 3 月 15 日），主神（保生大帝）生日當天下午。

2.安營人員：由廟內法師團人員來安營。

3.安營順序為東營、南營、西營、北營及中營。

4.在安營前已先行犒賞軍兵，安營後不再犒賞。

5.準備物品

五穀豆：稻米、綠豆、紅豆、黃豆、大豆。

竹符：竹符上方先覆蓋金紙，再覆蓋紅布後以紅線繫綁。各營符文如下：

東營：「雷令 張聖者罡」；南營：「雷令 蕭聖者罡」

西營：「雷令 劉聖者罡」；北營：「雷令 連聖者罡」

中營：「雷令 中壇元帥罡」。

6.行進隊伍順序

(1)黑旗：由一人手持，引導隊伍前進。

(2)雙燈：書寫著「妙壽宮保生大帝、風調雨順、國泰民安」

等字，分別由二位小孩手提。

(3)法師長：手拿七星劍、龍鞭[97]、天皇尺；淨水缽、五穀豆、新的竹符由另一人幫忙拿。

(4)虎爺：置放於前後二人肩扛的神轎上；或由四位小孩手抬皆可。

(5)五營座：內有五營旗、及官將首像。

(6)法師團人員跟隨在五營座後：二人持手鼓、二人持巴鈴、一人持鑼。

（二）安營過程

隊伍出發前，法師站立於壇桌前，面向廟內由廟埕向廟內方向開打三次「軟鞭」[98]。接著其他法師敲打鑼鼓，並唸〈三十六將（三壇官將）〉咒文，唸完咒文，隊伍依順序出發前往東營（順序為東營、南營、西營、北營及中營）。

　1.安東營

法師將七星劍，插在舊竹符旁，先將舊竹符拔出收回，再插入新竹符，並以天皇尺敲擊竹符頂端以釘入土中。安營過程中，其他法師在旁敲鑼鼓等並唸〈法天張聖者（張公法主）〉咒文）。安東營過程如下：

　(1)燃香稟告

法師點燃三支香、一張書寫「雷令　張聖者　罡」符紙及五張古仔紙摺成的「紙頭」，持香揖拜一次，將點燃的符紙及紙頭先在竹符上方旋繞數次後，置放於竹符底端旁，點燃的三支香則插於竹符前面土中。

---

[97] 「龍鞭」即法索，因法索頭部為龍頭造型故稱「龍鞭」。
[98] 作開打龍鞭動作，但不發出鞭響聲。

(2)打指訣、灑五穀豆

接著左手作一指訣（食指、小指伸直，中指及無名指彎曲入掌心，並以拇指按住彎曲的兩指），口含符水，朝竹符所在方向噀出，同時將右手中五穀豆灑向竹符處，再噀出符水、灑五穀豆，又再噀出符水、灑五穀豆（有灑豆成兵之意）。

(3)開打法鞭

接著法師長取下纏掛在脖子上的龍鞭，先持鞭向竹符方向鞠躬行禮一次（手持黑旗的法師也鞠躬行禮一次）後，由外向竹符所在方向開打三次「軟鞭」（法師開打鞭時，手持黑旗的法師在旁搖動黑旗），最後再鞠躬行禮一次（手持黑旗的法師也鞠躬行禮一次）。最後法師長拔起七星劍後，向南營前行。（舊的竹符收回後，五支一同燒化在金爐裡。）

2.依序至各營安置軍兵

安營的步驟同安東營時。安營過程中，法師團成員在旁敲鑼鼓所唸咒文為：至南營時則唸〈昊天蕭聖者（蕭公聖者）〉咒文；至西營唸〈七臺劉聖者（劉公法主）〉咒文；至北營時唸〈七臺連聖者（連公法主）〉咒文；至中營時唸〈三十三天都元帥（哪吒元帥）〉咒文。

中營竹符安置完成後返廟，回廟內法師團成員敲打鑼鼓口唸〈靈羅國裡三太子〉咒文，唸完後居中法師開打三鞭（軟鞭），同時口唸：

一打鎮符畫界收鞭
二打兵馬各歸殿前敕令
三打合境平安（至此，安營法事完成）

## 三、臺南市安平廣濟宮造平安橋時「安營」相關過程[99]

於乙酉年正月初一（2005 年 2 月 9 日），由廣濟宮法師團成員來協助安平天后宮於廟前廣場作「造平安橋」法事科儀，過程包含造橋、安五營、煮油除穢、迎請神尊鎮守橋上，之後由安平王德和道長、王浤儒道士負責為過橋後的信眾作改厄事宜。五日後，於正月初五再由廣濟宮法師團做收五營、迎送神尊回殿、拆橋之事。過程記錄如下：

（一）造橋

1.法師團成員在旁敲打鑼鼓、手搖巴鈴唸唱咒文，依序為〈三十三天都元帥〉請神咒文（唸唱過程中也在旁開始升起爐火煮油，油鼎內先置入淨符、火符、素車白馬大將軍符，再置入用壽金、古仔紙做成引火的油心，最後倒入油，用烘爐加熱油鼎。）、〈造橋咒〉：「祖師為吾來造橋，本師為吾來造橋，仙人玉女為吾來造橋，合壇官將為吾來造橋，造橋三師三童子，造橋三師三童郎，千年萬載保平安，神兵火急如律令。」，此時法師手持七星劍至橋頭點中左右共三下、撒鹽米，再至橋尾做上述相同動作。法師團成員在旁接續念唱〈靈羅國裡三太子（哪吒元帥）〉咒文以作為此段落之結尾。

2.勅點器物

法師先燃香祭拜，插香於神壇香爐中，接著勅點爐符，唸咒並燒化爐符於神壇香爐中。咒文為：「勅！敬請破穢清水清皇使者，動得妖精，奉去速去速來，符到奉行，不得久停，急急如律

---

[99] 儀式共同採訪者：許宇承、王釗雯，時間：農曆 94 年 1 月 1 日~1 月 5 日。

令。」再敕點淨水符，燒化淨水符於淨水盃中並結手指畫暗符淨水符於淨水盃上並同時唸咒。「敕！今召北斗、七星之名，降在水中，收除百押之鬼，若不去者，斬守付四方，……急急如律令。」再依序依序敕點法器天皇尺、七星劍、金鞭聖者。

3.接著法師手持金鞭聖者依序在橋之五營方位各開鞭一下，打入橋五營方向並唸咒，在東營位唸「一打天門開罩」、在南營位唸「二打地戶關裂」、在西營位唸「三打人員長生」、在北營位唸「四打鬼豆（頭）四裂」、在中營位唸「五打調請三十六官將、五營兵馬速到開臺天后宮天上聖母壇前造橋、放營，不得久停，急急如律令。」

## （二）安營

東營符、北營符所在位置為橋頭方向，西營符、南營符所在位置為橋尾方向，橋面兩側設有手扶欄杆，營符即貼在欄杆上木柱表面。在橋頭前方設一壇桌，桌上安置媽祖、值年太歲、中壇元帥、黑虎將軍（虎爺）神尊並擺設祭品，法師所用相關法器亦擺放於壇桌上。橋面中央部分另架起一橋頂，頂上有一平臺處為準備安置神尊所在，平臺下方木板繪著八卦圖案，中營符即貼在橋頂朝向壇桌方向。另外，橋下豎立七盞燭火以象徵七星，至於橋頭及橋尾欄杆處則各安置一支七星劍。

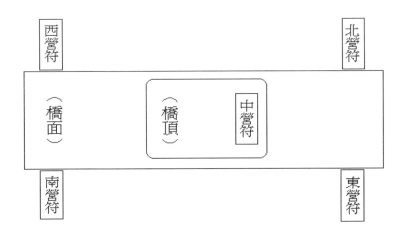

1. 法師團成員敲打鑼鼓、手搖巴鈴唸唱請神咒：〈合壇諸猛將〉、〈張公法主〉，於唸唱至〈張公法主〉請神咒時，居中法師燃三支香，持五營紙（五張古仔紙摺成長方形）、東營符[100]先於壇桌前祭拜，再至橋頭代表東營位置祭拜，並將五營紙與東營符、香隻於橋頭東營位置旁地上燒化，法師站在東營旁再開鞭三下，由橋外打向橋內方向，表示迎請東營兵將鎮守橋之東營，此時在旁另一法師貼上東營符於橋頭欄杆上，如上步驟依序安置五營軍兵於橋上五方位。過程中所唸唱請神咒文依序為〈蕭公法主〉咒（安南營）、〈劉公法主〉咒（安西營）、〈連公法主〉咒（安北營）、〈（三十三天都元帥）哪吒元帥〉咒（安中營）。

---

[100] 各營符文分別為：東營（青紙紅字）：「雷令 張公聖者 罡」。南營（紅紙黑字）：「雷令 蕭公聖者 罡」。西營（白紙紅字）：「雷令 劉公聖者 罡」。北營（黑紙白字）：「雷令 連公聖者 罡」。中贏（黃紙紅字）：「雷令 中壇元帥 罡」。

北營符

西營符

2. 法師團成員繼續動鑼、手鼓、巴鈴唸唱請神咒：〈（開天元帥）鄧天君〉、〈（雷霆辛帥）辛天君〉、〈武穆岳元帥（岳飛）〉、〈（玄壇元帥）趙元帥（趙公明）〉、〈龍虎山黑虎將〉、〈勤氏仙姑〉、〈何氏仙姑〉、〈李氏仙姑〉、〈紀氏仙姑〉、至唸完〈請卜娘媽（安平人稱：媽祖）〉時，煮油已沸，故於此時以收尾咒〈（哪吒元帥）靈羅國裡三太子〉暫告一段落。過程中陸續點燃橋下擺設北斗七星之形的燭火、並於祭拜橋頭將軍及橋尾土地[101]的香爐上，各插上大支香枝，另於橋頭擺放生的小三牲（蛋、豬肉、豆腐），橋尾則擺放熟的小三牲作為供品。

（三）煮油除穢

---

[101] 廣濟宮並未在橋頭貼上橋頭將軍鎮守符、橋尾處貼上橋尾土地鎮守符，西龍殿則有，此為不同處。

1. 法師團成員動鑼、手鼓、巴鈴唸唱〈合壇諸猛將〉、〈三十三天都元帥〉請神咒文，一名法師燃香祭拜，插香於神壇香爐。

2. 法師敕金鞭聖者（法索）：法師口含淨水，手持天皇尺背向神壇，面像七星橋，噴淨水於雙手所持的金鞭蛇頭與繩尾兩處，並唸密咒。

3. 接著法師手執法索開鞭三下：法師手持法索先打向神壇方向一下並唸「一打調請官將急如風」，再打法索一次唸「二打調請官將列兩旁」，再打法索一次唸「三打調請三十六官將、五營兵馬速到開臺天后宮天上聖母壇前落壇煮油，不得久停，急急如律令。」

　　其他法師團成員則在旁敲打鑼鼓、巴鈴並唸唱煮油時所需的〈護教大將軍（素車白馬大將軍）〉神咒，接著居中法師將金紙點燃放入油鼎裡的油心引火，整個油心遂燃火，法師再向壇桌方向開鞭三下，此時樂器再增彩鑼、鉸鑼兩者[102]，此二種樂器唯煮油法事時所獨用。接著法師口含酒噴向油鼎並同時結法指「普庵指」打向油鼎內，油鼎內因酒助燃下而燃起大火。

4. 法師團成員移動燃火中的油鼎至待清淨之處，法師再次噴酒於油鼎內使之瞬間燃成大火團以達除穢之效果，依此方法來清淨七星橋的東、南、西、北、中營位置、以及橋頭、橋上（兩個神龕下方）、橋尾、橋兩旁、橋下七星燈處、橋尾處神壇。

（四）安橋上天上聖母、值年太歲星君

　　待整個平安橋內外及周圍用鼎油火清淨完全後，將橋頭處神壇桌上之前供奉的天后宮天上聖母、值年太歲星君移請到橋頂上

---

[102] 廣濟宮樂器中鑼有三種，一般法事所用大鑼為最大型，鉸（giau）鑼為中型，彩鑼為最小型，聲音最為高亢。

兩處神龕處，近橋頭神龕置值年太歲星君，近橋尾神龕置天上聖母。安置好相關神明後，接著再將油鼎移至橋面上再行清淨一番。過程中法師團成員持續敲打鑼鼓、手搖巴鈴，但不唸唱咒語。

（五）收鞭、滅火

1. 收鞭：法師持法索打向廟內並唸「一打造橋完畢收鞭、二打靈符敕令、三打合境平安」。

2. 滅火：法師站在北方以象徵水來剋火，結「中壇指訣」打向油鼎並同時口含淨水噴向油鼎使火熄滅。

　　廣濟宮法師做的法事科儀至此暫告段落，五日後，於正月初五再由廣濟宮小法團做收五營、迎送神尊回殿、拆橋之事。

（六）收營

1. 敕點器物：依序敕點爐符、淨水符、天皇尺、七星劍、法索程序方法如前所述。

2. 開五營鞭：法師手持金鞭聖者依序在橋之東、南、西、北、中營各方位開鞭一下，當法師行至中營時除開鞭一下還口唸「五打調請三十六官將、五營兵馬速到開臺天后宮天上聖母壇前收營、拆橋，不得久停，急急如律令。」

3. 呼請神明：法師們動鑼、手鼓、巴鈴唸唱〈合壇諸猛將〉、〈三十三天都元帥〉、〈張公法主〉、〈蕭公法主〉、〈劉公法主〉、〈連公法主〉、〈哪吒元帥〉、〈開天黑火鄧天君（開天元帥）〉、〈雷霆辛天君（雷霆辛帥）〉、〈武穆岳元帥（岳府少保）（岳飛）〉、〈龍虎玄壇將（玄壇元帥）（趙公明）〉、〈龍虎山黑虎將〉、〈勤氏仙姑〉、〈何氏仙姑〉、〈李氏仙姑〉、〈紀氏仙姑〉、至唸完〈請卜娘媽〉、〈九天玄女〉、〈臨水三宮奶奶娘〉、〈三天都總管（請卜娘媽）〉、以收尾咒〈靈羅國裡三太子（哪吒元帥）〉暫告段落。

4.收營：法師手持法索打向壇桌方向並唸「一打調請官將急如
　風」，再打法索一次唸「二打調請官將列兩旁」，再打法索一
　次唸「三打調請三十六官將、五營兵馬速到開臺天后宮天上聖
　母壇前收營，不得久停，急急如律令。」因為要收營，而採與
　放營相反順序來收營，收營順序為中、北、西、南、東營，法
　師們動鑼、手鼓、巴鈴唸唱〈合壇諸猛將〉請神咒文，再唸唱
　〈三十三天都元帥〉（中營主帥）咒文，此時居中法師頭燃三
　支香，持五營紙及一張中營符令先於壇桌前祭拜，再至橋前向
　中營位置祭拜，並將五營紙與中營符令、香隻置於地上燒化，
　居中法師站在中營方位再開鞭三下，由橋內打向橋外方向（與
　造橋安營開鞭方向相反），在旁一人則撕下貼於橋上之中營符
　令一併燒化，依此程序依序收回中營、北營、西營、南營及東
　營軍兵，其他法師團成員則在旁敲打鑼鼓、手搖巴鈴並依序唸
　唱〈連公法主〉、〈劉公法主〉、〈蕭公法主〉、〈張公法主〉
　咒文。

（七）迎送神尊回殿

　　先持香迎請值年太歲星君回安平天后宮元辰殿安座，再迎請
天上聖母神尊回天后宮內殿安座。

（八）拆橋（與造橋相似，唯所唸咒文為〈拆橋咒〉）

　　法師團成員在旁敲打鑼、手鼓、手搖巴鈴並唸唱〈三十三天
都元帥〉、〈拆橋咒〉「祖師為吾來拆橋，本師為吾來拆橋，仙
人玉女為吾來拆橋，合壇官將為吾來拆橋，拆橋三師三童子，拆
橋三師三童郎，千年萬載保平安，神兵火急如律令。」，居中法
師手持七星劍至橋頭點中左右各一下、撒鹽米，再至橋尾做如上
述相同動作。法師團成員接續唸唱〈靈羅國裡三太子〉來作結尾。
接著居中小法收鞭動作。口唸：「一打拆橋完畢收鞭、二打靈符

敕令、三打合境平安。」至此，完成整個造平安橋法事科儀。

## 四、安營過程中所顯現的意義

先將上述各地安營行伍的組成與法師行法時所用的器物整理如下：

表 2-4-1：安營隊伍組成與法事相關器物一覽表

| | 行伍前端 | 行伍中 | 法事相關器物 |
|---|---|---|---|
| 閭山道院 | 黑色方形令旗（稱大令，上有符文，繫於一帶葉的青竹枝尾端）。 | 童乩、法師、五營座（內置五營頭及一令劍，令劍為劍形之令牌）、米斗（插置中營竹符及五營令旗）、敲擊鑼鼓人員、神明轎（位於行伍之最後）。 | 雞冠血及鴨嘴血（敕點器物）、草席、鹽米、淨水、劍、法鞭等。 |
| 合興宮 | 黑色方形令旗（繫於一帶葉的青竹枝尾端） | 五方法師（分別持鑼、鼓、小鈸）、四輦轎（由二或四人抬之神轎，轎上置中壇元帥神像、大鼓陣）、八輦轎（由八人抬之神轎，轎內置廟中主神，即媽祖神像，位於行伍之最後） | 雞冠血及鴨嘴血（敕點器物）、淨水、鹽米、法鞭。 |
| 清峰巖 | 黑色方形令旗（繫於一帶葉的青竹枝尾端） | 二輦轎（轎上椅上置中壇元帥神像，神明椅後插放五色營旗）、大鼓陣、法師、童乩（共三位，手上各拿一黑旗及法器）、獅陣、天地掃一副（由二人各持一支，天地掃上貼一符紙[103]）、青竹棍（十二支分別由十二人手持，為長 | 雞冠血及鴨嘴血（敕點器物）、法索、淨水、鹽米。 |

---

[103] 符文為：「敕令 敕（火兵神、大兵神）押去五天下（明星法心）」，符紙還須經鴨嘴血敕過再貼上掃帚。

|  | 行伍前端 | 行伍中 | 法事相關器物 |
|---|---|---|---|
|  |  | 七尺二寸表面帶青色竹皮之竹棍，竹棍上貼一符紙[104]）、神明轎（位於行伍之末） |  |
| 四鯤身龍山寺 | 由一開路車引導隊伍前進，開路車後為黑旗（方形，旗柄為桃木所做） | 法師團成員（一人持黑旗，四人持鼓、一人持鑼、法師長手拿七星劍，身掛神鞭聖者）、五營座（內有五營令旗、五營將軍首人偶、龍虎將軍首人偶）、油鼎（由二人扛）、神轎（共三頂轎，轎內分別為清水大祖師、二祖師及三坪祖師神像；神轎位於行伍之末端） | 七星劍、神鞭聖者（法索）、鹽米、淨水。 |
| 安平妙壽宮 | 黑旗（方形，旗柄為桃木所做） | 雙燈（書寫著「妙壽宮保生大帝、風調雨順、國泰民安」等字）、法師長（手拿七星劍、龍鞭（法鞭）、天皇尺）、虎爺（置放於前後二人肩扛的神轎上）、五營座（內有五營旗及官將首像）、法師團人員（二人持手鼓、二人持巴鈴、一人持鑼） | 七星劍、龍鞭（法鞭）、天皇尺、鹽米、淨水、五穀豆（灑豆以成兵） |
| 安平廣濟宮造平安橋 |  | 平安橋上置物：媽祖神尊、值年太歲神尊、五營符、八卦圖案、七星劍。 | 七星劍、天皇尺、金鞭聖者（法索）、鹽米、油鼎火。 |

在安置境域五營的過程中，特重「驅邪押煞」的效用，同時也是一次神明的巡境活動。從取用雞冠血、取用鴨嘴血來勅符、

---

[104] 共有四種符文，每張符文分別為：「奉勅令□康元帥押煞」、「奉勅令□趙元帥押煞」、「奉勅令□馬元帥押煞」、「奉勅令□溫元帥押煞」，符還須經雞冠血勅過。每支青竹棍上貼一張符紙即可，青竹棍長七尺二寸，符合文公尺上吉利寸尺。

勅器物；行進中「開路旗」的引導，行伍中的「天地掃」、「青竹棍」、「獅陣」、「油鼎」；法師在營位處以草蓆、刀劍所做的「格界」、扛油鼎至營位繞行、灑鹽米、灑五穀豆；童乩在營位前「操五寶」致身體淌血，這些各地安營時的作法看似不同，卻都存有驅邪押煞、清淨場域的用意。而安五營表面雖然只到五處地點，安放了五營軍兵，但過程中卻是行繞了整個廟境一圈，即是藉著安營、巡營的過程中，已將境域內邪魔惡煞驅除斬殺殆盡，自此境域已潔淨，復加五營軍兵已安置完畢，之後直到年底收營的期間裡，此等驅邪押煞、鎮境平安的任務，便交由五營軍兵來擔負。至於在造平安橋過程中，法事科儀的主要用意即是在完成清淨、除穢之目的，而此時整個橋場區域也就如同一獨立的境域般，在整個過程中皆須調派五營兵將前來加強駐守，當然在整個造橋過限活動之後，對這期間勞苦功高的五營軍士犒賞一番也是必須的。

# 第三章

# 「五營兵將」配置的概念及演進

# 第一節　古代中國的宇宙觀

## 一、考古發現

先從考古上的發現講起，在 1976 年，在商代的婦好墓中出土了十四件玉琮，近年又在新石器時代遺址中發現了石琮和玉琮，特別是良渚文化遺址（1982 年江蘇武進寺墩 4M，1986 年浙江余杭反山）中的大玉琮的發現與確認，玉琮的時代已經可以追溯到公元前三千年以前[1]。在《周禮・春官宗伯》中，玉琮作為祭祀的禮器：

> 以玉作六器以禮天地四方。以蒼璧禮天，以黃琮禮地，以青圭禮東方，以赤璋禮南方，以白琥禮西方，以玄璜禮北方。（鄭氏注：禮神者必向其類，璧圓象天，琮八方象地。）[2]

玉琮是一種外方內圓、柱形中空、飾以動物紋樣的玉器。根據一些學者特別是張光直的研究，認為「琮是天地貫通的象徵，也是貫通天地的一項手段或法器」，因為它的形制象徵了天與地，並且刻有種種協助神秘力量的動物圖案，又由玉這種據說可以通神的質材製成，根據人類學家的推測，古代人的聯想是按照相似性的原則進行的，玉琮是玉所製，本身十分聖潔，它的外部被雕成

---

[1] 葛兆光《七世紀前中國的知識、思想與信仰世界》頁 85~86，上海：復旦大學出版社，1998 年。

[2] 《周禮・春官宗伯》頁 89，四庫叢刊正編（001）（大本原式精印），臺灣商務印書館印行。

方形，與古人心目中的大地相同，而它的內部又是圓形，與古人心目中的天穹相似，它的中間是空的，能夠象徵天地上下的相通，所以可以在祭祀時供奉天地，擁有溝通天地、接引神鬼的神秘力量。如果這一推測不錯，古代中國很早就有了「天圓地方、上下四方」的空間概念。[3]

　　為理解古人心目中的宇宙模式，亦不可忽略「式」這種工具。式是古代術數家占驗時日的一種工具，出土發現已有不少實例。這種器物雖方不盈尺但重要性卻很大。從文獻記載來看，「式」作為實際存在的工具至少在戰國時期就已出現。如研究者經常引用《周禮・春官・大史》所說[4]：「……大師抱天時與大師同車……」其中「天時」，就是式的早期名稱[5]。而《堯典》「璇璣玉衡」名稱與斗星有關，可能也是式的別名[6]。在《尚書・虞書・舜典》裡亦提到「璿璣玉衡」：

> 在璿璣玉衡・以齊七政・肆類于上帝・禋于六宗・望于山川・徧于羣神・（孔氏傳：在，察也。璿，美玉。璣衡，王者正天文之器，可運轉者。七政。日月五星各異政。舜查天文齊七政，以審己當天心與否。）[7]

---

[3]　葛兆光《七世紀前中國的知識、思想與信仰世界》頁 86，上海：復旦大學出版社，1998 年。

[4]　《周禮・春官宗伯・大史》頁 125~126，四庫叢刊正編（001）（大本原式精印），臺灣商務印書館印行。

[5]　李零《中國方術考》頁 82、102，北京：人民中國出版社，1993 年。

[6]　李零《中國方術考》頁 102，北京：人民中國出版社，1993 年。在《堯典》裡未見「璇璣玉衡」名稱，作者所指應是《尚書・虞書・舜典》裡所載的「璿璣玉衡」。

[7]　《尚書》頁 9，四庫叢刊正編（001）（大本原式精印），臺灣商務印書

　　另外從簡帛書籍的出土情況來看，有一種講擇日和歲月禁忌
的書普遍發現，它們全都與「式」所代表的圖式有直接關係。例
如子彈庫楚帛書和馬王堆帛書《陰陽五行》就是寫在這種圖上，
其他書即使不附圖，也都是以這種圖式為背景。其他有關「式」
方面考古的發現，如湖北隨縣曾侯乙墓漆箱蓋的圖式，漆箱蓋面
上一左一右繪龍虎圖案、中間繪北斗及二十八星宿圖[8]。近年在
河南濮陽西水坡仰韶文化遺址 M45 墓中，發現了墓葬中用蚌殼
擺塑成的龍虎圖案[9]。安徽含山凌家灘 M4 墓中出土一組玉龜玉
版，玉片上刻有四方八位圖案。據測定，此墓距今在四千五百前
左右[10]這些發現，把式的來源，或者說式圖的來源線索，推到了
新石器時代[11]。這些考古的發現，反映出先民對日月星辰、四時
運作及天地四方的認識。墓葬中用蚌殼擺塑成的龍、虎圖案可以
是圖騰，也可以是呈現一軸線，產生或左右或東西的區隔，進一
步衍生如青龍、白虎、朱雀、玄武四方四神的概念。而曾侯乙墓
漆箱蓋面上所繪北斗及二十八星宿圖，反映出天穹中北斗居中，
二十八星宿環繞四方運行的概念，是一種中心與四方的概念；而
含山凌家灘所發現玉片上刻著的「四方八位」圖案，有著一中央
部分，從中央向四方四隅發散，均分成八方或四方。這些都與後

館印行。

[8]　王建民、梁柱、王勝利〈曾侯乙墓出土的二十八星宿青龍白虎圖像〉《文
　　物》1979 年 7 月。

[9]　〈河南濮陽西水坡遺址發掘簡報〉《文物》1988 年 3 期；〈1988 年河南
　　濮陽西水坡遺址發掘簡報〉《考古》1989 年 12 期。

[10]　〈安徽含山凌家灘新石器時代墓地發掘簡報〉《文物》1989 年 4 期；陳
　　久金、張敬國〈含山出土玉片圖形試考〉《文物》1989 年 4 期。

[11]　李零《中國方術考》頁 82~104，北京：人民中國出版社，1993 年。

來的「式」類似，象徵四極八方，也包含了古代的空間和時間的思想。

## 二、早期文獻記載

早在殷商卜辭中已傳達出「五方」的觀念，如在帝乙帝辛時卜辭曰：

> 己巳，王卜，貞今歲商受年。王（占）曰吉。東土受年。南土受年。西土受年。北土受年。（粹907）

此卜為商與東南西北四方受年之辭也。商者，亦稱中商，如武丁時卜辭曰：

> 戊寅卜，王，貞受中商年，十月。（前八、十、三）
> □巳卜，王，貞于中商乎御方（佚三八四）

中商即商也。中商而與東南西北並貞，則殷代已有中東南西北五方之觀念[12]。此所謂「五方」，實即東、西、南、北四個方位之外，再加上「中央」，如此構成五方。四個方位，即「四境」也，形成了與「中心」相對的「環」。殷人之「中央」或「中心」，當然即「中商」，在其形而上的「道體空間」是天帝或先祖之所在，在其下的「中商」，即「天下空間」的中心，為王之所在。而與之相對之東、西、南、北四個方位，依卜辭謂之為「土」，此所謂「土」，一般相信即是「社」，因此，東西南北四土即「四社」，商王欲知四方、四境土地年成的好壞，需卜問四社的社神。

---

[12] 胡厚宣〈論五方觀念及中國稱謂之起源〉《甲骨學商史論叢初集》頁384~385，臺灣大通書局印行，1972年。

[13]

　　胡厚宣曾經以甲骨文與《堯典》、《山海經》等互證[14]，指出甲骨文中四方風名稱與文獻所載相似，可見四方的概念有相當早的淵源。四方如果再加上自己所在的中央，就成了五方。自從上古以來，人們最早就以日出日落為判定東西方向的依據，「東」字即是日在木中，西字即日棲於木；後來又以星辰來判別南北方位，天空一切都在向左旋轉，但有一個永恆不動的地方，那裡的一顆星辰就是北極星，當然相反的方向就是南方。定方向在古代是很重要的事情，不僅關係天象曆法，而且關係建築城邑。[15]

　　而在《淮南子》裡有關於九野、九州等論述，傳達了當時的空間概念。在《淮南子‧天文訓》提到「九野」：

> 何謂九野？中央曰鈞天，其星角、亢、氐。東方曰蒼天，其星房、心、尾。東北曰變天，其星箕、斗、牽牛。北方曰玄天，其星須女、虛、危、營室。西北方曰幽天，其星東壁、奎、婁。西方曰顥天，其星胃、昴、畢。西南方曰朱天，其星觜嶲、參、東井。南方曰炎天，其星輿鬼、柳、七星。東南方曰陽天，其星張、翼、軫。

在《淮南子‧墜形訓》則有所謂的「九州」：

---

[13] 潘朝陽〈中心—四方空間形式及其宇宙論結構〉《師大地理研究報告》23 期，頁 89。1995 年。
[14] 胡厚宣〈甲骨文四方風名考證〉《甲骨學商史論叢初集》頁 369~370，臺灣大通書局印行，1972 年。
[15] 葛兆光《七世紀前中國的知識、思想與信仰世界》頁 93，上海：復旦大學出版社，1998 年。

墜形之所載，六合之間，四極之內，照之以日月，經之以
星辰，紀之以四時，要之以太歲。天地之間，九州八極，
土有九山，山有九塞，澤有九藪，風有八等，水有六品。
何謂九州？東南神州曰農土，正南次州曰沃土，西南戎州
曰滔土，正西弇州曰并土，正中冀州曰中土，西北臺州曰
肥土，正北泲州曰成土，東北薄州曰隱土，正東陽州曰申
土。[16]

在九野、或九洲的敘述中，有著諸如「中央曰鈞天」、「正中冀
州曰中土」之類的中央概念，另將東、南、西、北四方再細分為
正東、正南、正西、正北、東南、東北、西南、西北，此四方四
隅再加上中央，而成九野、九洲等九方概念，看似為九方亦可視
為五方概念的延伸。行文至此可知，一境域內的「五營兵將」按
中央與四方來安置，這種五方的空間概念在古代中國即已形成。

## 三、早期的五行思想

　　五營兵將除依五方來配置外，亦與五行的原理息息相關。「五
行」一詞始見於《尚書・夏書・甘誓》中，內容為：

啟與有扈戰於甘之野，作甘誓。甘誓：大戰于甘‧乃召六
卿‧王曰‧嗟六事之人‧予誓告汝‧有扈氏‧威侮五行‧
怠棄三正‧天用勦絕其命‧今予惟恭行天之罰‧左不攻于
左‧汝不恭命‧右不攻于右‧汝不恭命‧御非其馬之正‧

---

[16] 《淮南子・墜形訓》頁 26，四庫叢刊正編（022）（大本原式精印），
臺灣商務印書館印行。

汝不恭命，用命賞于祖，弗用命戮于社，予則孥戮汝，[17]

其中指責有扈氏「威侮五行，怠棄三正。」其中「五行」所指為何，尚無法確知。而在《尚書·虞書·大禹謨》內則將水、火、金、木、土、穀並用在一起論述：

> 禹曰，於，帝念哉，德為善政，政在養民，水、火、金、木、土、穀，惟修。正德、利用、厚生，惟和。九功惟敘，九敘惟歌。戒之用休，董之用威，勸之以九歌，俾勿壞。帝曰俞，地平天成，六府三事允治，萬事永賴時乃功。[18]

但此處所舉「水、火、金、木、土、穀」，為「六府」之事，言養民之本在先修六府，待六府三事允治，萬事永賴時乃功。

另外在《尚書·洪範》裡記載殷商遺臣箕子應周武王問政，而陳述大禹治水，蒙天帝降賜「洪範九疇」。所謂「洪範」即洪大之範法，為言天地之大法。共包含九類範疇，其中第一類即由「五行」開始論起：

> 武王勝殷，殺受，立武庚，以箕子歸，作洪範。洪範，惟十有三祀，王訪于箕子。王乃言約：嗚呼，箕子，惟天陰騭下民，相協厥居，我不知其彝倫攸敘。箕子乃言曰：我聞在昔，鯀堙洪水，汩陳其五行。帝乃震怒，不畀洪範九疇，倫彝攸斁，鯀則殛死，禹乃嗣興，天乃錫禹洪範九疇，

---

[17] 《尚書·甘誓》頁 23，四庫叢刊正編（001）（大本原式精印），臺灣商務印書館印行。

[18] 《尚書·大禹謨》頁 13，四庫叢刊正編（001）（大本原式精印），臺灣商務印書館印行。

彝倫攸敘。初一曰曰五行，次二曰敬用五事，次三曰‧農
用八政‧次四曰‧協用五紀‧次五曰‧建用皇極‧次六曰‧
乂用三德‧次七曰‧明用稽疑‧次八曰‧念用庶徵‧次九
曰‧嚮用五福‧威用六極‧帝乃震怒，不畀洪範九疇，倫
彝攸斁，鯀則殛死，禹乃嗣興，天乃錫禹洪範九疇，彝倫
攸敘。一五行，一曰水、二曰火、三曰木、四曰金、五曰
土，水曰潤下，火曰炎上，木曰曲直，金曰從革，土爰稼
穡。潤下作鹹，炎上作苦，曲直作酸，從革作辛，稼穡作
甘。[19]

文中明白指出五行的內容、性質與作用。五行包括：水、火、木、
金、土。水向下浸潤生鹵水，其味是鹹；火燃燒之焦氣，其味是
苦；木可以揉曲直，其味是酸；金可以更改外型，其味是辛；土
能種植百穀，其味是甘。《洪範》篇所說的五行次序水、火、木、
金、土，在排列上沒有內在聯繫，不存在相生或相剋的關係，表
明這時候人們還沒有思考自然界不同物質的相互關係問題，只是
簡單地把它們作為組成世界的一些基本要素，這表現出早期五行
說的樸素原始性質[20]。

　　至於五行指自然界中提供人類生活的五種基本物質之說，則
可引《左傳‧昭公二十九年》裡之內容來進一步證之：

　　　　秋‧龍見于絳郊‧魏獻子問於蔡墨曰‧吾聞之‧蟲莫
　　知於龍‧以其不生得也‧謂之知‧信乎‧對曰‧人實不知‧

---

[19] 《尚書‧洪範》頁46，四庫叢刊正編（001）（大本原式精印），臺灣商
　　 務印書館印行。
[20] 張豈之 主編《精編中國思想史》頁17，臺北：水牛出版社，1999年。

非龍實知．古者畜龍．故國有豢龍氏．有御龍氏．獻子曰．
是二氏者．吾亦聞之．而知其故．是何謂也．對曰．昔有
颷叔安有裔子．曰董父實．甚好龍．能求其者欲以飲食之．
龍多歸之。……

獻子曰．今何故無之．對曰．夫物物有其官．官脩其
方．朝夕思之．一日失職．則死及之．失官不食．官宿其
業．其物乃至．若泯棄之．物乃坻伏．鬱湮不育．故有五
行之官．是謂五官．實列受氏姓．封為上公．祀為貴神．
社稷五祀．是尊是奉．木正曰句芒．火正曰祝融．金正曰
蓐收．水正曰玄冥．土正曰后土．龍．水物也．水官棄矣．
故龍不生得．

上文說到為官之人要安於職責，這樣才會招來相關之物，就像古時有豢龍氏、御龍氏，龍多歸之。所以要有五行之官的設立，簡稱五官。其官長及負責之事如下：負責「木」方面的官長為句芒，負責「火」方面的官長稱為祝融，負責「金」方面的官長稱為蓐收，負責「水」方面的官長稱為玄冥，負責「土」方面的官長稱為后土。就以「龍」來說，龍是生活在水中之物，如果沒有水官專門來負責這方面的事情，則龍就不得生存了。五官所掌「木、火、金、水、土」五方面的事，即是與國家發展、人民生活息息相關的五類事務。

## 四、從祀五帝到系統性五行原理

在古代有所謂「祀五帝」之說，如《周禮・天官冢宰・大宰》所載：

凡治，以典待邦國之治，以則待都鄙之治，以法待官府之
治，以官成待萬民之治，以禮待賓客之治。祀五帝，則掌
百官之誓戒，與其具脩。[21]

在「祀五帝」方面亦含有五方的概念在內，如《周禮・春官宗伯・
小宗伯》所載：

小宗伯之職掌建國之神位，右社稷左宗廟。兆五帝於四
郊，四望四類亦如之。（鄭氏註：兆為壇之營域。五帝，
蒼曰靈威仰，大昊食焉；赤曰赤熛怒，炎帝食焉；黃曰含
樞紐，黃帝食焉；白曰白招拒，少昊食焉；黑曰葉光紀，
顓頊食焉。）[22]

依五方而有五帝的祭祀，又因東、南、西、北方及中央之別，
而有青帝、赤帝、白帝、黑帝、黃帝之稱，相關文獻記載如下：
《史記・封禪書》

秦襄公攻戎救周，使列為諸侯。秦襄公既侯，居西垂，自
以為主少皞之神，做西畤，祠白帝[23]。

《史記・封禪書》

德公立二年卒。其後四年，秦宣公作密畤于渭南，祭青帝。

---

[21] 《周禮》頁 10，四庫叢刊正編（001）（大本原式精印），臺灣商務印
書館印行。
[22] 《周禮》頁 90，四庫叢刊正編（001）（大本原式精印），臺灣商務印
書館印行。
[23] 《史記（全注、全譯）》頁 1220，天津古籍出版社/國際文化出版公司，
1995 年。

[24]

## 《史記‧封禪書》

> 其後百餘年，秦靈公作吳陽上畤，祭黃帝；作下畤，祭炎
> 帝。[25]

## 《史記‧封禪書》

> 二年，東擊項籍而還入關，問：「故秦時上帝祠何帝也？」
> 對曰：「四帝，有白、青、黃、赤帝之祠。」高祖曰：「吾
> 聞天有五帝，而有四，何也？」莫知其說，於是高祖曰：
> 「吾知之矣，乃待我而具五也。」乃立黑帝祠，命曰北畤。
> 有司進祠，上不親往。悉召故秦祝官，復置太祝、太宰，
> 其如故儀禮。因令縣為公社，下詔曰：「吾甚重祠而敬祭。
> 今上帝之祭及山川諸神當祠者，各以其時禮祠之如故。」
> [26]

而在《後漢書‧志第七‧祭祀上》則記載著五帝之方位：

> 二年正月，初制郊兆於雒陽城南七里，依鄗。采元始中故
> 事。為圓壇八陛，中又為重壇，天地位其上，皆南鄉，西
> 上。其外壇上為五帝位。青帝位在甲寅之地，赤帝位在丙

---

[24] 《史記（全注、全譯）》頁 1221，，天津古籍出版社/國際文化出版公司，
1995 年。

[25] 《史記（全注、全譯）》頁 1224，天津古籍出版社/國際文化出版公司，
1995 年。

[26] 《史記（全注、全譯）》頁 1230，天津古籍出版社/國際文化出版公司，
1995 年。

巳之地，黃帝位在丁未之地，白帝位在庚申之地，黑帝位
在壬亥之地·其外為壝，重營皆紫，以像紫宮；有四通道
以為門·日月在中營內南道，日在東，月在西，北斗在北
道之西，皆別位不在□神列中。

在《靈寶經》中則言「天有五方，各有其神主之」。[27]

由上述文中可知對五帝的祭祀，是源於古人在天地四方的概
念下，對天地四方諸神的祭祀活動。若進一步探討，五帝信仰與
各民族的至上神崇拜相關連。古代「中國」與四方部族多有其本
源神話與至上神崇拜，當聯合王國形成後，彼此的神靈世界需經
過一番統合，「五帝」的信仰可能就在這樣的背景下漸次形成的
[28]。若說「祀五帝」是祭祀掌理五方之神或五方之帝，那麼在賦
予這五方之帝名號後，復加上五行的思想，就變的更豐富而有系
統了，不過也讓人忽略其源於對天地四方的自然崇拜。

有關五方之帝（神）相關內容初步整理如下：

| 方位 | 東 | 南 | 中 | 西 | 北 |
|---|---|---|---|---|---|
| 顏色 | 青 | 赤 | 黃 | 白 | 黑 |
| 五帝[29] | 青帝 | 赤帝 | 黃帝 | 白帝 | 黑帝 |
| 五帝[30] | 大（太）皞 | 炎帝 | 黃帝 | 少皞 | 顓頊 |

[27] 張志哲 主編《道教文化辭典》頁85，江蘇古籍出版社。1994年
[28] 相關論述可參考：鄭志明《中國社會鬼神觀念的衍變》頁 169~176，臺北：中國大道文化，2001年。
[29] 《史記·封禪書》《史記（全注、全譯）》頁 1230，天津古籍出版社/國際文化出版公司，1995年。
[30] 《禮記·月令》《呂氏春秋·十二紀》《淮南子·時則訓》

| 方位 | 東 | 南 | 中 | 西 | 北 |
|------|-----|-----|-----|-----|-----|
| 五神[31] | 句芒 | 祝融 | 后土 | 蓐收 | 玄冥 |
| 五帝名號[32] | 靈威仰 | 赤熛怒 | 含樞紐 | 白招拒 | 葉光紀 |

另外可從《禮記・月令》《呂氏春秋・十二紀》《淮南子・時則訓》看到更具系統性的陳述：

《禮記・月令》

> 孟春之月，日在營室昏參中旦尾中，其日甲乙，其帝大皞，其神句芒，其蟲鱗，其音角，律中大蔟，其數八，其味酸，其臭羶，其祀戶祭先脾。
>
> 東風解凍，蟄蟲始振，魚上冰，獺祭魚，鴻雁來。
>
> 天子居青陽左個乘鸞路駕倉龍，載青旂衣青衣服倉玉，食麥與羊，其器□以達。是月也以立春，先立春三日，大史謁之天子曰某日立春盛德在木天子乃齋。立春之日，天子親率三公九卿諸侯大夫以迎春於東郊，還反賞公卿諸侯大夫於朝。[33]
>
> ……

《呂氏春秋・孟春紀》

---

[31] 《禮記・月令》《呂氏春秋・十二紀》《淮南子・時則訓》

[32] 《周禮・春官上》小宗伯之職掌建國之神位，右社稷左宗廟。兆五帝於四郊，四望四類亦如之。（鄭氏註：兆為壇之營域。五帝，蒼曰靈威仰，大昊食焉；赤曰赤熛怒，炎帝食焉；黃曰含樞紐，黃帝食焉；白曰白招拒，少昊，食焉；黑曰葉光紀，顓頊食焉。）頁90，四庫叢刊正編（001）（大本原式精印），臺灣商務印書館印行。

[33] 《禮記・月令》頁46~47，四庫叢刊正編（001）（大本原式精印），臺灣商務印書館印行。

一曰孟春之月,日在營室,昏參中旦尾中,其日甲乙,其帝大皞,其神句芒,其蟲鱗,其音角,律中太蔟,其數八,其味酸,其臭羶,其祀戶祭先脾。東風解凍,蟄蟲始振,魚上冰,獺祭魚,侯雁北。天子居青陽左個乘鸞□駕蒼龍[34],載青旂衣青衣服青玉,食麥與羊,其器□以達。

是月也以立春,先立春三日,大史謁之天子曰某日立春盛德在木,天子乃齋。立春之日,天子親率三公九卿諸侯大夫以迎春於東郊,還反賞公卿諸侯大夫於朝[35]。……

《淮南子・時則訓》

孟春之月,招搖指寅,昏參中旦尾中,其位東方,其日甲乙,盛德在木。其蟲鱗,其音角。律中太蔟,其數八,其味酸,其臭羶,其祀戶祭先脾。

東風解凍,蟄蟲始振,魚上負冰,獺祭魚,侯雁北。

天子衣青衣乘蒼龍,服蒼玉建青旗,食麥與羊。服八風水……朝于青陽左個以出春令。布德施惠,行慶賞省徭賦,立春之日,天子親率三公九卿諸侯大夫以迎歲於東郊[36]。……

《禮記・月令》、《呂氏春秋・十二紀》及《淮南子・時則訓》這三篇所載內容,除部分行文稍有差異外,論述內容幾乎相同,

---

[34] □內之字形,左為「各」字,右為「車」字所組成,字形為「各車」。

[35] 《呂氏春秋・孟春紀》頁5~6,四庫叢刊正編(022)(大本原式精印),臺灣商務印書館印行。

[36] 《淮南子・時則訓》頁32,四庫叢刊正編(022)(大本原式精印),臺灣商務印書館印行。

可能源自同一原始資料。進一步將這三篇內容整理如下：

| 時序 | 春 | 夏 | | 秋 | 冬 |
|---|---|---|---|---|---|
| 顏色 | 青 | 赤 | 黃 | 白 | 黑 |
| 方位 | 東 | 南 | 中 | 西 | 北 |
| 其日 | 甲乙 | 丙丁 | 戊己 | 庚辛 | 壬癸 |
| 其帝 | 大（太）皥 | 炎帝 | 黃帝 | 少皥 | 顓頊 |
| 其神 | 句芒 | 祝融 | 后土 | 蓐收 | 玄冥 |
| 其蟲 | 鱗 | 羽 | 裸 | 毛 | 介 |
| 其音 | 角 | 徵 | 宮 | 商 | 羽 |
| 其數 | 八 | 七 | 五 | 九 | 六 |
| 其味 | 酸 | 苦 | 甘 | 辛 | 鹹 |
| 其臭 | 羶 | 焦 | 香 | 腥 | 朽 |
| 其祀 | 其祀戶 | 其祀灶 | 其祀中霤 | 其祀門 | 其祀行 |
| 其祭 | 祭先脾 | 祭先肺 | 祭先心 | 祭先肝 | 祭先腎 |
| | 盛德在木 | 盛德在火 | 中央土 | 盛德在金 | 盛德在水 |
| | 立春之日<br>迎春於東郊 | 立夏之日<br>迎夏於南郊 | | 立秋之日<br>迎秋於西郊 | 立冬之日<br>迎冬於北郊 |

　　若說《禮記・月令》、《呂氏春秋・十二紀》及《淮南子・時則訓》這三篇是從春、夏、秋、冬一年裡時序變化的時間軸來開展論述。那《淮南子・天文訓》與《道藏・太上靈寶五符序》內，則是從東、西、南、北、中的空間感展開系統性論述。文獻記載如下：

《淮南子・天文訓》：

　　　何謂五星？東方木也，其帝太皥，其佐句芒，執規而治春，
　　　其神為歲星，其獸蒼龍，其音角，其日甲乙。南方火也，
　　　其帝炎帝，其佐朱明，執衡而治夏，其神為熒惑，其獸朱
　　　鳥，其音徵，其日丙丁。中央土也，其帝黃帝，其佐后土，
　　　執繩而治四方，其神為鎮星，其獸黃龍，其音宮，其日戊

己。西方金也，其帝少昊，其佐蓐收，執矩而治秋，其神為太白，其獸白虎，其音商，其日庚辛。北方水也，其帝顓頊，其佐玄冥，執權而治冬，其神為辰星，其獸玄武，其音羽，其日壬癸。太陰在四仲，則歲星行三宿；太陰在四鉤，則歲星行二宿，二八十六，三四十二，故十二歲而行二十八宿。[37]

《道藏・太上靈寶五符序》「靈寶五帝官將號」：

> 東方靈威仰號曰蒼帝，其神甲乙，服色尚青，駕蒼龍建青旗，氣為木，星為歲，從群神九十萬人，上和春氣，下生萬物。南方赤飄弩號曰赤帝，其神丙丁，服色尚赤，駕赤龍建朱旗，氣為火，星為熒惑，從群神三十萬人，上和夏氣，下長萬物。中央□樞紐號曰黃帝[38]，其神戊己，服色尚黃，駕黃龍建黃旗，氣為土，星為鎮，從群神十二萬人，下和土氣，上載九天。
>
> 西方曜□寶號曰白帝[39]，其神庚辛，服色尚白，駕白龍建白旗，氣為金，星為太白，從群神七十萬人，上和秋氣，下收萬物。北方隱俠局號曰黑帝，其神壬癸，服色尚玄，駕黑龍建皁旗，氣為水，星為辰，從群神五十萬人，上和冬氣，下藏萬物。[40]

---

[37]　《淮南子・天文訓》頁18~19，四庫叢刊正編（022）（大本原式精印），臺灣商務印書館印行。

[38]　□內之字形，上方為「人」字，下方接連「古」字。

[39]　□內之字形，上方為「白」字，下方接連「鬼」字。

[40]　《道藏・太上靈寶五符序》「靈寶五帝官將號」6冊--頁319，上海書店/

上述《淮南子・天文訓》與《道藏・太上靈寶五符序》之內容整理如下：

| 《淮南子・天文訓》 | | | | | |
|---|---|---|---|---|---|
| 五方 | 東方木 | 南方火 | 中央土 | 西方金 | 北方水 |
| 五帝 | 太皞 | 炎帝 | 黃帝 | 少昊 | 顓頊 |
| 五佐 | 句芒 | 朱明 | 后土 | 蓐收 | 玄冥 |
| 五星 | 歲星 | 熒惑 | 鎮星 | 太白 | 辰星 |
| 五獸 | 蒼龍 | 朱鳥 | 黃龍 | 白虎 | 玄武 |
| 五音 | 角 | 徵 | 宮 | 商 | 羽 |
| 十天干 | 其日甲乙 | 其日丙丁 | 其日戊己 | 其日庚辛 | 其日壬癸 |
| 《道藏・太上靈寶五符序》 | | | | | |
| 五色 | 青 | 赤 | 黃 | 白 | 黑 |
| 五氣 | 氣為木 | 氣為火 | 氣為土 | 氣為金 | 氣為水 |
| 五帝 | 青帝 | 赤帝 | 黃帝 | 白帝 | 黑帝 |
| 五帝官將號 | 靈威仰 | 赤飄弩 | □樞紐 | 曜□寶 | 隱俠局 |
| 其神 | 甲乙 | 丙丁 | 戊己 | 庚辛 | 壬癸 |
| 五星 | 歲星 | 熒惑 | 鎮星 | 太白 | 辰星 |
| 從群神 | 九十萬人 | 三十萬人 | 十二萬人 | 七十萬人 | 五十萬人 |

　　上述的五行原理與現代「五營兵將」的配置，有著什麼樣的聯繫呢？就目前臺灣中南部地區、澎湖地區有關五營設置物的調查資料來看，五營即包含東、南、中、西、北營，而各營的旗幟也依東營青旗、南營紅旗、中營黃旗、西營白旗、北營黑旗來配置，正符合五方與五色相配的原理。五行原理亦展現在五營相關符文及咒文裡，整理如下：

|  | 東 | 南 | 西 | 北 | 中 |
|---|---|---|---|---|---|
| 臺南縣（三寮灣）法安宮（竹符）[41] | 東方<br>甲乙木 | 南方<br>丙丁火 | 西方<br>庚辛金 | 北方<br>壬癸水 | 中央<br>戊己土 |
| 澎湖湖西鄉沙港聚落（竹符）[42] | 東方<br>甲乙木<br>青龍神君 | 南方<br>丙丁火<br>朱雀神君 | 西方<br>庚辛金<br>白虎神君 | 北方<br>壬癸水<br>玄武神君 | 中央<br>戊己土<br>呈蛇蛟陳神君 |
| 臺南安平西龍殿（咒文本） | 左營<br>青龍軍 | 右營<br>白虎軍 | 前營<br>朱雀軍 | 後營<br>玄武軍 | 中營<br>勾陳騰蛇軍 |
| 格界咒文內容（咒文本）[43] | 東方<br>木輪界 | 南方<br>火輪界 | 西方<br>金輪界 | 北方<br>水輪界 | 中央<br>土輪界 |

---

[41] 臺南縣（三寮灣）法安宮前營厝內五支竹符上所書符文：

「奉主敕三寮灣法安宮（法主公）令南營蕭公聖者鎮守南方丙丁火境內平安罡」

「奉主敕三寮灣法安宮（法主公）令東營張公聖者鎮守東方甲乙木境內平安罡」

「奉主敕三寮灣法安宮（法主公）令中營李公聖者鎮守中央戊己土境內平安罡」

「奉主敕三寮灣法安宮（法主公）令西營劉公聖者鎮守西方庚辛金境內平安罡」

「奉主敕三寮灣法安宮（法主公）令北營連公聖者鎮守北方壬癸水境內平安罡」

[42] 澎湖湖西鄉沙港聚落，基座式五營上石碑上符文：

東營：「雷令 東方張公大聖者甲乙木青龍神君 鎮守」

南營：「雷令 南方蕭公大聖者丙丁火朱雀神君 鎮守」

中營：「雷令 中央李哪吒戊己土呈蛇蛟陳神君 鎮守」

西營：「雷令 西方劉公大聖者庚辛金白虎神君 鎮守」

北營：「雷令 北方連公大聖者壬癸水玄武神君 鎮守」

[43] 《妙法寶筏》澎湖馬公鎮文澳林石頭重校出版。民國戊戌年陽月。格界咒文末段：

「上方來，上方斬，下方來，下方斬，五方來，五方斬。為吾斬斷東方木輪界，為吾斬斷南方木輪界，為吾斬斷西方金輪界，為吾斬斷北方水輪界，為吾斬斷中央土輪界。」

上述即是採用五方、五行、十天干、五獸（六獸）等來作系統性
配置。但值得注意的是五營兵將配置的數量如：東營九夷軍、南
營八蠻軍、西營六戎軍、北營五狄軍、中營三秦軍，與五行原理
下的五方數不一樣，比較如下：

| 《淮南子‧時則訓》等所載 | 其位東方 其數八 | 其位南方 其數七 | 其位中央 其數五 | 其位西方 其數九 | 其位北方 其數六 |
|---|---|---|---|---|---|
| 五營兵將之配置 | 東營 九夷軍 | 南營 八蠻軍 | 中營 三秦軍 | 西營 六戎軍 | 北營 五狄軍 |

五營兵將配置的數量，與五方之數不同，應源於不同的系統來配
置，將於下一節裡進一步探討。


## 第二節　五方軍名稱

### 一、中國與四夷的關係

　　「中國」相對於四夷，有居中之國之意。先秦時代，中國與
四夷處於互相征戰的過程中，文獻記載如下：
《毛詩‧小雅‧南有嘉魚之什》

　　　　六月，宣王北伐也。鹿鳴廢則和樂缺矣；四牡廢則君臣缺
　　　　矣；皇皇者華廢則忠信缺矣……；小雅盡廢，則四夷交侵

---

臺南安平港子尾社靈濟殿（咒文本），格界咒文末段（押格界用）：
「上方來，上方在，下方來，下方在。斬斷東方木輪界，斬斷南方火輪
界，斬斷西方金輪界，斬斷北方水輪界，斬斷中央土輪界，寸寸斬不留
停。玄天上帝速降臨，火急如律令。」

中國微矣。[44]

《毛詩・小雅・魚藻之什》

> 苕之華，大夫閔時也。幽王之時，西戎東夷，交侵中國。
> 師旅並起，因之以饑饉。[45]

《毛詩・小雅・魚藻之什》

> 何草不黃，下國刺幽王也。四夷交侵，中國背叛，用兵不
> 息。視民如禽獸，君子憂之，故作是詩也。[46]

《春秋穀梁傳・襄公三十年》

> 澶淵之會，中國不侵伐夷狄，夷狄不入中國，無侵伐八年。
> 善之也。[47]

　　居中的「中國」，加上外圍的四夷，即是五方概念的展現。
四夷可說是中國對四周部族的通稱，依東、西、南、北方又可概
分為東夷、南蠻、西戎、北狄四方部族，至於居於中的部族，就
屬「華夏」民族了。許慎《說文解字》裡也有相關的記載[48]：「夏，

---

[44] 《毛詩》頁 73~74，四庫叢刊正編（001）（大本原式精印），臺灣商務
　　印書館印行。
[45] 《毛詩》頁 113，四庫叢刊正編（001）（大本原式精印），臺灣商務印
　　書館印行。
[46] 《毛詩》頁 113，四庫叢刊正編（001）（大本原式精印），臺灣商務印
　　書館印行。
[47] 《春秋穀梁傳》頁 66，四庫叢刊正編（002）（大本原式精印），臺灣
　　商務印書館印行。
[48] 許慎撰；段玉裁注《新添古音說文解字注》臺北：紅葉文化出版，1998

中國之人也。」;「夷,東方之人也。」;「蠻,南蠻它種从虫。」
段玉裁注:「說从虫之說由,以其蛇種也,蛇者虫也,蠻與閩皆
人也。」;「戎,兵也,从戈甲。」;「狄,北狄也,本犬種。」
上述除「戎」字外,皆有指稱各方族民之含意。不過,許慎在「羌」
字的解說,提及:「羌,西戎,羊種也。」,所以「戎」和「羌」
一樣,都是指位於中國西方的民族。

　　華夏是居於我國中原地區黃河中下游的居民。這些居民最初
不一定是一個民族,大概是一個較大的民族集團,經過長期的發
展融合過程,便成為一個民族了,即華夏族。東夷、南蠻、西戎、
北狄則是以華夏民族為中心,分佈於東南西北方的民族集團。東
西南北中這樣的方位觀念,對每個民族說來都是很早就產生的。
[49]

　　對中國四方民族的稱呼,從四夷的通稱,再區分為東夷、南
蠻、西戎、北狄,在《禮記·王制》裡即針對各方之民性作一區
別與說明:

> 中國戎夷,五方之民,皆有性也,不可推移。東方曰夷,
> 被髮文身,有不火食者矣。南方曰蠻,雕題交趾,有不火
> 食者矣。西方曰戎,被髮衣皮,有不粒食者矣。北方曰狄,
> 衣羽毛穴居,有不粒食者矣。中國、夷、蠻、戎、狄皆有
> 安居、和味、宜服、利用、備器。五方之民言語不通,嗜
> 欲不同,達其志通其義,東方曰寄、南方曰象、西方曰狄

---

年。
[49] 田繼周《先秦民族史》頁 127,四川民族出版社,1996 年。

鞮、北方曰譯。[50]

另外在《禮記・明堂位》裡，還有諸如東方為九夷之國，南方為八蠻之國、西方為六戎之國、北方為五狄之國之稱呼：

> 昔者周公朝諸侯于明堂之位。天子負斧依南鄉而立。三公，中階之前，北面東上。諸侯之位，阼階之東，西面北上。諸侯之國，西階之西，東面北上。諸子之國，門東，北面東上。諸男之國，門西，北面東上。九夷之國，東門之外，西面北上。八蠻之國，南門之外，北面東上。六戎之國，西門之外，東面南上。五狄之國，北門之外，南面東上。九采之國，應門之外，北面東上。四塞，世告至，此周公明堂之位也。明堂也者，明諸侯之尊卑也。[51]

## 二、五方軍名號與數量

古籍裡所載「東方九夷」、「南方八蠻」、「西方六戎」、「北方五狄」的名稱，恰與現代「五營兵將」東、南、西、北營軍兵的名號與數量相符合，至於中營「三秦軍」的名稱之產生，又是如何呢？

在《史記・秦始皇本紀第六》記載著：「滅秦之後，各分其地為三，名曰雍王、塞王、翟王，號曰三秦。」當時項羽為了防止劉邦東進，將陝西關中、陝北分封給雍王、塞王、翟王三位故

---

[50] 《禮記・王制》頁 42，四庫叢刊正編（001）（大本原式精印），臺灣商務印書館印行。

[51] 《禮記・明堂位》頁 97，四庫叢刊正編（001）（大本原式精印），臺灣商務印書館印行。

秦降將，在《史記・項羽本紀》即有記載：「立章邯為雍王，王
咸陽以西，都廢丘（今陝西興平東南）。……立司馬欣為塞王，
王咸陽以東至河，都櫟陽（今陝西臨潼北）。立董翳為翟王，王
上郡，都高奴（今陝西延安東北）。」這三位王統稱「三秦王」
這便是「三秦」名稱的由來[52]。而三秦之地包含著關中地區，關
中地區在距今約 4000 年前，周部落的第十三代首領古公亶父率
領族人放棄豳地而遷往岐山下的周原（今陝西岐山、扶風兩縣之
間），建造了都城「京」。後來周文王時，再將周人的都城從周
原遷到了灃河畔的崇部族故地，這座新建的周人京城便是豐京，
也是古都西安最早的名稱。周武王之時又於滈水旁建立了鎬京，
與豐京隔灃河而東西相望。周武王滅商後，位於關中平原的豐京
與鎬京成為號令全國的首都。由此開始，直到公元 906 年唐王朝
滅亡，關中地區一直作為中國經濟、政治、文化重心而存在，僅
西安一地作為歷代王朝（歷經周、秦、漢、唐）建都的時間，累
計可達 1062 年，是中國古代建都朝代最多，時間最長的城市。[53]

「三秦」所在的關中地區，長期作為中國經濟、政治、文化
重心所在，可說是中央之所在及象徵，可謂「中央三秦」。這樣，
現代「五營兵將」裡，東、南、西、北、中營軍兵的名號與數量
如：東營九夷軍、南營八蠻軍、西營六戎軍、北營五狄軍、中營
三秦軍的名稱，即符合古籍所載「東方九夷」、「南方八蠻」、
「西方六戎」、「北方五狄」及「中央三秦」的概念。

有關五營軍兵的名號與數量的配置，分別依竹符、令旗及咒
文本上所載內容，整理如下：

[52] 黃新亞《三秦文化》引言：頁 1，遼寧教育出版社。1993 年。
[53] 黃新亞《三秦文化》頁 32~33、頁 49~50，遼寧教育出版社。1993 年。

## （一）竹符

　　以竹節書寫符文而成的竹符，含有調遣軍兵駐紮各營地，負起守衛境域安全之意。竹符上所載有關五營軍兵的名號與數量之內容，整理如下：

表 3-2-1：竹符上所載有關五營軍兵的名號與數量

| 地點 | 東營 | 南營 | 西營 | 北營 | 中營 |
|---|---|---|---|---|---|
| 臺南市東區竹篙厝上帝廟（竹符）[54] | 九夷軍 | 八蠻軍 | 六戎軍 | 五狄軍 | 三秦軍 |
| 彰化縣埤頭鄉陸嘉村（竹符）[55] | 九夷兵 | 八蠻兵 | 六林兵 | 五獄軍 | 三秦軍 |
| 臺南市中區小南城隍廟（竹符）[56] | 東營兵馬九千九萬軍九千九萬眾 | 南營兵馬八千八萬軍八千八萬眾 | 西營兵馬六千六萬軍六千六萬眾 | 北營兵馬五千五萬軍五千五萬眾 | 中營兵馬三千三萬軍三千三萬眾 |

---

[54] 臺南市東區竹篙厝上帝廟（仁和宮）（外營竹符上）：
　　東營：「勅令　張公聖者統領東營九夷軍　驅邪壓煞罡」
　　南營：「勅令　蕭公聖者統領南營八蠻軍　驅邪壓煞罡」
　　西營：「勅令　劉公聖者統領西營六戎軍　驅邪壓煞罡」
　　北營：「勅令　張公聖者統領北營五狄軍　驅邪壓煞罡」
　　中營：「勅令　李府元帥統領中營三秦軍　驅邪壓煞罡」

[55] 彰化縣埤頭鄉陸嘉村（斗六甲）（五營竹符上）：
　　東營：「雷令　法天張元帥押九夷兵馬安在東方（合境平安）」
　　南營：「雷令　副天蕭元帥押八蠻兵馬速鎮南方（合境平安）」
　　西營：「雷令　七臺天劉元帥押六林兵馬速鎮西方（合境平安）」
　　北營：「雷令　山上天連元帥押五獄軍馬速鎮北方（合境平安）」
　　中營：「雷令　李元帥押三秦軍馬速鎮中方（合境平安）」

[56] 臺南市中區小南城隍廟，廟外設東西南北中五營，營位豎立一支竹符，符文：
　　東營：「奉三城隍　敕令　東營兵馬九千九萬軍九千九萬眾　安鎮罡」
　　南營：「奉三城隍　敕令　南營兵馬八千八萬軍八千八萬眾　安鎮罡」
　　西營：「奉三城隍　敕令　西營兵馬六千六萬軍六千六萬眾　安鎮罡」

## （二）令旗

令旗具有發號施令來調動各營兵馬的作用。常見童乩及法師行法時，手持令旗、口誦號令，以調遣各營軍兵出使任務。令旗上所載有關五營軍兵的名號與數量之內容，整理如下：

表 3-2-2：令旗上所載有關五營軍兵的名號與數量

| 地點 | 東營 | 南營 | 西營 | 北營 | 中營 |
|---|---|---|---|---|---|
| 臺南市西區南廠小西腳平天館（令旗）[57] | 九夷軍 | 八蠻軍 | 六良軍 | 五狄軍 | 三真軍 |
| 彰化縣埤頭鄉新庄仔濟安宮（令旗）[58] | 九夷軍九千九萬人 | 八閩軍八千八萬人 | 六戎軍六千六萬人 | 五狄軍五千五萬人 | 三秦軍三千三萬人 |
| 臺南市安平海頭社廣濟宮（令旗）[59] | 九夷軍九千九萬將九千九萬人 | 八蠻軍八千八萬將八千八萬人 | 六戎軍六千六萬將六千六萬人 | 五狄軍五千五萬將五千五萬人 | 三秦軍三千三萬將三千三萬人 |

---

北營：「奉三城隍 敕令 北營兵馬五千五萬軍五千五萬眾 安鎮罡」

中營：「奉三城隍 敕令 中營兵馬三千三萬軍三千三萬眾 安鎮罡」

[57] 臺南市西區南廠小西腳平天館，作醮期間於廟外所設營厝（總營）上所插令旗：

青旗：「東營（令）九夷軍」；紅旗：「南營（令）八蠻軍」

白旗：「西營（令）六良軍」；黑旗：「北營（令）五狄軍」；黃旗：「中營（令）三真軍」

[58] 彰化縣埤頭鄉新庄仔濟安宮，五營座上令旗書寫著：

青旗：「東營 九夷軍九千九萬人」；紅旗：「南營 八閩軍八千八萬人」

白旗：「西營 六戎軍六千六萬人」；黑旗：「北營 五狄軍五千五萬人」

黃旗：「中營 三秦軍三千三萬人」。

[59] 臺南市安平海頭社廣濟宮廟內五營座上令旗書寫著：

青旗：「九夷軍 九千九萬將 九千九萬人」；紅旗：「八蠻軍 八千八萬將 八千八萬人」

| 地點 | 東營 | 南營 | 西營 | 北營 | 中營 |
|---|---|---|---|---|---|
| 臺南市安平區文朱殿（令旗）[60] | 九夷軍 九千萬軍 馬九萬人 | 八蠻軍 八千萬軍馬八萬人 | 六戎軍 六千萬軍馬六萬人 | 五狄軍 五千萬軍馬五萬人 | 三秦軍 三千萬軍馬三萬人 |
| 臺南市南區下林玉聖宮（令旗）[61] | 九俍軍 九俍將 九俍軍將 九千九萬將 | 八蠻軍 八蠻將 八蠻軍將 八千八萬將 | 六良軍 六良將 六良軍將 六千六萬將 | 五澤軍 五澤將 五澤軍將 五千五萬將 | 三真軍 三真將 三真軍將 三千三萬將 |

## （三）咒文本

　　法師們在調遣五營軍兵時所唱頌咒文及相關符文，皆以歷代相傳下來咒文本為主要依據。各地法師所用咒文本上，記載有關五營軍兵的名號與數量之內容，整理如下：

---

　　黃旗：「三秦軍 三千三萬將 三千三萬人」；白旗：「六戎軍 六千六萬將 六千六萬人」
　　黑旗：「五狄軍 五千五萬將 五千五萬人」。
[60]　臺南市安平區文朱殿廟內五營座上令旗符文：
　　青旗：「東營統兵張元帥帶領九夷軍 九千萬軍馬九萬人」
　　紅旗：「南營統兵蕭元帥帶領八蠻軍 八千萬軍馬八萬人」
　　黃旗：「中營統兵李元帥帶領三秦軍 三千萬軍馬三萬人」
　　白旗：「西營統兵劉元帥帶領六戎軍 六千萬軍馬六萬人」
　　黑旗：「北營統兵連元帥帶領五狄軍 五千萬軍馬五萬人」
[61]　臺南市南區下林玉聖宮五營令旗上：
　　青旗：「東營統兵張元帥 九俍軍九俍將 九俍軍將九千九萬將」
　　紅旗：「南營統兵蕭元帥 八蠻軍八蠻將 八蠻軍將八千八萬將」
　　黃旗：「中營統兵李元帥 三真軍三真將 三真軍將三千三萬將」
　　白旗：「西營統兵劉元帥 六良軍六良將 六良軍將六千六萬將」
　　黑旗：「北營統兵連元帥 五澤軍五澤將 五澤軍將五千五萬將」

表 3-2-3：咒文本上所載有關五營軍兵的名號與數量

| 地點 | 東營 | 南營 | 西營 | 北營 | 中營 |
|---|---|---|---|---|---|
| 澎湖地區 | | | | | |
| 澎湖馬公風櫃溫王殿（咒文本） | 九夷軍<br>九夷軍馬<br>九千九萬人 | 八萬軍<br>八萬軍馬<br>八千八萬人 | 六戎軍<br>六戎軍馬<br>六千六萬人 | 五夷軍<br>五夷軍馬<br>五千五萬人 | 三秦軍<br>三秦軍馬<br>三千三萬人 |
| 澎湖馬公鎮文澳<br>林石頭重校《妙法寶筏》<br>（咒文本） | 九夷軍<br>九夷軍馬<br>九千九萬人 | 八夷軍<br>八夷軍馬<br>八千八萬人 | 六夷軍<br>六夷軍馬<br>六千六萬人 | 五夷軍<br>五夷軍馬<br>五千五萬人 | 三秦軍<br>三秦軍馬<br>三千三萬人 |
| 澎湖湖西鄉沙港村<br>廣聖殿（咒文本）<br>曾根旺法師 抄錄。 | 九夷軍<br>九夷軍馬<br>九千九萬人 | 八蠻軍<br>八蠻軍馬<br>八千八萬人 | 六戎軍<br>六戎軍馬<br>六千六萬人 | 五狄軍<br>五狄軍馬<br>五千五萬人 | 三秦軍<br>三秦軍馬<br>三千三萬人 |
| 《普唵正法》高雄濟安堂藏版，鄭煌濱整編（咒文本） | 九夷軍<br>九夷軍馬<br>九千九萬人 | 八蠻軍<br>八蠻軍馬<br>八千八萬人 | 六絨軍<br>六絨軍馬<br>六千六萬人 | 五狄軍<br>五狄軍馬<br>五千五萬人 | 三秦軍<br>三秦軍馬<br>三千三萬人 |
| 臺南地區 | | | | | |
| 臺南安平西龍殿（咒文本） | 九夷軍<br>九夷軍馬<br>九千九萬眾<br>九千軍馬<br>九萬人 | 八蠻軍<br>八蠻軍馬<br>八千八萬眾<br>八千軍馬<br>八萬人 | 六戎軍<br>六戎軍馬<br>六千六萬眾六千軍馬<br>六萬人 | 五狄軍<br>五狄軍馬<br>五千五萬眾五千軍馬<br>五萬人 | 三秦軍<br>三秦軍馬<br>三千三萬眾三千軍馬<br>三萬人 |
| 臺南安平靈濟殿（咒文本） | 九夷軍<br>東營軍馬<br>九千九萬人<br>東營軍馬<br>九千九萬人 | 八蠻軍<br>南營軍馬<br>八千八萬人<br>南營軍馬<br>八千八萬人 | 六戎軍<br>西營軍馬<br>六千六萬人<br>西營軍馬<br>六千六萬人 | 五秋軍<br>北營軍馬<br>五千五萬人<br>北營軍馬<br>五千五萬人 | 三秦軍<br>三秦軍馬<br>三千三萬人<br>三秦軍馬<br>三千三萬人 |

| 地點 | 東營 | 南營 | 西營 | 北營 | 中營 |
|---|---|---|---|---|---|
| 臺南安平妙壽宮<br>（咒文本） | 九僥軍<br>東營軍馬<br>九千九萬<br>將<br>東營軍馬<br>九千九萬<br>人 | 八蠻軍<br>南營軍馬<br>八千八萬<br>將<br>南營軍馬<br>八千八萬<br>人 | 六戎軍<br>西營軍馬<br>六千六萬<br>將<br>西營軍馬<br>六千六萬<br>人 | 五狄軍<br>北營軍馬<br>五千五萬<br>將<br>北營軍馬<br>五千五萬<br>人 | 三秦軍<br>中營軍馬<br>三千三萬<br>將<br>中營軍馬<br>三千三萬<br>人 |
| 臺南安平周龍殿<br>（咒文本）<br>陳安志法師傳授 | 九夷軍<br>東營軍馬<br>九千九萬<br>將<br>東營軍馬<br>九千九萬<br>人 | 八蠻軍<br>南營軍馬<br>八千八萬<br>將<br>南營軍馬<br>八千八萬<br>人 | 六甲軍<br>西營軍馬<br>六千六萬<br>將<br>西營軍馬<br>六千六萬<br>人 | 五狄軍<br>北營軍馬<br>五千五萬<br>將<br>北營軍馬<br>五千五萬<br>人 | 三秦軍<br>中營軍馬<br>三千三萬<br>將<br>中營軍馬<br>三千三萬<br>人 |
| 臺南市四鯤身龍山寺<br>（咒文本） | 九夷軍<br>東營軍馬<br>九千九萬<br>將<br>東營軍馬<br>九千九萬<br>人 | 八萬軍<br>南營軍馬<br>八千八萬<br>將<br>南營軍馬<br>八千八萬<br>人 | 六使軍<br>西營軍馬<br>六千六萬<br>將<br>西營軍馬<br>六千六萬<br>人 | 五夷軍<br>北營軍馬<br>五千五萬<br>將<br>北營軍馬<br>五千五萬<br>人 | 三秦軍<br>中營軍馬<br>三千三萬<br>將<br>中營軍馬<br>三千三萬<br>人 |
| 臺南市和玄堂<br>（咒文本） | 九夷軍<br>東營軍馬<br>九千九萬<br>將 東營 軍<br>馬<br>九千九萬<br>人 | 八蠻軍<br>南營軍馬<br>八千八萬<br>將 南營軍<br>馬<br>八千八萬<br>人 | 六戎軍<br>西營軍馬<br>六千六萬<br>將西營軍<br>馬<br>六千六萬<br>人 | 五澤軍<br>北營軍馬<br>五千五萬<br>將北營軍<br>馬<br>五千五萬<br>人 | 三真軍<br>中營軍馬<br>三千三萬<br>將中營軍<br>馬<br>三千三萬<br>人 |
| 臺南市南廠保安宮<br>（咒文本） | 九夷軍<br>九夷軍馬<br>九千九萬<br>將 軍馬九<br>千九萬人 | 八蠻軍<br>八蠻軍馬<br>八千八萬<br>將 軍馬<br>八千八萬<br>人 | 六良軍<br>六良軍馬<br>六千六萬<br>將 軍馬六<br>千六萬人 | 五狄軍<br>五狄軍馬<br>五千五萬<br>將 軍馬五<br>千五萬人 | 三真軍<br>三真軍馬<br>三千三萬<br>將 軍馬三<br>千三萬人 |

| 地點 | 東營 | 南營 | 西營 | 北營 | 中營 |
|---|---|---|---|---|---|
| 臺南市醒心堂<br>（咒文本） | 九桃軍<br>九千兵馬<br>九萬人 | 八德軍<br>八千兵馬<br>八萬人 | 六銀軍<br>六千兵馬<br>六萬人 | 五澤軍<br>五千兵馬<br>五萬人 | 三增軍<br>三千兵馬<br>三萬人 |
| 臺南市金安宮<br>（咒文本） | 九夷軍<br>九千軍馬<br>九萬人 | 八朗軍<br>八千軍馬<br>八萬人 | 陸郎君<br>六千軍馬<br>六萬人 | 五擇君<br>五千軍馬<br>五萬人 | 三真君<br>三千軍馬<br>三萬人 |
| 臺南市普濟殿<br>（咒文本） | 九夷軍<br>九夷軍馬<br>九千九萬<br>人 | 八萬軍<br>八萬軍馬<br>八千八萬<br>人 | 六界軍<br>六界軍馬<br>六千六萬<br>人 | 五祿軍<br>五祿軍馬<br>五千五萬<br>人 | 三秦軍<br>三秦軍馬<br>三千三萬<br>人 |
| 彰化地區 | | | | | |
| 彰化縣埔鹽鄉<br>閭山道院天訣<br>堂<br>（咒文本） | 九夷軍<br>九夷軍馬<br>九千九萬<br>人 | 八閩軍<br>八閩軍馬<br>八千八萬<br>人 | 六戎軍<br>六戎軍馬<br>六千六萬<br>人 | 五狄軍<br>五狄軍馬<br>五千五萬<br>人 | 三秦軍<br>三秦軍馬<br>三千三萬<br>人 |
| 彰化縣埤頭鄉<br>合興宮<br>（咒文本） | 九夷軍<br>九夷軍馬<br>九千九萬<br>人 | 八閩軍<br>八閩軍馬<br>八千八萬<br>人 | 六戎軍<br>六戎軍馬<br>六千六萬<br>人 | 五狄軍<br>五狄軍馬<br>五千五萬<br>人 | 三秦軍<br>三秦軍馬<br>三千三萬<br>人 |
| 鹿港照法堂《法<br>壇神咒》三壇法<br>師林聰整理<br>（咒文本） | 九夷軍<br>九夷軍馬<br>九千九萬<br>人 | 八閩軍<br>八閩軍馬<br>八千八萬<br>人 | 六戎軍<br>六戎軍馬<br>六千六萬<br>人 | 五狄軍<br>五狄軍馬<br>五千五萬<br>人 | 三秦軍<br>三秦軍馬<br>三千三萬<br>人 |
| 中國大陸地區 | | | | | |
| 福建省龍巖市<br>東肖鎮<br>閭山教廣濟壇<br>科儀本[62] | 東方九夷<br>兵兵馬九<br>千九萬人 | 南方八蠻<br>兵兵馬八<br>千八萬人 | 西方六戎<br>兵<br>兵馬六千<br>六萬人 | 北方五狄<br>兵<br>兵馬五千<br>五萬人 | 中方三秦<br>兵<br>兵馬三千<br>三萬人 |

---

[62] 陳春來抄本〈第二部分經科本附件/「王姥教」科儀本/藏身一宗/行兵點
　　將部分〉頁 180，〈第二部分經科本附件/「王姥教」科儀本/敕符變符一
　　宗/行兵點將部分〉頁 190，葉明生編著《福建省龍巖市東肖鎮閭山教廣
　　濟壇科儀本彙編》臺北：新文豐出版，1996 年。
　　點到東方九夷兵，兵馬九千九萬人。人人頭戴頭（兜）鍪身帶甲，手執

| 地點 | 東營 | 南營 | 西營 | 北營 | 中營 |
|---|---|---|---|---|---|
| 廣東省潮安縣李公坑村畲族「招兵」活動[63] | 東方九夷兵 | 南方八蠻兵 | 西方六戎兵 | 北方五狄兵 | 中方三秦兵 |
| 貴州省德江縣儺祭儀式內容[64] | 東方青帝九夷兵 九九八萬一八萬一千兵 | 南方赤帝八蠻兵 八八六萬四六萬四千兵 | 西方白帝七戎兵 七七四萬九四萬九千兵 | 北方黑帝五狄兵 五五二萬五二萬五千兵 | 中方黃帝三秦兵 三三又進九九萬九千兵 |
| 四川省江北縣復盛鄉協睦村四社諶宅的「慶壇」祭儀調查[65] | 東方青帝九夷兵 九九八萬一八萬一千兵 | 南方赤帝八蠻兵 八八六萬四六萬四千兵 | 西方白帝六戎兵 六六三萬六三萬六千兵 | 北方黑帝五狄兵 五五二萬五二萬五千兵 | 中方黃帝三巡兵 三三九萬九九萬九千兵 |

常鎗火焰旗。

龍車嘈嘈兵馬起，走馬排兵鎮東營。東營兵馬造軍城，神兵火急莫令遲。……

[63] 朱洪、馬建釗〈廣東省潮安縣李公坑村畲族「招兵」節活動紀實〉頁313~314，《畲族歷史與文化》中央民族大學出版社，1995年。

[64] 《貴州德江儺堂戲》頁249~326，貴州省德江縣民族宗教事務局/編，貴州民族出版社出版，2003年。

曉報東方東九夷，九夷大將軍。九九八萬一，八萬一千兵。……中央中三秦，三秦大將軍，三三又進九，九萬九千兵。一安東方青帝九夷兵，九九排來八萬一，八萬一千好雄兵。東方安下青帝兵，青旗令，青旗兵，青旗青號鎮東方。……

[65] 王躍《四川省江北縣復盛鄉協睦村四社諶宅的「慶壇」祭儀調查》頁126~133，臺北市：施合鄭基金會，1993年。

弟郎鳴角叫一聲，就放東方青帝九夷兵。九九排來八萬一，八萬一千兵。八萬一千神和馬，八萬一千馬和神。神騎馬來馬馱神，神兵帶住馬繮繩。……

　　從上面表格裡所載內容來看，竹符、令旗及咒文本上所載各營軍兵名稱，大部分皆依東營九夷軍、南營八蠻軍、西營六戎軍、北營五狄軍、中營三秦軍來名之，但亦有不同者如東營另有「九俵軍、九棟軍」之稱，南營有「八蠻兵、八閩軍、八萬軍、八朗軍、八夷軍」之稱，西營有「六絨軍、六良軍、六鋃軍、陸郎君、六林兵、六戒軍、六甲軍、六界軍、六使軍、六夷軍」之稱，北營有「五澤軍、五擇君、五祿軍、五獄軍、五秋軍、五夷軍」之稱，中營有「三真軍、三真君、三增軍、三巡兵、三夷軍」之稱。名稱的不同，可能原因之一是在口耳相傳的過程中，同一發音（閩南語音）或近似音下的不同用字，如東營的「九夷軍」、「九俵軍」及「九棟軍」；南營的「八蠻軍」、「八閩軍」及「八萬軍」；西營的「六戎軍」、「六絨軍」、「六良軍」、「六鋃軍」、「陸郎君」到「六林兵」；北營的「五狄軍」、「五澤軍」、「五擇君」到「五祿軍」、「五獄軍」；中營的「三秦軍」、「三真軍」、「三真君」、「三增軍」到「三巡兵」。另一可能原因是歷經代代傳抄下，所積累的筆誤所造成，如南營從「八蠻軍」變成「八蠻軍」、北營從「五狄軍」變成「五秋軍」。亦有綜合上述兩原因，即先產生傳抄上的筆誤，復加在口耳相傳的過程中，因同一發音下的不同用字而產生不同的名稱，如西營的「六戎軍」因傳抄上的筆誤而成「六戒軍」，復加同一發音或近似音下的不同用字而產生如「六界軍」、「六甲軍」及「六使軍」的名稱。

　　有關五營軍兵名稱除上述依東營九夷軍、南營八蠻軍、西營六戎軍、北營五狄軍、中營三秦軍來稱呼外，還有如澎湖馬公文澳林石頭重校《妙法寶筏》[66]上所載，依東營九夷軍、南營八夷

---

[66] 林石頭所校之《妙法寶筏》咒文本除為馬公鎮文澳祖師廟小法團所用外，

軍、西營六夷軍、北營五夷軍、中營三秦軍的名號來稱呼，在此
並不以古代中國外圍之四方部族夷、蠻、戎、狄的名稱，而僅以
「四夷」的概念來區別，類似的概念亦出現在澎湖馬公風櫃溫王
殿及臺南市四鯤身龍山寺法師所用咒文本裡，其北營軍兵名稱也
是不以「五狄軍」而採「五夷軍」之名。

## 第三節、五方兵將防衛觀念

　　從中央及四方的觀念，到安置五方軍兵來守衛無形境域，這
種防衛觀念在早期的道教、佛教裡是怎樣呢？以下分別從道書、
佛經的記載來述說。

## 一、道書裡的五方軍

　　在《太上三五正一盟威籙》[67]〈太上正一九天兵符籙品第十
五〉中：即有按照東、西、南、北、中五方配置軍兵來護衛的觀

---

亦為臺南市東區咸靈壇（位於樹林街上）、開帝殿（位於崇德七街旁）
及中區開興堂（位於開山路上）小法團所用，上述三法團成員均曾受教
於林石頭之弟子辛勇猛法師。

[67]　《太上三五正一盟威籙》撰人不詳。約出於漢末魏晉間。南北朝隋唐天
師道經書皆稱東漢順帝漢安元年，太上道君於蜀郡傳授張道陵「正一盟
威之道」。其說屬不可盡信，但此書卻為早期天師道符籙，最遲在南北
朝已編輯成書，應無疑問。原書卷數不詳。今《道藏》本六卷，收入正
一部。書中輯錄童子將軍籙，三五功曹籙、保命長生籙等二十四階符籙，
與四時五行、十二月、二十四節氣、二十八宿、二十四治等相應。各篇
符籙內容大致相似，皆列舉諸神將吏兵之名額、符圖及盟儀，用以召神
驅鬼，護衛身家（王卡）。上文引自胡孚琛主編《中華道教大辭典》頁
282，中國社會科學出版社，1995年。

念，內容如下：

> 太上御前加署九天兵主，領太上天師千二百官君五方官
> 屬，輔助道門諸除凶逆血食符廟奸神偽鬼眾精故炁，因及
> 九年有功，注名陽官請左神丞相號九天九地萬鬼中王。昔
> 出之時，天光地赫，萬神震動。身長七十二丈，廣七十二
> 圍。百二十印綬前後，百二十鼓吹日夜，十二時衛天帝君，
> 伺斬五方鬼眾精故炁以符召萬神千鬼俱滅。急急如皇天大
> 帝。
>
> 太上老君律令
> 左滅亡君一十二人，右滅亡君一十二人。
> 東方青領將軍九人青衣兵士八十一萬眾來屯左。
> 左滅亡君一十二人，右滅亡君一十二人。
> 西方白領將軍七人白衣兵士四十九萬眾來屯右。
> 左滅亡君一十二人，右滅亡君一十二人。
> 南方赤領將軍八人赤衣兵士六十四萬眾來屯前。
> 左滅亡君一十二人，右滅亡君一十二人。
> 北方黑領將軍五人黑衣兵士二十五萬眾來屯後。
> 東方青始甲乙君車騎千人衣青各持泰始青炁來屯某乙始
> 生門。
> 南方赤玄丙丁君車騎千人衣赤各持太初赤炁來屯某乙防
> 生門。
> 西方白玄庚辛君車騎千人衣白各持太素白炁來屯某乙九
> 生門。
> 北方黑玄壬癸君車騎千人衣黑各持太玄黑炁來屯某乙養
> 生門。

中央司玄戊己君車騎千人衣黃各持太始黃炁來屯某乙司
命門。

東方夷老君除逆部伏衛兵

南方越老君扁鵲伏衛兵

西方氏老君官死伏衛兵

北方羌老君及甲錯鱗兵

中央秦老君將領黃兵

千二百官，中央將軍身長二十四丈，廣十二圍。頭戴金幘
冠，百二十印綬，天帝元始召九天符，新出老君傳領民祭
酒，召九天五方鬼神，一切降伏。[68]

上文文中提及有一「九天兵主」，號為「九天九地萬鬼中王」，
帶領著五方官屬來收斬五方鬼眾精故炁，並以符召萬神令千鬼俱
滅。文末提及有一「中央將軍」，能召九天五方鬼神，一切降伏。
文中所提及的「九天、九地」，「九」即有著四方四隅加上中央
以成「九方」之含意，是五方概念進一步的細分與延伸。九天兵
主所領的五方官屬配置內容整理如下：

| 東方 | 南方 | 西方 | 北方 | 中央 |
|---|---|---|---|---|
| 東方青領將軍九人<br>青衣兵士八十一萬眾來屯左 | 南方赤領將軍八人<br>赤衣兵士六十四萬眾來屯前 | 西方白領將軍七人<br>白衣兵士四十九萬眾來屯右 | 北方黑領將軍五人<br>黑衣兵士二十五萬眾來屯後 | |
| 東方青始甲乙君 | 南方赤玄丙丁君 | 西方白玄庚辛君 | 北方黑玄壬癸君 | 中央司玄戊己君 |

---

[68] 《正統道藏》第48冊，正乙部（逐字號）《太上三五正一盟威籙》卷五
第九，頁143～145，新文豐出版社。

| 東方 | 南方 | 西方 | 北方 | 中央 |
|---|---|---|---|---|
| 車騎千人衣青各持泰始青炁來屯某乙始生門 | 車騎千人衣赤各持太初赤炁來屯某乙防生門 | 車騎千人衣白各持太素白炁來屯某乙九生門 | 車騎千人衣黑各持太玄黑炁來屯某乙養生門 | 車騎千人衣黃各持太始黃炁來屯某乙司命門 |
| 東方夷老君除逆部伏衛兵 | 南方越老君扁鵲伏衛兵 | 西方氐老君官死伏衛兵 | 北方羌老君及甲錯鱗兵 | 中央秦老君將領黃兵 |

　　由上述表格裡，可清楚的看出五方官屬是按照中央及四方來配置的。而五方之間的配置如將領名號、軍士衣色等，即依照五方、五色、十天干等與五行原理相符的方式來區別。另外在東、西、南、北、中五方，分別部署了三組防衛組織，應屬不同層級的防衛體系，或是說有著不同的防衛對象及防衛範圍。換句話說，有屬於屯駐在某乙身旁，屬於防衛個人範圍的無形軍士；有屯駐在如壇場前、後、左、右方，為確保壇場及法事不受侵擾的軍士；有守衛所屬境域，依五方來配置的伏衛兵等[69]。在《道法會元》《上清五元玉冊九靈飛步章奏密法》裡亦有類似的記載：

　　　　謹上請玉清雌一將軍、雄一將軍、大洞將軍、黃室將軍、
　　　　白雲將軍、……
　　　　東夷老青領將軍青始車騎除逆伏衛兵、南越老赤領將軍赤
　　　　玄車騎扁鵲伏衛兵、
　　　　西氐老白領將軍白玄車騎捍厄鐵輪兵、北羌老黑領將軍黑

---

李豐楙認為：這些伏衛兵都具有營衛戍守的性質，與現存閭山法派的五營兵將用意相符，相關內容見李豐楙〈五營信仰與中壇元帥：其原始及衍變〉《第一屆哪吒學術研討會論文集》頁 554~556。高雄市：中山大學清代學術中心出版。臺北市：新文豐發行，2003 年。

玄車騎反甲逆鱗兵、

中央秦老黃領將軍黃始車騎部領黃雲兵、大上西域兵、營
門兵、南溪兵、督天兵、發地兵、虎賁兵、柱天兵、施天
兵、中官五營兵、九原中野兵、九天丈人兵、五方五蓋兵
將帥騎吏。[70]

內容提到東夷老青領將軍、南越老赤領將軍、西氐老白領將軍、
北羌老黑領將軍及中央秦老黃領將軍，分別統領著除逆伏衛兵、
扁鵲伏衛兵、捍厄鐵輪兵、反甲逆鱗兵及黃雲兵；另外還有中官
五營兵、五方五蓋兵將帥騎吏等，這些都有著依東、西、南、北、
中五方配置軍兵來守護的觀念。在《道法會元》《上清五元玉冊
九靈飛步章奏密法》裡亦記載：

東九夷君青衣、南八蠻君赤衣、西六戎君白衣、北五狄君
皂衣、中三秦君黃衣，巳上並戴九葉芙蓉冠執圭五臟神
立，五方各有兵馬千萬如人間兵吏。[71]

文中即明白指出這些由五方夷、蠻、戎、狄及三秦諸君所統領的
兵馬就如同人間兵吏一般，這種性質與現代民間信仰裡的五營兵
將是十分近似的。有關召請九夷君、八蠻君、六戎君、五狄君及
三秦君來護衛的作法，於《赤松子章歷》內亦有多則記載，如〈保
護戎征章〉內所言：[72]

---

[70] 《道藏‧道法會元》30 冊-頁 174，文物出版社、上海書店、天津古籍出
版社。

[71] 《道藏‧道法會元》30 冊-頁 162，文物出版社、上海書店、天津古籍出
版社。

[72] 《道藏‧赤松子章歷》11 冊-頁 231，文物出版社、上海書店、天津古籍

> 上請東方九夷君、南方八蠻君、西方六戎君、北方五狄君
> 各十二人,重請千里君、萬里將軍、祐護將軍共營衛某
> 身。……

即是召請五方諸君前來守護個體免於受災禍。另外在〈收除虎災
章〉內是召請五方諸君前來守護家宅:[73]

> 重請九夷、八蠻、六戎、五狄、三秦君,各隨方位,春夏
> 秋冬,與某家宅三將軍二十四吏兵士三十萬人,勤加營護
> 一切眾生,並令掃蕩。

而在〈解呪詛章〉中是召請五方君前來解除呪詛,內容如下:[74]

> 若是春三月寅卯辰呪詛厭禱某身,請東方九夷甲乙君為某
> 飛番而解之;
> 若是夏三月巳午未呪詛厭禱某身者,上請南方八蠻丙丁君
> 為某飛番而解之;
> 若是秋三月申酉戌呪詛厭禱某身者,上請西方六戎庚辛君
> 為某飛番而解之;
> 若是冬三月亥子丑呪詛厭禱某身者,上請北方五狄壬癸君
> 為某飛番而解之;
> 若是四季之月呪詛厭禱某身者,願中央三秦戊己君消而解
> 之或二十八宿呪詛厭禱者,願隨方星宿君飛番而解

---

出版社。
[73] 《道藏·赤松子章歷》11 冊-頁 194,文物出版社、上海書店、天津古籍
出版社。
[74] 《道藏·赤松子章歷》11 冊-頁 195,文物出版社、上海書店、天津古籍
出版社。

之。……

另外在道經所載的「出官」內容中，也有出「東九夷、南八蠻、西六戎、北五狄、中央三秦將吏」之作法。如《正一法文法錄部儀》[75]中《太一三盟付授儀》裡記載：

> 謹出臣身中五體真官功曹吏，出太一金剛長壽功曹吏二百四十人，太一度世功曹二百四十人，太一度命功曹二百四十人，出太一青腰玉女二百四十人，出太一娥皇玉女二百四十人，出五老君將吏二百四十人，出長生永終吏二百四十人，出東九夷、南八蠻、西六戎、北五狄、中央三秦君將吏各二百四十人，出千乘億騎蓋天來下剛風騎置驛馬上章吏官各二百四十人。出今受甲等太一三盟登壇大券明真大會之訣（或金剛一言之訣）。[76]

《无上黃籙大齋立成儀》中之記載[77]：

---

[75] 《正一法文法錄部儀》撰人不詳。約出於南北朝。一卷，收入《道藏》正一部。本篇原係天師道經典《正一法文》殘卷之一，內載四種盟儀。即《黃素三盟登壇儀》、《太一黃素三盟儀》、《太一登壇黃素三盟逆刺付授儀》、《太一三盟付授儀》。四種盟儀皆用于道士受度太一三盟法錄。書中載其登壇、啟奏、盟誓、受錄等儀式，以及所用啟奏文、盟契、符錄、誓辭等。據稱道士盟受法錄後，誓告神明，謹守契令，可修成仙道。本篇內容文字有後人增益（王卡）。上文引自胡孚琛主編《中華道教大辭典》頁281，中國社會科學出版社，1995年。

[76] 《道藏·正一法文法錄部儀》32冊-頁203~204，文物出版社、上海書店、天津古籍出版社。

[77] 《道藏·无上黃籙大齋立成儀》第9冊，頁481~482，文物出版社、上海書店、天津古籍出版社。

> 屯住臣等前後左右，功曹使者嚴裝是竟，羅列鹵簿；關啟
> 靈寶官屬，監齋仙王、典經侍郎、衛靈司馬、三洞諸君官
> 將吏；天師所布下二十四治、三十六靖廬、七十二福地、
> 三百六十名山、崑崙等上官三萬六千餘神；日月星宿、璇
> 璣玉衡、天地五帝、三界官君將吏；考召東九夷胡老君、
> 南八蠻越老君、西六戎氐老君、北五狄羌老君、中央三秦
> 傖老君；……

上文乃依五方配置的概念來考召居於各方的老君，類似的記載亦
見於《无上秘要》卷五十塗炭齋品中「出官」之內容[78]：

> … 考召君東九夷胡老君、南八蠻越老君、西六戎氐老君、
> 北五狄羌老君、中央三秦傖老君。……

　　將五營軍的創用歸諸正一派，乃是源於陸靜修統整三洞時，
在所修整的科儀中都已將五營軍列為神譜之列，最具代表性的有
三部靈寶派科儀書：《太上洞玄靈寶授度儀》（化字號）、《太
極真人敷靈寶齋戒威儀經要訣》（被字號）及《洞玄靈寶自然券
儀》（化字號），都是在「出官」誦請諸神時已將五營將固定化，
其章文較《正一威盟籙》的敕法增長許多，而所到諸神名單亦增
加甚多。這類靈寶經派所建立的儀軌，其程式化科儀為其後千百
年的齋儀所襲用：如《太上黃籙齋儀》、《无上黃籙大齋立成儀》
均是[79]。五方軍及其統兵官將的信仰在唐末並未持續發展，而只

---

[78] 《道藏·无上秘要》25 冊-頁 183，文物出版社、上海書店、天津古籍出
　　版社。

[79] 李豐楙〈五營信仰與中壇元帥：其原始及衍變〉《第一屆哪吒學術研討
　　會論文集》頁 568。高雄市：中山大學清代學術中心出版。臺北市：新

成為道教部分黃籙科儀中保存的出官身神，<u>李豐楙</u>推知：佛經四大天王的興盛，從南北朝末到唐代這一段時間內，懷疑可能取代了原本有機會進一步發展的五營將[80]。據此，進一步從佛經裡探討相關的歷程。

## 二、佛經裡的五方守護軍將

欲明瞭佛經裡的五方守護軍將，得先瞭解佛教的世界觀，在佛教的世界觀裡有所謂的「三界」，三界乃佛教世界觀用語，指眾生所存在的三種界域，包含「欲界」、「色界」、「無色界」。「欲界」裡又有六天：包含四王天（或說四天王天）、忉利天（或說三十三天）、夜摩天、兜率天、化樂天、他化自在天。此六天之共同性質是仍有欲樂。其中四王天、忉利天據須彌山，稱地居天，其餘諸天則位於虛空密雲之上，稱空居天[81]。位居須彌山頂的忉利天，其中「忉利」為梵語的音譯，意謂「三十三」，故忉利天又譯「三十三天」，指位在須彌山頂上的三十三天；帝釋天止住於中央，其四方各有八天城，合計三十三天。山頂四隅各有一峰，高五百由旬，由金剛手藥叉於中守護諸天。「四王天」又作四大王天、四天王天，指位於須彌山腰的多聞、持國、增長、廣目天王及其眷屬天眾之住處。依《長阿含經》卷二十〈世紀經·四天王品〉所述，須彌山的東、南、西、北四方各千由旬處為提

---

文豐發行，2003 年。

[80] 李豐楙〈五營信仰與中壇元帥：其原始及衍變〉《第一屆哪吒學術研討會論文集》頁 568。高雄市：中山大學清代學術中心出版。臺北市：新文豐發行，2003 年。

[81] 《中華佛教百科全書》頁 379（第 2 冊），1143-1144（第 3 冊），臺南縣：中華佛教百科文獻基金會，1994 年。

頭賴吒天王 （持國天王）、毗樓勒天王（增長天王）、毗樓婆
叉天王（廣目天王）、毗沙門天王（多聞天王）所居之城[82]。《長
阿含經》內相關經文如下：

> 須彌山王東千由旬提頭賴吒天王城。名賢上。縱廣六千由
> 旬。其城七重。……
> 須彌山南千由旬有毗樓勒天王城。名善見。……
> 須彌山西千由旬有毗樓婆叉天王城。名周羅善見。……
> 須彌山北千由旬有毗沙門天王。王有三城。一名可畏。二
> 名天敬。三名眾歸。[83]……
> 須彌山王頂上有三十三天城。縱廣八萬由旬。其城七
> 重。……相去五百由旬有一門。其一一門有五百鬼神守侍
> 衛護三十三天。[84]

　　至於須彌山四方，乃人類所居住之洲渚，又稱須彌四洲、四
大部洲、四大洲或稱四天下[85]。在上述佛教的世界觀裡，若立於
須彌山來觀看，在須彌山腳四方為人類所居之處；須彌山腰處則
依東、西、南、北四方築有城池，分別由四方天王統領部眾來守

---

[82] 《中華佛教百科全書》頁 1143（第 3 冊），1574-1575（第 4 冊），臺南
　　縣：中華佛教百科文獻基金會，1994 年。

[83] 後秦（384-416）弘始年佛陀耶舍共竺佛念譯《長阿含經》卷二十，第四
　　分世記經四天王品第七。《大正新脩大藏經（阿含部）》第一冊，頁 130
　　中。

[84] 《大藏經》（阿含部）一冊，頁 131 上，No. 1《長阿含經》卷二十，第
　　四分世記經忉利天品第八，後秦弘始年佛陀耶舍共竺佛念譯。日本大正
　　一切經刊行會/中華佛教文化館大藏經委員會出版，1955 年。

[85] 《中華佛教百科全書》頁 1542（第 4 冊），臺南縣：中華佛教文獻
　　基金會，1994 年。

衛；至於須彌山頂亦築有一「三十三天城」，並由帝釋天止住於
中央，其外圍並有鬼神之屬的部將護衛著。這樣，就「須彌山」
之境域來看，位居四方的四大天王與中央的帝釋天，統領部眾來
護衛須彌山的作法，與現今民間信仰裡由五營軍兵來負起一境域
內的防衛形式是十分相近的。

在佛經裡有關四大天王的形貌及手持器物在《大正新脩大藏
經》《千手觀音造次第法儀軌》裡有如下的描述[86]：

> 第三重有二十八部眾，有各各本形。真言曰：
> 一密跡金剛士，赤紅色具三眼，右持金剛杵，左手拳安
> 腰。……
> 十五提頭賴吒王，赤紅色又青白色，左手執如意寶王色黃
> 青八角，右手刀。十六神母女等大力眾，色如。十七毘樓
> 勒叉王，色赤，左手執杵，右手把劍。十八毘樓博叉王，
> 色白，左手執杵，右手把金索青色。十九毘沙門天王，色
> 紺青，左手持寶塔，右手杵。

從上文所載，比之於現今佛寺所塑或畫的四大天王像，在手持器
物有明顯不同，比較如下：

| | |
|---|---|
| 東方：提頭賴吒天王 | 左手執如意寶王，右手持刀。 |
| 東方：現今多稱「持國天王」 | 現今常見造型為手持琵琶。琵琶乃弦樂器，調絃成樂，有象徵「調」的含意。 |
| 南方：毗樓勒天王 | 左手執杵，右手持劍。 |

---

[86] 《大正新脩大藏經》（密教部）第二十冊，頁 138，No. 1068《千手觀音造次第法儀軌》中天竺國三藏善無畏奉詔譯。日本大正一切經刊行會/中華佛教文化館大藏經委員會出版，1955 年。

| 南方：現今多稱「增長天王」 | 現今常見造型為手盤繞一龍（蛇），左手持珠。龍蛇乃滑溜之物，喻有「順」之意。 |
|---|---|
| 西方：毗樓勒天王 | 左手執杵，右手持金索。 |
| 西方：現今多稱「廣目天王」 | 現今常見造型為手持寶劍。劍乃「鋒」利之物，喻有「風」之意；或說揮劍生風，有象徵「風」的含意。 |
| 北方：毗沙門天王 | 左手持寶塔，右手執杵。 |
| 北方：現今多稱「多聞天王」 | 現今常見造型為手持傘。傘用以蔽霖雨，有象徵「雨」的含意。 |

有關四大天王的形貌今昔雖有不同，但其依四方配置，行護法、護世的性格在《金光明經》卷二，四天王品第六即有記載，經文如下[87]：

> 爾時毘沙門天王、提頭賴吒天王、毘留勒叉天王、毘留博叉天王，俱從座起偏袒右肩，右膝著地胡跪合掌。白佛言。世尊。是金光明微妙經典眾經之王，諸佛世尊之所護念，莊嚴菩薩深妙功德，常為諸天之所恭敬。能令天王心生歡喜，亦為護世之所讚歎。……。我等四王，能說正法修行正法，為世法王以法治世。世尊。我等四王及天龍鬼神，乾闥婆、阿脩羅、迦樓羅、緊那羅、摩睺羅伽，以法治世，遮諸惡鬼噉精氣者。世尊。以淨天眼過於人眼，常觀擁護此閻浮提。世尊。是故我等名護世王。若此國土有諸衰耗、怨賊侵境、饑饉疾疫種種艱難，若有比丘受持是經，我等四王當共勸請，令是比丘以我力故，疾往彼所國邑郡縣。廣宣流布是金光明微妙經典。令如是等種種百千衰耗之事

---

[87] 《大藏經》（經集部）第 16 冊，頁 340-341，No. 663《金光明經》卷二，四天王品第六，北涼三藏法師曇無讖譯。日本大正一切經刊行會/中華佛教文化館大藏經委員會出版，1955 年。

悉皆滅盡。<sup>[88]</sup>......

可見四大天王，各自統領著鬼神等部眾，隨逐受持讀誦《金光明經》者而為其守護，並能使國土有諸衰耗、怨賊侵境、饑饉疾疫等種種百千衰耗之事悉皆滅盡。

在上述《金光明經》裡記載著四大天王，統領著鬼神等部眾行護法、護世之責，而在《七佛八菩薩所說大陀羅尼神咒經》卷四裡，偈文之中則說明四天王的出身，更直接道出四大天王屬「鬼王」的性格：

> 提頭賴吒天王欲說四偈：
> 四大天王中，我最為第一。我雖作天王，不脫鬼神苦。我作鬼神王，已經五百歲。東西常馳騁，濟度諸群生。哀哉過去世，曾作人中王。治化不以理，今作鬼王身。又願諸國王，正治於國事。莫作貪濁行，復受鬼神身
> 毘樓博叉天王欲說一偈半：
> 我念過去世，生於閻浮提。豪富得自在，諂曲不端直。今雖作鬼王，猶受鬼神苦。
> 毘樓勒叉天王欲說三偈：
> 我今作鬼王，得離三塗苦。涉歷四天下，救諸病苦者。憶念過去世，曾作人中王。放逸著五欲，今受鬼王身。又願人中王，謹慎莫放逸。度脫諸眾生，普得涅槃樂。
> 毘沙門天王欲說一偈半：

---

[88] 《大藏經》（經集部）第 16 冊，頁 340~341， No. 663《金光明經》卷二，四天王品第六，北涼三藏法師曇無讖譯。日本大正一切經刊行會/中華佛教文化館大藏經委員會出版，1955 年。

> 我於往昔修菩提，為眾生故作鬼王。眾生久處無明闇，我
> 以金錍開其眼。慧眼既開度生死，生死既度昇泥洹。[89]

四大天王有著鬼神王的性格，帶領乾闥婆、阿脩羅、迦樓羅、緊
那羅、摩 羅伽等鬼神部眾來對抗惡鬼的侵擾，這情形與「五營」
組織內的成員相似；在五營內眾軍兵之來源多為鬼眾之類，五營
的統領亦如四大天王般有著「鬼王」的性格，統領著部眾來抵抗
邪靈餓鬼的侵擾，以守護一境域內的安寧。有關五營內軍兵的來
源與性質，將另闢章節作進一步論述。

　　另外有關四大天王及居於三十三天的帝釋帶領其鬼神眷
屬、部眾助佛說咒之事蹟，在《大吉義神咒經》卷三裡有詳細記
載，文內提及其所言明咒章句，具有禁制摧伏諸惡鬼神等，使其
不惱害一切世人的效力。經文內首先提及居於須彌山頂，亦即三
十三天的帝釋，與其眷屬往詣佛所，合掌向佛而說偈言：[90]

> 此經者是諸正覺之所顯現。我今亦欲。唯願世尊憶念於
> 我。我所說咒能遮諸鬼。我當禁制諸鬼神等。使不惱害一
> 切世人。咒所住處使諸鬼等不得其便。即說咒曰：
> 毘遲毘　毘遲毘　那茶毘　那茶毘……
> 說是咒時大地震動，巨海波蕩出大惡風。日月星辰凝住不
> 行興雲注雨。鬼神之眾皆大驚怖逃走四散。聞此咒者一切

---

[89] 《大藏經》（密教部）第 21 冊，頁 556，No. 1332《七佛八菩薩所說大
　　陀羅尼神咒經》卷四，晉代譯失三藏名今附東晉錄。日本大正一切經刊
　　行會/中華佛教文化館大藏經委員會出版，1955 年。

[90] 《大藏經》（密教部）第二十一冊，頁 575~576，No. 1335《大吉義神咒
　　經》卷三，元魏（471-557 年）昭玄統沙門釋曇曜譯。日本大正一切經刊
　　行會/中華佛教文化館大藏經委員會出版，1955 年。

鬼神皆無活路。諸鬼神等自相謂言,釋提桓因說是明咒章句。若國邑聚落我等都無住處。諸鬼至處身皆火然。[91]……

接著提及據守須彌山北方毘沙門天王與諸鬼眾往詣佛所,合掌說偈:

> 我今亦欲助佛說,願當憐愍憶念我。有諸夜叉羅剎鬼等作種種形。……能令見者生大驚懼普皆怖畏。又復能使見者錯亂迷醉失守。猖狂放逸飲人精氣。為諸人民作此患者。……是鬼神等是我眷屬皆禮瞿曇。是等夜叉以此咒力,謫罰禁制使不惱害。即說咒曰:佛呵邏邏那 尤尤嘍他 阿斯……
>
> 說是咒已大地震動。時諸夜叉鬼神之眾,悉皆驚動自相謂言。今說此咒我等鬼神將無活路。由毘沙門說是明咒。所住之處國邑聚落百由旬內。一切鬼神不得其便。以此咒力擁護帝主。使諸災患皆自消滅。天神之災人非人災悉得解脫。……

接著是據守須彌山東方的提頭賴吒天王與乾闥婆眷屬往詣佛所,合掌說謁:

> 我亦隨喜亦欲說咒。使諸夜叉羅剎鬼等。咸皆遠走百由旬外。今當助佛說此咒經。擁護一切摧伏一切諸惡鬼神。唯願世尊憶念於我。即說咒曰:

---

[91] 《大藏經》(密教部)第二十一冊,頁 574~575,No. 1335《大吉義神咒經》卷三,元魏(471-557 年)昭玄統沙門釋曇曜譯。日本大正一切經刊行會/中華佛教文化館大藏經委員會出版,1955 年。

> 羅池. 羅羅池　摩摩遲毘　離毘　黎尼……
>
> 說是咒已三千大千世界。猶振寶器相觸作聲。一切鬼神乾
> 闥婆羅剎。日月五星一切世間。能為災者皆大戰恐。諸大
> 天王咸言怪哉大咒之王。結無上咒為最上咒。
>
> 咒所住處城邑聚落官府之處。百由旬內都無衰患。諸惡徒
> 眾盡不得住。……

接著是據守須彌山南方的毘留勒天王，領諸究槃茶眾眷屬往詣佛
所：

> ……。即說咒曰：迦滯婆地　阿羅祇　毘羅祇……
>
> 說是咒已大地震動。百千夜叉出大音聲。而作是言怪哉善
> 說。大咒諸咒中上。善能和合結此咒界。擁伏諸鬼護諸眾
> 生。此咒住處若國邑聚落官府之處。諸惡鬼等無能惱害。
> 亦無伺求得其便者。是故應當受持讀誦。此咒為擁護故。
> 應當祕藏世間及天。應當結界百千由旬內。此大咒王若有
> 鬼神越此界者。其心破裂當為七分。此鬼面門當沸血出。
> 身壞命終墮阿鼻獄。

接著是據守須彌山西方毘留博叉天王領部屬往詣佛所：

> ……即說咒曰：阿斯　阿婆斯　陀斯　陀婆斯隱……
>
> 說是咒時大地震動巨海波蕩。周遍俱時六種震動。一切鬼
> 神咸皆驚怖失聲大叫。聞此事已天王歡喜。一切諸鬼皆從
> 座起。而作是言嗚呼大咒。遍千世界結是大咒。諸天鬼神
> 無能越者。

將上述內容整理如下：

| 名稱（統領部眾） | 明咒章句之效力 |
|---|---|
| 帝釋<br>（為三十三天作自在主） | 能遮諸鬼、禁制諸鬼神等，使不惱害一切世人；咒所住處使諸鬼等不得其便，使諸鬼身皆火然。 |
| 毘沙門天王<br>（領：夜叉羅剎鬼等眷屬） | 所住之處國邑聚落百由旬內，一切鬼神不得其便；以此咒力擁護帝主，使諸災患皆自消滅。 |
| 提頭賴吒天王<br>（領：乾闥婆眾眷屬） | 使諸夜叉羅剎鬼等，咸皆遠走百由旬外；擁護一切摧伏一切諸惡鬼神；咒所住處城邑聚落官府之處，百由旬內都無衰患，諸惡徒眾盡不得住。 |
| 毘留勒天王<br>（領：究槃茶眾眷屬） | 令國邑聚落官府之處，諸惡鬼等無能惱害。<br>當結界百千由旬內，若有鬼神越此界者，其心破裂當為七分，面門當沸血出，身壞命終墮阿鼻獄。 |
| 毘留博叉天王<br>（為諸龍之王） | 說是咒時大地震動巨海波蕩，周遍俱時六種震動，一切鬼神咸皆驚怖失聲大叫；遍千世界結是大咒，諸天鬼神無能越者。 |

居於三十三天的帝釋、四王天的毘沙門天王、提頭賴吒天王、毘留勒天王、毘留博叉天王，於佛經中呈現出據守五方，帶領其部眾助佛說咒。其所言明咒章句具有禁制摧伏諸惡鬼神等，使其不惱害一切世人；令國土有諸衰耗、怨賊侵境、饑饉疾疫等種種百千衰耗之事悉皆滅盡等效力。上文中亦提及應當「結界」百千由旬內，若有鬼神越此界者，其心破裂當為七分，此鬼面門當沸血出，身壞命終墮阿鼻獄。又說遍千世界結是大咒，諸天鬼神無能越者。據此，進一步探討有關佛經理「結界」的內容，爾後再與現今小法團科儀中的「結界」或書「格界」作一論述。

## 三、五方結界

在《孔雀王呪經》[92]裡有依五方結界金剛宅的作法，各方龍

---

[92] 《大藏經》第十九冊〔密教部〕No. 988《孔雀王呪經》頁 481~484，姚

神亦依五方五色而有東方青帝、南方赤帝、西方白帝、北方黑帝
大神龍王及中央黃帝大神龍王之稱：

> 東方大神龍王七里結界金剛宅。南方大神龍王七里結界金
> 剛宅。
> 西方大神龍王七里結界金剛宅。北方大神龍王七里結界金
> 剛宅。
> 中央大神龍王七里結界金剛宅。如是三說。
> 東方青帝大神龍王各領八萬四千鬼持於東方
> 南方赤帝大神龍王各領八萬四千鬼持於南方
> 西方白帝大神龍王各領八萬四千鬼持於西方
> 北方黑帝大神龍王各領八萬四千鬼持於北方
> 中央黃帝大神龍王各領八萬四千鬼持於中方
> ……
>
> 南方定光佛北方七寶堂。西方無量壽東方藥師琉璃光。上
> 有八菩薩下有四天王。南方大自在天王及諸眷屬。夜叉大
> 將鬼神王等。聽我今欲說此咒章句。使我咒句如意成告一
> 切諸鬼神。上方下方東西南北、四維上下。皆悉來集隨我
> 使令。
>
> 南無大金色孔雀王神咒。摩訶般若波羅蜜神咒。觀世音菩
> 薩陀羅尼神咒。
> 上至無色界諸天。首陀會天遍淨天。光音天化樂天。他化

---

秦龜茲三藏鳩摩羅什譯（姚秦 402-412）。日本大正一切經刊行會/中華
佛教文化館大藏經委員會出版，1955 年。

自在天不憍樂天。兜率陀天焰摩天。忉利天釋提桓因天。
提頭賴吒天王、毘樓勒叉天王、毘樓博叉天王、毘沙門天
王。及遍六王日月五星。二十八宿鬼子母。五羅官屬散脂
鬼神大將軍。摩醯首羅二十八部諸大龍王等。擁護（某甲）
之身。

……

爾時佛告阿難。汝持如來大孔雀王咒。擁護 （某甲）吉
祥比丘。與結界咒使毒不能害。刀仗不能加眾惡悉除愈。

文中「上有八菩薩」、「下有四天王」、「上方下方東西南北」、
「四維上下」、「二十八宿鬼子母」、「五羅官屬散脂鬼神大將
軍」「二十八部諸大龍王」等，其中四、八、二十八是屬於四方
及其延伸概念；四方加上中央即是五方觀念；中央又可細分成
上、下兩方而成四維上下。而五方大神龍王、四方天王、二十八
宿鬼子母、五羅官屬等眾、各依五方的布局來負起不同領域的層
層防護，以達護衛（某甲）之目的。

另外在《佛說安宅神咒經》[93]裡，提及宅中各式建物修築過
程中，恐有觸犯伏龍騰蛇、青龍、白虎、朱雀、玄武；六甲禁忌、
十二時神、宅中諸神等，而令所居宅舍災怪頻疊，讓住宅中人坐
臥不安如懷湯火。某等求助於諸佛神力來改善這種處境：

某等安居立宅已來。建立南序北堂東西之廂。碓磨倉庫井

---

[93] 《大藏經》第二十一冊〔密教部〕No. 1394《佛說安宅神咒經》頁 911-912，
後漢（947-948 年）失譯人名。日本大正一切經刊行會/中華佛教文化館
大藏經委員會出版，1955 年。

窖門牆。園林池沼六畜之欄。或復移房動土穿鑿非時。或犯觸伏龍騰蛇、青龍、白虎、朱雀、玄武。六甲禁忌十二時神門庭戶陌井窖精露。堂上戶中溷邊之神。

我今持諸佛神力菩薩威光般若波羅蜜力。敕宅前、宅後、宅左、宅右、宅中守神神子神母。伏龍騰蛇六甲禁忌。十二時神飛屍邪忤魍魎鬼神。因託形聲寄名附著。自今已後不得妄嬈我弟子等。神子神母宅中諸神邪魅蠱道魍魎弊魔，各安所在不得妄相侵陵為作衰惱。令某甲等驚動怖畏。當如我教。若不順我語令汝等頭。破作七分如多羅樹枝。

……結界咒文：

伽婆致　伽婆致　悉波呵

東方大神龍王，七里結界金剛宅；南方大神龍王，七里結界金剛宅；

西方大神龍王，七里結界金剛宅；北方大神龍王，七里結界金剛宅。

如是三說

東方婆鳩深山娑羅伽扠汝百鬼頸著枷

南方婆鳩深山娑羅伽扠汝百鬼頸著枷

西方婆鳩深山娑羅伽扠汝百鬼頸著枷

北方婆鳩深山娑羅伽扠汝百鬼頸著枷

如是三說

主疾病者主頭痛者。主人舍宅門戶者。當欲諸毒不得擾我諸弟子。若不順我咒頭破作七分。

……

藉著諸佛神力，敕宅前、宅後、宅左、宅右、宅中守神、神子、神母。令宅中諸神邪魅蠱道魍魎弊魔，各安所在不得妄相侵陵，不得驚擾住宅中人。過程中藉著神力，敕宅前、後、左、右、中五方，並進一步施予咒文來結界金剛宅，以確保諸疫鬼神不得妄動擾人，若不順從者，令其頭破作七分。過程中可謂是柔剛並濟來進行。而在法師團裡，法師所行之法亦有「結界」一事，其內容又是如何呢？

在法師團所用咒文本中「結界」或書「格界」，其內容為召請五方天王並配合五營軍士，來把守一境域或壇界，以抵擋邪魔鬼怪等入侵；若有邪魔等強行入侵或滯留不去，即按東、西、南、北方及中央來斬除。咒文本中有關「結界」的內容如下述。

（一）澎湖地區「結界」咒文：[94]

> 奉請本師為吾來格界，祖師為吾來格界。
> 仙人為吾來格界，玉女為吾來格界。
> 格界三師三童子，格界三師三童郎。
> 奉請格界格東方，召請東方天王防扶界主，扶界天王是九萬兵。
> 奉請張公聖者，領兵下來把壇界，不許外邪侵吾防殿界內。
> 若有外邪侵吾防殿界內，輪刀寸斬是不留停。
> 神兵火急如律令

依序結界格南方（南方天王/八萬兵/蕭公聖者）、西方（西方天王/六萬兵/劉公聖者）、北方（北方天王/五萬兵/連公聖者）、

---

[94] 澎湖澎湖馬公鎮文澳祖師廟《妙法寶筏》澎湖馬公鎮文澳林石頭重校出版，民國戊戌年陽月。

中央（中央天王/三萬兵/哪吒太子）。接著唸：

> 上方來上方斬，下方來下方斬，五方來五方斬。
> 為吾斬斷東方木輪界，為吾斬斷南方火輪界，
> 為吾斬斷西方金輪界，為吾斬斷北方水輪界，為吾斬斷中央土輪界。

（二）臺南安平地區「結界」咒文：[95]

> 奉請格界格東方，格起東方天王武界主，武界天王九夷軍。
> 奉請張公聖者領兵下來把東界，不許外邪侵吾壇界內。
> 若有外邪侵吾壇界內，輪刀寸斬不留停。
> 火急如律令

依序結界格南方（南方天王/八蠻軍/蕭公聖者/把南界）、西方（西方天王/六戎軍/劉公聖者/把西界）、北方（北方天王/五秋軍連公聖者/把北界）、中央（中央天王/ 三秦軍/哪吒太子）把中界 。接著唸：

> 上方來上方在，下方來下方在。（押格界用）
> 斬斷東方木輪界、斬斷南方火輪界、斬斷西方金輪界，斬斷北方水輪界，
> 斬斷中央土輪界。寸寸斬不留停，馬府大帝速降臨。

（三）臺南府城及附近地區「結界」咒文：

1.臺南市和玄堂法師所用〈格界〉咒文。《臺南市和玄堂法咒簿》歲次乙丑年辛巳月癸酉日吉置。法師許銘楠先生存本，法師孫

---

明璋先生抄本。

> 本師為吾來格界，祖師為吾來格界。仙人為吾來格界，玉
> 女為吾來格界。
> 格界三師三童子，格界三師三童郎。神兵火急如律令。
> 奉請格界格東方，召請東方天王無界主，無界天王九夷軍。
> 奉請張公聖者領兵下來把壇界，不准外邪侵吾壇界內。
> 若有外邪侵吾壇界內，輪刀寸斬不留停。
> 神兵火急如律令

依序格南方（八蠻軍/蕭公）、西方（六戎軍/劉公）、北方
（五澤軍/連公）、中央（三真軍/哪吒太子）：

> 上皇來上方斬，下皇來下方斬，吾皇來吾皇斬。
> 為吾斬斷東方木輪界，為吾斬斷南方火輪界；
> 為吾斬斷西方金輪界，為吾斬斷北方水輪界；為吾斬斷中
> 央土輪界。
> 自濟真軍中央坐，五營兵馬四邊排。寸寸斬不留停。神兵
> 火急如律令。

2.臺南市忠澤堂法師所用〈革界〉咒文。法師王金山先生提供。

> 奉請革界革東方，召請東方天王無界自，無界天王九夷軍。
> 奉請張公聖者領兵下來把丹界，不許外邪侵吾丹界內。
> 若有外邪侵吾丹界內，輪刀寸斬不留停。火急如律令。

依序革南方（八萬軍/肖公）、西方（六界軍/劉公）、北方
（五祿軍/連公）、中央（三秦軍/哪吒元帥）

上方來上方斬，下方來下方斬。

斬斷東方木輪界，斬斷南方火輪界；斬斷西方金輪界，斬斷北方水輪界；

斬斷中央土輪界。自祭真君中央座，五營兵馬四邊排。寸寸不留停。

神兵火急如律令

## 3.臺南市西區南廠保安宮法師所用〈結界〉咒文

奉請、奉請結界結東方，東方結界結天王。

武界、武界天王九千九萬將，武界天王九萬人。

召請東營張公法主領兵下來把壇界前。

若有外邪侵吾壇，輪刀寸斬不容情。

神兵火急如律令

接著唸〈張公聖者咒〉，再續唸：

奉請、奉請結界結南方，南方結界結天王。

武界、武界天王八千八萬將，武界天王八萬人。

召請南營張蕭公法主領兵下來把壇界前。

若有外邪侵吾壇，輪刀寸斬不容情。神兵火急如律令

接著唸〈蕭公聖者咒〉。之後依序結界結西方、北方、中央，也分別依序接唸〈劉公聖者咒〉、〈連公聖者咒〉、〈中壇元帥咒〉。

綜觀各地法壇有關〈結界〉的咒文，差異並不大。即是先呼請本師及祖師、仙人玉女、三師三童子、三師三童郎等來協助結界事宜。接著依東、南、西、北方及中央之順序來結界，即依序

召請張、蕭、劉、連四聖者及哪吒太子領兵把守壇界以防外邪侵入，若有外邪不離開壇場或要強行侵入，則執刀處斬一點都不留情。就這樣依序從東方木輪界、南方火輪界、西方金輪界、北方水輪界及中央土輪界驅離及處斬其界內之邪物，以達整個壇場之清淨為目標。

不同的地方集中在下表內容，乍看文字內容或有不同，但若依閩南語音唸出，語音上是十分相近的：

表 3-3-1：咒文本上有關「結界」之咒文整理

| 【澎湖地區】 |
|---|
| 奉請格界格東方，召請東方天王防扶界主，扶界天王是九萬兵。[96]<br>奉請張公聖者，領兵下來把壇界，不許外邪侵吾防殿界內。…… |
| 奉請格界格東方，召請東方天王防扶界主，扶界天王是九萬兵。[97]<br>奉請張公聖者，領兵下來把壇界，不許外邪侵吾防殿界內。…… |
| 奉請結界格東方，召請東方天王防扶界主，扶界天王是九萬兵。[98]<br>奉請張公聖者，領兵下來把壇界，不許外邪侵吾防殿界內。…… |
| 奉請格了界格了東方，召請東方天王父爾界子，父界天王是九萬兵。[99]<br>奉請張公聖者，領兵下來把爾壇界，不有外邪侵吾奉殿爾界內。…… |
| 【安平地區】 |
| 奉請格界格東方，格起東方天王武界主，武界天王九夷軍。[100]<br>奉請張公聖者領兵下來把東界，不許外邪侵吾壇界內。…… |

---

[96] 澎湖澎湖馬公鎮文澳祖師廟法師所用〈格界〉咒文。《妙法寶筏》澎湖馬公鎮文澳林石頭重校出版，民國戊戌年陽月。

[97] 〈格界咒語〉《正宗澎湖普唵正法（二）》，頁 21~24，高雄濟安堂藏版，鄭煌濱整編，臺中：如意堂出版，2001 年。

[98] 黃有興、甘村吉《澎湖民間祭典儀式與應用文書》頁 95~96，〈結界咒〉。澎湖縣文化局，1993 年。

[99] 澎湖馬公風櫃溫王殿法師所用〈格界咒〉《呂山法主咒語》。

[100] 臺南安平港子尾社靈濟殿法師所用〈格界〉咒文。法師陳燦傑先生提供，刊載於楊一志《從大員市鎮到臺灣街子：安平舊街區的空間變遷》附錄資料，中原建築學系，2000 年。陳燦傑先生。

奉請格界格東方，格起東方天王武界主，武界天王九夷軍。[101]
奉請張公聖者領兵下來把東界，不許外邪侵吾壇界內。……

奉請極界極東方，極起東方天王武界主，武界天王九夷軍。[102]
奉請張公聖者領兵下來把壇界，不許邪魔侵吾壇界內。……

謹請結界結東方，召請東方天王無界主，無界天王九萬兵。[103]
奉請張公聖者領兵下來把壇界，不許內邪侵吾壇界內。……

謹請結界結東方，召起東方天王無界主，無界天王九萬兵。[104]
奉請張公聖者領兵下來保壇界，不許內邪侵吾壇界內。……

**【臺南府城附近】**

奉請結界結東方，東方結界結天王。武界天王九千九萬將，武界天王九萬人。
召請東營張公法主領兵下來把壇界前。若有外邪侵吾壇，輪刀寸斬不容情。[105]

奉請格界格東方，召請東方天王無界主，無界天王九夷軍。[106]
奉請張公聖者領兵下來把壇界，不准外邪侵吾壇界內。……

奉請極界極東方，召請東方天王武界主，武界天王九楝軍。[107]
奉請張公聖者領兵前來把丹界，不準外邪侵吾丹界內。……

奉請革界革東方，召請東方天王無界自，無界天王九夷軍。[108]
奉請張公聖者領兵下來把丹界，不許外邪侵吾丹界內。……

**【彰化地區】**

奉請，格界格東方，調請天王無界主，無界天王主元君。[109]

---

[101] 臺南安平十二宮社三靈殿法師所用〈結界〉咒文。

[102] 臺南安平灰窯尾社弘濟宮法師所用〈結界〉咒文。

[103] 臺南安平海頭社周龍殿法師所用〈結界〉咒文。陳安志法師傳授版本，街仔市普庵祖師會陳信志先生提供。

[104] 臺南安平囝子宮社妙壽宮法師所用〈結界〉咒文。

[105] 臺南市西區南廠保安宮法師所用〈結界〉咒文。

[106] 臺南市和玄堂法師所用〈格界〉咒文。引自《臺南市和玄堂法咒簿》法師許銘楠先生存本，法師孫明璋先生抄本，歲次乙丑年辛己月癸酉日吉置。

[107] 臺南市醒心堂法師所用〈極界〉咒文，法師柯天降先生提供。

[108] 臺南市中區忠澤堂法師所用〈革界〉咒文。法師王金山先生提供。

[109] 彰化鹽埔閭山道院天訣堂法師所用〈格界〉咒文。法師蔡敏秋先生提供。此咒文亦載於劉枝萬〈閭山教之收魂法〉《中國民間信仰論集》頁272，

> 調請張公大聖者，領兵下來把壇界，不許外邪侵吾界。

　　其中「結界」、「格界」、「革界」、「極界」，閩南語音相近，而「扶界主」、「父爾界子」、「武界主」、「無界主」、「無界自」，閩南語音亦近似。上述咒文中所提東方、南方、西方、北方天王及中央天王，在福建省龍巖地區閭山教廣濟壇〈結界一宗〉咒文裡[110]，有更詳細的描述：

　　　　今欲召請五方五界大天王，統領天兵降道場。

　　　　我道教藏中有結地界真言，謹當持誦。祕蜜加持威得勝，能令地界五方隅。

　　　　莊嚴燈燭兩交輝，令使地界悉成就。行壇結界到東方，東方持國大天王。

　　　　那裡天王降道場，頭帶兜鍪身帶甲。手持寶劍耀日光，鎮斷東方為上將。

　　　　統領天兵朝玉皇，加扶弟子神通力。言唸經咒院羅呢……，娑婆訶。

　　　　持國天王赴東方，要把東方木輪界。

　　　　勿許邪魔入道場，東（西）方把了過南（北）方，中方把了遇中壇。

依序行壇結界到南方（增長天王/手持月斧/把南方火輪界）、西方（廣目天王/手持惠弓/把西方金輪界）、北方（多聞天王/手持寶塔/把北方水輪界）及中央（大梵天王/把中方土輪界）。接著

---

中研院民族所專刊之二十二，1974年。

[110] 葉明生編著《福建省龍巖市東肖鎮閭山教廣濟壇科儀本彙編》第二部分：經科本附件〈結界〉一宗，頁68~70。臺北：新文豐出版，1996年。

咒文為：

> 羯帝羯帝五天王，統領天兵降道場。把斷東南西北界，勿
> 許邪魔入道場。
> 五方天王臨法會，五方教主臨法會。魔家四將臨法會，四
> 大金剛臨法會。
> 同臨法會作證明，証明獻酒此良因。香花燈茶普供養，為
> 願天王愛納受。
> 安奉神咒院羅呢，奉誦經咒答天王。
> 奉請五方五界大天王，統領天兵天將、地兵地將、陰兵陰
> 將、陽兵陽將，
> 統領閭山門下五營兵將，上把天門、下把地戶、中把人間，
> 為吾把斷五方壇界，尊依聖力。急急如律令。……

上文中提及「五方五界天王」，此處的「五界天王」與前述臺灣
中南部、澎湖咒文內「扶界天王」、「父界天王」、「武界天王」、
「無界天王」語音相近，而此處「五界天王」之「五界」有五方
五界之意，似乎是較符合本義之用字。

而「五方五界大天王，統領天兵天將、地兵地將、陰兵陰將、
陽兵陽將，統領閭山門下五營兵將，上把天門、下把地戶、中把
人間，為吾把斷五方壇界。」這樣的觀念亦近似於臺灣中南部、
澎湖「結界」咒文內所載的觀念，也就是說藉著召請五方天王，
配合五營軍士，依五方配置來把守壇界，以抵擋或斬除邪魔鬼怪
等，以求壇場或境域內的潔淨。

# 第四章

# 五營兵將體系

## 第一節　犒軍活動及其兵將組成（一）

### 一、彰化縣閭山道院天訣堂犒軍活動

　　此處記載閭山道院天訣堂於鹿港鎮廖厝里下廖庄慈后宮所作「安五營」後之犒軍活動，時間為 2005 年 3 月 13 日（乙酉年二月四日），地點在彰化縣鹿港鎮廖厝里下廖庄慈后宮，由閭山道院天訣堂蔡敏秋法師及其帶領的法師團成員執行此儀式。

　　犒軍時於廟內正門入口處擺放一壇桌，桌上置放一香爐、五營座（營座內置五營令旗、五營首像、一支大令）、三杯酒。另外還擺放法師所需的法具：法索、奉旨、淨水缽等。壇桌下置一疊壽金，代表虎爺所在，上插三支香。居中法師依序行禮、獻香，並將香枝插於廟內各處爐中後，回到壇桌前面朝廟埕方向展開犒軍儀式，法師所站相對位置位置如下：

　　　　（廟內神案）→（法師）→（壇桌）→（廟埕）

犒軍過程如下：

（一）開壇請神

　　　　1.唸密咒[111]

　　　　2.射香

　　　　3.勅水

　　　　4.勅金

　　　　5.勅鞭

　　　　6.請神：唸誦請神咒文。

---

[111]「密咒」意指由行法的法師在口中默唸即可。

7.開鞭：唸咒文，同時開打法鞭。

8.打手訣：東、南、西、北、中營訣、三仙訣、黑虎訣。

（二）調營弄旗

（三）請大令巡筵

（四）喝語

（五）犒賞五營軍馬

　　1.調請軍馬到壇領賞

　　2.變筵

（六）變食化紙

（七）繳大令

（八）辭神

犒軍的詳細過程如下：

（一）開壇請神

　　1.唸密咒：法師口念密咒。

　　　　五壇官將，五營兵馬，住札在五（吾）雲頭，听吾少法犒
　　　　賞封筵號令，速請速到，不得久停。神兵火急如律令。

　　2.射香：法師手拿兩束點燃的香枝於壇桌前交錯比畫後，分
別朝上方及下方射出。

　　3.勅水：拍打奉旨三下，右手拿三支香，左手持淨水鉢，口
唸咒文，腳於地上作書符狀（書三清圖符及「勅令」兩字）。

　　4.勅金：即勅點壽金，勅時腳於地上作書符狀（書三清圖符
及「勅令」兩字）。

　　5.勅鞭：左手持鞭，右手持點燃的壽金，口唸咒文來勅鞭。

　　6.請神（唸請神咒）

（先拍打奉旨三下）唸請神咒一：

以今奉請閭山普庵大教主，拜請本壇列位恩主都奉請，三請哪吒三太子，再請下壇黑虎大將軍，五營兵馬都奉請。神兵火急如律令。

（再拍打奉旨三下）唸請神咒二：

天清清，地灵灵，天地交兵，兵隨印轉，將敕令行。……吾奉三壇恩主尊聖勅。神兵火急如律令。

（再拍打奉旨三下）唸請神咒三：

本師見法都奉來，金鞭統天觀斗開。雲從龍騰任此去，風從虎笑（嘯）笑中來。

……本師祖師列二位，身騎良馬左右排。上奉天曹開地府，下勅陰陽五岳開。聞吾歲勇壇調請，刺刀帶甲來調營。神兵火急如律令

（再拍打奉旨三下）唸請神咒四：

吾奉恩主開金井光，吾鞭响出鬼神驚。壇中行罡步七星，諸員官將壇中獻。

六丁六甲隨吾行，吾鞭轉來調正法，打進邪魔不進前。神兵火急如律令

7.開鞭

續唸開鞭咒，同時法師打鞭：

一声鞭響天門開（法師朝向東方打鞭一下）

二声鞭響地厚裂（法師朝向南方打鞭一下）

三声鞭響人滿長生（法師朝向西方打鞭一下）

四声鞭響鬼滅冥（法師朝向北方打鞭一下）

五声鞭響五壇官將五營兵馬速速到壇前，神兵火急如律令。

法師朝向前（中央）、左、右方打鞭一次，共三次；此次開鞭用意是在調請五壇官將、五營兵馬速速到壇前。

8.打手訣：法師分別打出東、南、西、北、中營訣、三仙訣、黑虎訣。

打手訣之前先於桌面拍打奉旨三下，右手沾符水點灑後，右手指在左手掌上作書符動作，之後扳好東營手訣後，含一口符水，大喝一聲後噴出一次符水，再喝一聲後噴出一次符水，再喝一聲後噴出一次符水同時將手訣往前打（推）出。按此步驟續打出上述各種手訣。當法師打出東營手訣之時，就好像法師此時化作東營統帥得以號令東營軍兵，法師打出其他手訣時亦有此意。

（二）調營弄旗

調東營時，法師手持青旗面向廟外，而調南、西、北、中營時，法師則分別手持紅、白、黑、黃旗來調動各營軍馬來到壇前。調營弄旗時所唸咒文如下（配合調請各營，分成五段來唸）：

| 一声 | | 東營九夷軍 | 九夷軍馬九千九萬人 |
|---|---|---|---|
| 二声 | | 南營八閩軍 | 八閩軍馬八千八萬人 |
| 三声法鼓鬧紛紛 | 調到 | 西營六戎軍 | 六戎軍馬六千六萬人 |
| 四声 | | 北營五狄軍 | 五狄軍馬五千五萬人 |
| 五声 | | 中營三秦軍 | 三秦軍馬三千三萬人 |

青旗

紅旗

人人頭戴頭茅 身帶甲 手接白旗火炎光
黑旗
黃旗

灵車 灵車皂皂軍馬走 走馬排兵到壇前
神兵火急如律令

每唸完一段調營咒文後，如唸完調東營咒文後，法師需擲筊確認東營軍馬是否已來到，擲得一「杯」即表示軍馬已調至，接著續唸南營咒文來調請東營軍馬。若擲不到應允的「杯」，則要再念一段「求杯咒」文一：

東營軍（南、西、北、中營軍），東營馬（南、西、北、中營馬），
東營軍馬（南、西、北、中營軍馬）濟到壇前，笑納金杯，神兵聽令。

再擲不到「杯」，則再念一段「求杯咒」文二：

本師為吾調東營（南、西、北、中營），祖師為吾調東營（南、西、北、中營），
仙人為吾調東營（南、西、北、中營），玉女為吾調東營（南、西、北、中營），
調營三師三童子，調營三師三童郎，調卜東營軍馬（南、西、北、中營軍馬）到壇前。神兵火急如律令

再擲不到「杯」，則再念一段「求杯咒」文三：

紅旗炎炎招天來，黑旗黑黑招兵入壇內。太上收兵收道

六，張道六，六六牛頭馬先鋒。六六牛頭馬先輝，身騎寶馬到壇來。神兵火急如律令。

## （三）請大令巡筵

五營軍馬皆調請到齊後，請大令[112]巡筵。請大令巡筵，即是恭請廟內神明，前往筵席處巡視之意。此時法師口唸：

> 啟稟聖母娘娘請大令。讚他請大令。

接著法師手持大令、五營令旗、三支香及淨水缽前行至廟埕擺放犒賞筵席處，將淨水灑向飯菜等食物上，同時口唸咒文：

> 謹請中宮太乙君，連臺好生步黑雲。……一点東方甲乙木，清符清水清眼淨。二点南方丙丁火，十殿將軍看金鎖。三点西方庚辛金，日日時時親降臨。四点北方壬癸水，排兵列陣斬妖精。五点中方戊己土，開開天門閉地厚。弟子一心專拜請，中宮元帥降臨來。神兵火急如律令

## （四）喝語

巡筵完畢，法師回到廟內壇桌前，面朝廟埕續唸「喝語」咒文。唸「喝語」時，有如將領在告誡軍兵應遵循的事項，同時並嚴辭警告妖精邪魔等勿趁此犒軍時機混入境域內。喝語咒文如下：

> 清清灵灵統領營兵，完功太子送過分明。……三十六員官將聽听吾令，隨吾落場來犒賞。神兵火急如律令

---

[112] 大令上書有廟內主神名號，請大令巡筵即是恭請神明前往巡視犒賞之筵席會場之意。

再唸：

> 有符有印，吾壇官將；無符無印，何處妖精。欽命到此出
> 筵門……兵到壇前舍了甲，馬到壇前舍了鞍。青龍到壇
> 前，慢归（歸）東海；猛虎到壇前，慢归南山。來者不准
> 打动（動）豬牛犬，去者不准打动雞鵝鴨，庇佑合境男婦
> 老幼平安。神兵火急如律令

再續唸：

> 有印有牌，直入直來。無印無牌，不准邪魔侵吾境界。若
> 有邪魔侵吾境界，吾奉恩主差起殿前黑白二大將，手接銅
> 枷鉄鎖，喝拏便拏，喝拿便拿，拿得邪魔皆有賞，貪財買
> 响者加有罪。五營兵馬住札在五雲頭，聽吾少法犒賞號
> 令。神兵火急如律令

由咒文內容可知，犒軍活動主要是在宴請三十六員官將及五營軍
兵。這些將兵在來去筵席過程中還被告誡不准驚動民家的牲畜；
此外，犒軍活動並非開放式的，得備有相關符印證明才能獲准進
入筵席間受賞，若是邪魔妖精強行入侵，將受到守衛的將兵捉拿
而拘禁。

（五）犒賞五營軍兵

　　1.調請軍馬到壇領賞

　　法師手拿中營黃旗，招呼中營軍馬到壇場領賞，法師團成員
敲打鑼鼓唸咒文：

> 旗鼓响亮通三界，雲頭走馬調中、調中營。吾今犒賞中營
> 軍、中營馬，中營軍馬到賞、到賞場。軍用糧，馬用料，

千軍同一盞，萬將同一杯。賞官軍，賞兵郎，犒賞中營兵馬，得齊、得齊全。中營軍馬到壇來領賞。

2.變筵

接著續唸「變筵」咒文：

> 本師為吾來変筵，祖師為吾來変筵，仙人為吾來変筵，玉女為吾來変筵……変筵一筵化十筵，十筵化百筵，百筵化千筵，千筵化萬筵，萬筵化一車，一車化十車，十車化百車，百車化千車，千車化萬車，萬車化数千数萬車。神兵勅令（化）

（唸到「化」時，將事先準備好，置於壇桌上壽金紙上的一小團米飯，用手訣往前彈拋出去）再續唸：

> 賞兵又賞馬，賞馬又賞軍，賞了中營軍馬退後，退後，去。東營軍馬未賞進前，進前，來。

接著依相同步驟來賞東營、南營、西營、北營軍馬。五營兵馬皆受賞完後，再續唸咒文，來賞「本壇官將部下兵馬」及「三隨列位神明手下部下兵馬」，在賞本壇官將及三隨列位神明部下兵馬時，法師同時手拿五支營旗來揮動號令，同時口唸咒文：

> 本壇諸位官將部下兵馬未賞進來，進來，來。賞了本壇官將部下兵馬退後，退後，去。三隨列位神明手下部下兵馬未賞進前，進前，來。……

待賞完三隨列位神明手下部下兵馬，犒賞活動至此完畢，接著開始燒化紙錢，紙錢種類有壽金、四方金及甲馬。

## （六）變食化紙

法師團成員行至燒化紙錢處，一法師手拿大令、五營令旗及淨水缽往燃燒的金紙上灑淨水並口唸咒文，其他法師團成員在旁敲打鑼鼓，所唸〈變食化紙咒〉咒文如下：

> 肉化紫微山，酒化東海水。千軍食不尽（盡），萬將食不空。金一份化十份，十份化百份，百份化千份，千份化萬份，萬份化一車，一車化十車，……萬車化数千数萬車。大將得大金，小將得小銀。有來有份，無來各各亦平份，有功有賞，無功亦賞。……

至此已犒賞完場，續唸咒文，號令五營軍兵回歸本位：

> 兵归（歸）營，馬归柵，龍归海，虎归山。有事少法奉香三拜請，無事不可進前來。五營兵各各歸本位去，神兵听令，化。

## （七）繳大令

法師團成員回至壇桌前，接著將代表主神的大令請回原位，法師唸：

> 啟稟聖母娘娘繳大令。讚他繳大令。

## （八）辭神

唸辭神咒文：

> 天靈地靈，元寶同貞，列位諸神，各保安靈。五臟神明，九公神道，各歸本殿，各歸保座。謹謹奉送，天兵歸天曹，地兵歸地府。有庵歸庵，有廟歸廟，有宮歸宮，無宮歸廟。

少法奉送，飛雲走馬上天庭。神兵聽令。

恭送列位諸神各歸本殿，各處將兵亦回歸本位，至此，整個安營
過程及犒軍活動圓滿達成。

## 二、彰化縣竹塘鄉五庄仔后天宮犒軍活動

此記錄為 2004 年 10 月 22 日所舉行的犒軍活動，固定於年
初安營後的每月（農曆）初一、十五於廟埕舉行犒軍活動，直至
年底收營後才停止犒軍，但七月間不行犒軍活動。犒軍活動由后
天宮內法師來執行。

犒軍過程：

（一）開壇請神

　　　　1.法師行禮、念密咒[113]

　　　　2.射香箭

　　　　3.敕清水

　　　　4.敕紙

　　　　5.敕鞭

　　　　6.請神：唸請神咒。

　　　　7.打四門

　　　　8.打五營指

　　　東、南、西、北、中營指

（二）調五營

（三）請神來巡筵

（四）喝語〈喝語咒〉

---

[113]「密咒」意指由行法的法師在口中默唸即可。

（五）犒賞五營軍馬

    1.化食

    2.調請軍馬到場領賞

    3.變筵

（六）化金錢

（七）辭壇

犒軍活動過程詳述如下：

（一）開壇請神

    1.法師行禮、念密咒：法師行「三進三退禮」，口唸密咒來請五營官將、兵馬。

    依序在廟外埕、置馬草及水處、廟內埕壇桌處、廟內埕爐前、廟內行禮插香。

    2.射香箭：手拿兩束點燃的香枝於壇桌前交錯比畫一番。

    3.敕清水：敕完後向兩旁、前方點灑。

    4.敕紙：雙手各拿一束壽金，作行禮動作後口含符水、點燃壽金，法師面朝東方手持壽金作書符狀後，大喝一聲接著噴出口中符水，並將一束壽金放於代表東方位之地上，朝東方做完後，轉朝向西方、南方及北方。接著朝前方做完，壽金放中央地上，再朝後方作完，壽金亦放中央位置。整個敕紙過程，有清淨壇場空間之意。

    5.敕鞭：法師一手拿蛇鞭，另一手拿一束壽金，作行禮動作後口含符水、點燃壽金，腳點地數次後，手拿點燃的金紙清淨蛇鞭，噴出口中符水並大喝一聲，接著以蛇鞭首部在壇桌上書一「保命安胎符」以免蛇鞭傷到懷有身孕的信眾。

    6.請神

唸請神咒一：

以今奉請閭山普庵大教主，拜請本壇列位恩主都奉請，三請哪吒三太子，再請下壇黑虎大將軍，五營兵馬都奉請。神兵火急如律令。

唸請神咒二：

天清清，地靈靈，天地交兵，兵隨印轉，將敕令行。以今差我上天把守天門，差我下地把守地府，……吾奉三壇恩主尊聖德。神兵火急如律令。

唸請神咒三：

本師見法都奉來，金鞭統天觀斗開。雲從龍騰任此去，風從虎嘯嘯中來。

……本師祖師列二位，身騎良馬左右排。上奉天曹開地府，下敕陰陽五獄開。聞吾歲勇壇調請，莉刀帶甲來調營。神兵火急如律令

唸請神咒四：

五奉恩主開金井光，吾鞭響出鬼神驚。壇中行罡步七星，諸員官將壇中獻。

六丁六甲隨吾行，吾鞭轉來調正法，打進邪魔不進前。神兵火急如律令。

上述請神咒文與彰化縣埔鹽鄉閭山道院天訣堂法師行犒軍活動時所用咒文內容幾乎相同，差異之處僅在於同音之下的不同用字，而之後儀式所用咒文亦同天訣堂所用咒文內容，差異之處仍為同音之下的不同用字而已，也由此推測竹塘鄉五庄仔后天宮的

法師團傳承應與閭山道院天訣堂有所關連才是。而造成咒文內容
用字不同的現象，應源於早期咒文經由口傳過程再經不同人傳抄
下所造成。

7.打四門

居中法師分別朝東、西、南、北方及中央開打法鞭，同時配
合唸誦咒語。

> 一聲鞭響　天門開（法師面向東方，開打蛇鞭一下）
> 二聲鞭響　地戶烈（法師面向西方，開打蛇鞭一下）
> 三聲鞭響　人滿長生（法師面向南方，開打蛇鞭一下）
> 四聲鞭響　鬼滅形（法師面向北方，開打蛇鞭一下）
> 五聲鞭響　五壇官將五營兵馬　速速到壇前　神兵火急
> 如律令（法師面向壇桌方向，開打蛇鞭三下）

8.打五營指（手訣）

先口含符水，扳好「東營指」，腳步站穩後喝出聲響，打出
東營指，並噴出口中符水。再依同樣動作，依序打出南營指、西
營指、北營指、中營指。

（二）調五營

先敕點五營旗後依東、西、南、北及中營來調遣軍馬。調東
營時，配合〈調東營咒〉，手拿青旗，腳踏四方步，注意屁股不
能朝向廟內神明，以免不敬。唸完〈調東營咒〉後擲筊，來判斷
東營軍馬是否來到，若已來到緊接著調請南營軍馬，若尚未來到
則續唸〈求杯再催咒〉，再不到續唸〈求杯又再催咒〉，若還不
到尚有其他催咒。

（三）請神來巡筵

乩童進入廟內，等神明降駕。神明降臨後，乩童手持令旗，

走向廟埕祭品擺放處巡筵。巡筵隊伍法師居前，鑼鼓手二人隨後，接著是廟裡的數位乩童。法師手拿符水、五營旗及大令[114]，一邊灑淨水，同時口唸〈巡筵中宮咒〉。待巡視完，乩童進入廟內待神明退駕，法師回到壇桌前準備「喝語」。

巡筵

壇桌上置物

（四）喝語〈喝語咒〉

　　法師於壇桌前，一手握五支營旗左右擺動，一手持「奉旨」拍打桌面，同時口唸「喝語咒」。「喝語」時有如將領在告誡軍兵應遵循的事項，同時並嚴辭警告妖精邪魔等勿趁此犒軍時機混入境域內。

（五）犒賞五營兵馬

　　1.化食

　　有「化豬頭指」、「化魚仔指」（化魚給虎爺）、「化菜指」、「劍指」等。法師擇數樣壇桌上供品，如零食、餅乾在打指訣的同時，將零食、餅乾從手中拋送出，讓現場的信眾撿拾。

---

[114] 大令上書有廟內主神名號。

2.調請軍馬到場領賞

依中營、東營、南營、西營、北營順序。以犒賞中營為例，法師一手拿中營營旗左右擺動，另一手拿「大令」及剩餘營旗，口唸〈中營軍馬到場來領〉咒文。

3.接著唸〈變筵密咒〉

密咒意指在口中默唸即可，〈變筵密咒〉唸完再唸〈賞中營軍馬〉咒文。中營犒賞完後換東營，作法順序同中營。五營軍馬皆賞完後，接著賞「本壇諸位官將部下軍馬」、「三隨列位神明手下部下兵馬」，同時法師指示信眾可拿紙錢到廟埕旁空地上燒化。

（六）化金錢

法師手拿令牌、五營旗及符水至信眾燒化紙錢處化金錢，法師口唸〈變食化紙咒〉完後回到壇桌前，將令牌、五營旗放回壇桌上五營座內。

（七）辭壇

一人將壇桌上壽金燒化於一小爐中，法師在旁手拿符水點灑，口唸〈辭壇咒文〉如下：

> 天靈地靈 元寶同貞，列位諸神，各保安寧。五臟神居，謹謹奉送，天兵歸天曹，地兵歸地府。有宮歸宮，有廟歸廟，有庵歸庵，無宮無廟，小法緊緊奉送歸天庭去，神兵火急如律令。

至此，整個犒賞活動完成。

# 三、彰化縣埤頭鄉十三甲清峰巖犒軍活動

此次犒軍活動於 2005 年 2 月 14 日舉行（農曆正月初六），為安妥境域五營後所舉行的犒軍活動，安營後固定於農曆每月初一、十五於廟埕前舉行犒軍活動，但在六月時除初一、十五犒軍外，另外於月底連續犒軍三天後七月時即不再犒軍，八月後又恢復每月初一、十五之犒軍活動，直至農曆十月「謝平安」或說「作平安」日當天收營後行最後一次犒軍活動，下次犒軍活動即是次年的安營日。犒軍活動由清峰巖內法師來執行。

犒軍過程：

（一）淨壇請神

　　　1.勅鹽米、淨水

　　　2.焚香（請神）

　　　3.勅鞭、開打五次鞭

　　　4.放香（勅營）

　　　5.放指

（二）放金（依序調請東、西、南、北、中、外營軍馬前來壇場）

（三）巡筵，念〈洞中太乙君〉咒文。

（四）說語（喝語）

（五）賞兵變筵

　　　1.調請軍馬到賞場受賞

　　　2.變筵

（六）分金：唸〈分金〉咒文

（七）唸〈歸本營〉咒，軍馬各歸本營之意

（八）拜「令」（站中法師施行三跪三拜禮）

犒軍活動過程詳述如下：

（一）淨壇請神

　　1.勅鹽米、淨水

　　準備好鹽米，約鹽一份與米六份之比例，混合置鹽米鉢中，燒化書寫「奉勅令祖師塩米化」之鹽米符入內。接著左手持鹽米鉢，右手持三支香，以香頭寫「奉勅令」，同時口唸咒文。之後再燒化一淨水符，符文為「奉勅令祖師淨水化」於淨水鉢中，接著左手拿淨水鉢，左手持三支香，以香頭寫「奉勅令」，同時口唸咒文。咒文之意是請本師及祖師來相助以勅點鹽米及淨水，使其具有驅逐凶神惡煞之靈力。

　　2.焚香請神

　　法師右手持一把香，左手拿點燃壽金數張，在壇桌前面向廟外方向焚香請神，法師口唸請神咒文，希冀廟方所奉祀的神明能儘速降臨以安鎮本境。

　　3.勅鞭

　　之後勅鞭。勅鞭時口含符水，左手拿法鞭，右手持點燃的壽金，之後將口中符水噴向法鞭，接著開打法鞭，同時口唸咒文：首先揮鞭一下發出鳴響聲，同時口唸「一打鞭響天門開」；再揮鞭一下發出鳴響聲，同時口唸「二打鞭響地厚裂」；再揮鞭一下發出鳴響聲，同時口唸「三打鞭響人長生」；再揮鞭一下發出鳴響聲，同時口唸「四打鞭響鬼滅形」；最後連續揮鞭三下，同時口唸「五打鞭響本壇官將五營軍馬速速降臨來，神兵火急如律令」。

　　開打法鞭之用意在於先清淨壇場，即將鬼怪等先行驅離，然後再呼請神將降臨壇場，上述開打法鞭即是在呼請本壇官將及五營軍馬儘速降臨。

　　4.放香（勅營）

　　法師右手拿香，站立於壇桌前東方位置面朝東方，持香於空中書寫「奉勅令東營」接著依序站於各方位置分別朝西、南、北方、中央（朝向廟內方向）、外面（朝向壇桌方向）於空中書符，所書符文依序為「奉勅令南營」、「奉勅令西營」、「奉勅令北營」、「奉勅令中營」、「奉勅令外營」。相關位置如下：

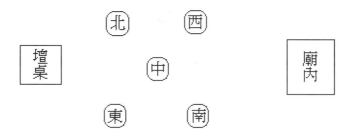

　　5.放指（打指訣）

　　分別朝東、西、南、北方、中央（朝向廟內方向）、外面（朝向壇桌方向）。過程中先朝壇桌面拍打一下奉旨（有如驚堂木之效果），再打出指訣，同時噴出口中符水。依序打出東營指、南營指、西營指、北營指、中營指、虎營指。

（二）放金（依序調請東、西、南、北、中、外營軍馬前來壇場）

　　調東營軍馬時，法師一手拿著青旗，一手拿著點燃的壽金交互旋繞後，將壽金放置於南方位地上，有將調請來的東營軍馬集合於指定地點之意；過程中配合唸唱咒文：

　　　　一聲法鼓鬧紛紛，調請東營九惟軍，九惟軍馬九千九萬人，人人頭代頭鍪身代甲，手执青旗火炎光，靈奢、靈奢詛詛軍馬走，走馬排兵到壇前。神兵火急如律令。

依序調請西、南、北、中、外營軍馬前來壇場。調外營軍馬時法

師同時手拿五支營旗來操作。

（三）巡筵

　　巡筵時，法師團成員在旁唸〈洞中太乙君〉咒文。一法師手拿淨水缽，沾灑淨水於廟埕地上信眾準備的飯菜、食品上，另一隨行的法師手拿「大令」、五支營旗隨行在後。「大令」即代表主神，五支營旗則代表五營將領，巡筵即是主神及五營將領前往犒賞軍兵的筵席間巡視一番之意。

（四）說語（喝令之語）

　　站中法師手拿「大令」及五支營旗，口唸「說語」：

> 天清清地靈靈，天地交兵，兵隨印轉，將敕令行。……吾奉三壇尊聖者，有符有印吾壇官將，無符無印何次（處）妖精，三十六員隨吾轉，二十八宿隨吾行，欽盂（命）聖駕出賢文，今日開筵來課（犒）賞，變筵無量甘露水，兵到壇前萬舍（卸）甲，馬到壇前萬舍（卸）鞍，龍到壇前萬歸東海，虎到壇前萬歸南山，來者不尊（准）打動豬牛犬，去者不尊（准）打動雞鵝鴨，庇佑合境男婦老幼各各平安。神兵火急如律令。有牌有印，直出直入，無印無牌，不准邪魔深（侵）吾境界，若有邪魔深（侵）吾境界，吾奉恩主面前，差二大將手扶銅鈀鐵鎖排兩邊，要笆便笆，要掠便掠。看之邪魔該有賞，貪財買放該有罪，吾（五）營軍馬在吾雲頭，聽吾法師號令。神兵火急如律令。

「說語」之意即在告誡前來接受犒賞的軍兵，在過程中是不許驚動民家的牲畜，還必須憑著符印等證明才能進出犒賞會場，若是無符印等相關證明，將等同於前來擾亂的邪魔一般受枷鎖而拘押。

（五）賞兵變筵（依序賞中營、東營、南營、西營、北營、外營。）
站中法師首先拿起黃色營旗搖動，口唸賞中營軍馬咒文：

> 旗鼓香路通三界，雲頭走馬調中營，中營軍、中營馬，中
> 營軍馬卜賞進前、進前來，吾今課賞中營軍、中營馬，中
> 營軍馬到賞、到賞場。軍用糧，馬用料，千軍共一盞，萬
> 將共一盃，賞官軍，賞兵郎，課賞了中營軍馬得到齊，得
> 到齊莊（齊全）賞。賞兵又賞馬，賞馬又賞兵，課賞了中
> 營軍馬退後、退後去。神兵火急如律令。

再唸〈變筵咒〉：

> 本師為吾來變筵，祖師為吾來變筵，金童為吾來變筵，玉
> 女為吾來變筵，
> 變筵三思三童子，變筵三思三通朗。一筵變十筵，十筵變
> 百筵，百筵變千筵，千筵變萬筵，萬筵變起數千數萬筵。
> 神兵火急如律令。

站中法師接著再依序賞東營、南營、西營、北營、外營軍馬。
（六）分金：信眾開始燒紙錢，法師至金爐處唸〈分金〉咒文，
　　　依序交付金紙予各營兵將，〈分金〉咒文如下：

> ……中營軍、中營馬，中營軍馬三千三萬人，人人頭代頭
> 鍪身代甲，手執青旗火炎光，靈奢、靈奢詛詛軍馬走，走
> 馬排兵到壇前。小法有事焚香在壇前三拜請，無事不管亂
> 請，弟子盛（誠）心備辦三牲（牲）酒禮、五味菜筵、金
> 銀財寶，奉火交化，降納領收分明，，有來有份，無來各
> 各平分。

先分予中營軍馬後，再依序分金銀予東、南、西、北、外營軍馬。

（七）唸〈歸本營〉咒，有號令軍馬各歸本營之意，依序號令東、南、西、北、中、外營軍馬。〈歸本營〉咒文如下：

> 東營軍、東營馬，東營九惟軍、九惟馬，九千九萬人，人人頭代頭鏊身穿甲，到壇前來領賞，領賞完場，各歸本營去。

（八）拜「令」（站中法施行三跪三拜禮）：至此，整個犒賞活動完成。

彰化地區犒軍活動過程整理如下：

表 4-1-1：彰化地區犒軍活動過程表

| 彰化縣埔鹽鄉<br>閣山道院天訣堂 | 彰化縣竹塘鄉<br>五庄仔 | 彰化縣鹿港鎮<br>靜思法堂[115] | 彰化縣埤頭鄉<br>十三甲清水巖 |
|---|---|---|---|
| （一）開壇請神<br>1.唸密咒<br>2.射香<br>3.勅水<br>4.勅金<br>5.勅鞭<br>6.請神（唸請神咒）<br>7.開鞭<br>8.打手訣<br>東、南、西、北、中營訣、三仙訣、黑虎訣 | （一）開壇請神<br>1.法師行禮、唸密咒<br>2.射香箭<br>3.勅清水<br>4.勅紙（清淨壇場）<br>5.勅鞭<br>6.請神（唸請神咒）<br>7.打四門<br>8.打五營指<br>東、南、西、北、中營指 | （一）焚香請神<br>1.勅清水淨內外<br>2.以金紙勅金鞭<br>3.唸請神咒<br>4.開鞭（開兵頭）<br>5.放指門（打五營指）<br>東、南、西、北、中營指、黑虎指 | （一）淨壇請神<br>1.勅鹽米、淨水<br>2.焚香請神<br>3.勅鞭、開鞭<br>4.放香（勅營）<br>5.放指 |
| （二）調營弄旗 | （二）調五營 | （二）調五營 | （二）放金（調請 |

---

[115] 此犒軍活動載於莊研育〈鹿港牽車藏儀式〉《彰化文獻》第四期，頁 172~180。彰化縣文化局，2002 年 8 月。

| 彰化縣埔鹽鄉<br>閣山道院天訣堂 | 彰化縣竹塘鄉<br>五庄仔 | 彰化縣鹿港鎮<br>靜思法堂[115] | 彰化縣埤頭鄉<br>十三甲清水巖 |
|---|---|---|---|
| | | | 各營軍馬前來壇場） |
| （三）請大令巡筵 | （三）請神來巡筵 | （三）放五味指（化豬、雞、魚、飯、菜之指訣），上香後請大令。 | （三）巡筵 |
| （四）喝語 | （四）喝語 | （四）喝語 | （四）說語（喝語） |
| （五）犒賞五營軍馬<br>1.調請軍馬到壇領賞<br>2.變筵 | （五）犒賞五營軍馬<br>1.化食<br>2.調請軍馬到場領賞<br>3.變筵 | （五）犒賞五營軍馬<br>1.召請軍馬到賞場受賞<br>2.變筵 | （五）賞兵變筵<br>1.調請軍馬到賞場受賞<br>2.變筵 |
| （六）變食化紙 | （六）化金錢 | （六）繳大令<br>犒賞完畢，法師將大令繳回，焚燒金紙及五營紙馬，完成犒賞活動。 | （六）分金：唸〈分金〉咒文 |
| （七）繳大令 | （七）辭壇 | | （七）唸〈歸本營〉咒，軍馬各歸本營之意。 |
| （八）辭神 | | | （八）拜「令」（站中法師施行三跪三拜禮） |

# 第二節　犒軍活動及其兵將組成（二）

## 一、臺南市南廠小西腳平天館「大犒賞」活動

　　臺南市西區南廠小西腳平天館於癸末年醮典後所辦「大犒賞」活動，由該廟法師團成員來行事。平天館內法師與南廠保安

宮內法師屬同一脈之傳承[116]。該法脈所傳之宮廟於年度例行的
犒賞活動稱「中告賞」，中告賞活動主要是在犒賞廟境內的五營
兵將，而大犒賞所犒賞的對象除五營兵將外，還擴及至法壇內三
十六員將及其兵馬。此處記錄取自臺南市平天館癸末年醮典後所
辦「大犒賞」活動。

「大犒賞」的過程要項如下：

（一）調請各方神將、神兵

（二）召五方軍馬

（三）結界五方、召女五營

（四）神將、神兵到壇

（五）三獻酒

（六）犒賞

（七）賞女五營軍馬

（八）各營再賞

（十）軍兵回歸本位

　　大犒賞的過程以「開咒」及「香白」兩部分為主軸交替進行
著，「開咒」及「香白」的內容則載於咒文本裡[117]。在「開咒」
時，法師團成員敲打鑼、鼓等法器，並唱誦咒文；唸「香白」時，
則不敲打鑼、鼓等法器，而由居中的法師一人來唸出。「開咒」
裡的內容，主要是由請神咒所構成，所呼請的神明從閭山教裡的
法主開始，再呼請法壇內的諸位猛將，接著是三十六員將，待三

---

[116] 有關臺南地區「南廠保安宮」法師之傳承系譜之詳細論述，見王釧雯《臺
　　南市宮廟小法團之研究》臺南大學臺灣文化研究所碩士論文，2005年。
[117] 參考臺南市西區--南廠小西腳平天館癸末年醮典後所辦「大犒賞」活動
　　所用咒文本。

十六員將一一呼請後，最後是所屬境內神明以及本廟內所奉祀的神明。而「香白」部分，即是在描述整著調兵遣將的過程及兵將到壇及受賞的情形。整個「大犒賞」儀式的組成，即是將「開咒」及「香白」兩部分之內容，各分成數段後交互組成而呈現出來。

大犒賞過程詳述如下：

（一）調請各方神將、神兵

在此段落中，開咒部分所唱誦的請神咒文計有：〈閭山大教主（徐甲真人）〉咒文，徐甲真人為臺南市南廠保安宮法脈所奉祀之法主。〈天庭門下都帥將（都天元帥）〉咒文，咒文內呼請了諸多將帥如：鄧元帥、辛天君、張聖君、靈通使、康元帥、朱元帥、王元帥、楊元帥……等人。〈玄壇諸猛將（玄壇猛將）〉咒文、〈三十六員諸猛將（三十六將）〉咒文、〈押兵盧太保（領兵太保）〉咒文、〈押兵爐二娘（押兵二娘）〉咒文、〈本壇諸大將（本壇大將）〉咒文、〈黑虎將（黑虎大將）〉、〈獨角騰蛇大聖者（金鞭聖者）〉咒文。

而此段落中香白的內容及意義如下：

> 震動法鼓鬧分分（紛紛），鼓声（聲）喧响（響）透天門。
> 直符使者傳書信，調到五營眾神兵。急急如律令

上文即是透過擊鼓聲響，來傳達欲調動五營神兵的訊息，當然還需透過直符使者來正式遞交相關書信。

> 法鼓差來動乾坤，五營神兵出天門，伏望吾師傳法令，天兵天將到壇前。……吳起五營兵馬將，齊到壇前排兩平。天兵天將齊齊到，五色旗号排分明。急急如律令。

五營神兵在法鼓聲催促下出了天門，從雲頭走馬到壇前，依五營

五色旗號排列分明，等待進一步之號令。

> ……帝令、帝令，上帝有令。差吾統兵，兵隨印轉，將出
> 龍（令）行，天兵天將。有符有印，五營官將。無牌無印，
> 外邪妖精，若是外邪妖精侵吾壇前、侵吾境界，論刀寸斬
> 不留停。

法師所召請來的兵將還需透過「印信」來比對身份是否相符才准
予進入壇場，若無牌印等證明，將被視為前來擾亂的外邪妖精而
落入被處斬的地步。

（二）召五方軍馬

先召請東方青龍軍、東營軍馬，香白部分的內容如下：

> 調到東方青龍青帝青眼青龍軍，青雲宮、青雲殿，青龍神
> 宮專拜且（請），飛雲走馬到壇前。……東營軍馬九夷軍、
> 九夷將，九夷兵馬九千九萬將，九九八十一萬人。人人頭
> 戴頭帽身帶甲，手执長鎗青炎旗，龍車、龍車嚕嚕兵馬到，
> 排兵走馬到壇前。……

接著再依序召請召南方赤龍軍、南營軍馬，西方白龍軍、西營軍
馬，北方黑龍軍、北營軍馬，最後召請中央黑龍軍、中營軍馬。
在此段落開咒部分所唸的請神咒文則配合召請東、南、西、北及
中營軍馬，而分別唱誦〈法天張聖者（張公聖者）〉咒文、〈天
庭溫元帥（溫府元帥）〉咒文；〈輔天蕭聖者（蕭公聖者）〉、
〈泰山康元帥（康府元帥）〉咒文；〈七臺山上劉聖者（劉公聖
者）〉、〈天庭馬元帥（馬府元帥）〉咒文；〈七臺嶺下連聖者
（連公聖者）〉、〈玄壇趙元帥（趙府元帥）〉咒文及〈三十三
天都元帥（中壇元帥）〉咒文、〈保童高元帥（高府元帥）〉咒

文。其中張聖者及溫元帥為統領東營之將領，蕭聖者及康元帥為統領南營之將領，劉聖者及馬元帥為統領西營之將領，連聖者及趙元帥為統領南營之將領，中壇元帥及高元帥為統領中營之將領。通常張、蕭、劉、連聖者及中壇元帥為一組統領境內五營軍兵來守護境域安全，而溫、康、馬、趙及高元帥為另一組統領五方天兵以形成雙重之守衛效果。

接著再續唸〈統兵武穆岳元帥（岳府元帥）〉咒文、〈咒水真人〉咒文。在香白部分的內容為：「男人兵馬先調先到，女營軍兵隨後調。男人兵馬先安排，女營軍兵隨後來。……」即點出剛才所召請者為「男營兵馬」，接著要召請「女營軍兵」。

（三）結界五方、召女五營

首先結界東方、召東方女營兵馬。過程中交錯唸唱「香白」及「開咒」內容。

香白：

> 香花且（請）到香花且，弟子壇前專拜且，拜且結界結東方，東方結界結天王，身長千千如萬丈，身穿金甲执青旗，為吾把守東方界，不准邪魔侵吾界，若有外邪侵吾壇界，輪刀寸斬不留停。神兵火急如律令。

開咒：唱唸〈上界勤仙姑（勤氏仙姑）〉咒文。

香白：

> 東方女營兵馬手執青旗號令，速到壇前聽號令犒賞軍兵，不得久停，急急如律令。

依序再結界南方、召南方女營兵馬，唱唸〈女醫何仙姑（何氏仙姑）〉咒文；結界西方、召西方女營兵馬，唱唸〈天乙李仙姑（李

氏仙姑）〉咒文；結界北方、召北方女營兵馬，唱唸〈下界紀仙
姑（紀氏仙姑）〉咒文；結界中央、召中央女營兵馬，唱唸〈九
天玄女娘（九天玄女）〉咒文。

（四）神將、神兵到壇

此段落在開咒部分所唱唸請神咒文計有：〈開天鄧元帥（開
天元帥）〉咒文、〈靈天辛元帥（辛王元帥）〉咒文、〈三壇門
下捉大將（捉鬼大將）〉咒文、〈三壇門下縛大將（縛鬼大將）〉
咒文、〈三壇門下枷大將（枷鬼大將）〉咒文、〈三壇門下鎖大
將（鎖鬼大將）〉咒文、〈虎枷大雷神（虎枷大將）〉咒文。香
白部分的內容則為：

> 軍來到，馬來到，兵來到，將來到，五營兵馬眾兵馬齊齊
> 到。……
> 東營請來九夷軍、九夷將，南營請來八蠻軍、……閻山門
> 下五杯酒，連（然）後軍馬下壇界，下界今時專拜且，水
> 菓草料賞軍兵。千千万万多付賞，齊到壇前賞分明，今日
> 有事來犒賞，犒賞五營眾（眾）官軍，吾奉恩主□□神明
> 調且內外五營眾神兵，速到壇前，受賞分明。急急如律令。

意即今日備妥酒菜、水菓及草料，待五營眾軍馬到齊後，隨即展
開犒賞活動。但人間所準備的食物有限，恐怕無法供應這眾多的
軍兵，還需經過「變食」的法術，將這些有限的供品再變化成千
千萬萬份，以讓前來受賞的軍兵各各心滿意足、盡興而歸。「變
食」的咒文如下：

> 祖師為吾來变（變）食、本師為吾來变食、仙人玉女來变
> 食、合壇官將來变食。五牲、五味、菜飯、菓品、燒酒、

> 水菓、草料、……茗花、紅員（圓）、發粿，菁花、金艮。
> 各件一件變十件，十件變百件，百件變千，変千変萬件，
> 萬件変起千千萬萬件。急急如律令。

## （五）三獻酒

### 1.初獻酒

開咒：唱唸〈馬枷大雷將（馬枷大將）〉咒文。

香白內容：

> ……礼（禮）酒上香且献（獻）茶，初献酒，仝案炉香起，
> 散花林。無為道德香，滿花筵，內外五營官將吏兵前供養。

### 2.再獻酒

開咒：唱唸〈龍官五花公（五顯大帝）〉咒文。

香白內容：

> 再献鐘酒興頭勝，奉請諸公來降臨。……礼主上香再献酒，
> 淨仕吟山曲，散花林。人人讚善濟，滿花筵，內外五營官
> 將吏兵前供養。

### 3.三獻酒

開咒：唱唸〈龍官馬元帥（馬府龍官）〉咒文。

香白內容：

> 三献米酒十分佳，奉且諸神扶化延。……五營官將來犒
> 賞，三献酒礼賞軍兵。軍兵吃起相保庇，庇佑弟子永康寧。
> 礼主上香三献酒。三真玉女持花酌，散花林。一双童子捧
> 金蓮，滿花筵。內外五營官將吏兵前供養。

開咒：唱唸〈都天殷元帥（殷郊太子）〉咒文。

> ……壇前一杯酒賞千軍，二杯酒賞萬將，三杯酒酒全賞，押兵炉（爐）二娘。千神坐落食一杯，萬將坐落食一盞，杯杯盞盞相交會，盞盞杯杯相換盞，五營官將來受賞，犒賞五營眾神兵。神兵火急如律令。

開咒：唱唸〈王孫三相公（王孫元帥）〉咒文。（暫停，法師團成員稍作休息）

（六）犒賞

香白內容：

> 賞囉賞，賞東營，東營兵馬來領賞。賞囉賞，賞南營，南營兵馬來領賞。……

再依序賞南營、西營、北營、中營、內營、左營、右營、前營、後營兵馬、三壇猛將兵馬、本壇猛將兵馬及合壇猛將兵馬。

開咒部分所唱唸的請神咒文計有：〈吞精大將軍（吞精大將）〉咒文、〈食鬼大將軍（食鬼大將）〉咒文、〈移山大將軍（移山大將）〉咒文、〈倒海大將軍（倒海大將）〉咒文、〈流沙江仙官（江府仙官）〉咒文、〈靈天黃仙官（黃府仙官）〉咒文。

（七）賞女五營軍馬

香白內容：

> 男人軍馬賞了退後去，女人軍馬未賞進前來。女營兵馬來領賞，齊到壇前賞分明。賞尔（爾）花粉共菓品，賞尔三牲共五味。……東方女營軍馬賞了退後去，南方女營未賞進前來。

依序賞東、南、西、北及中央女營軍馬。而此段落在開咒部分所唱唸的請神咒文計有：〈皇恩金舍人（金府舍人）〉咒文、〈恩主孔舍人（孔府舍人）〉咒文、〈協曹盧太保（協曹太保）〉咒文、〈廣東白都統（白府舍人）〉咒文、〈雷霆申元帥（申王元帥）〉咒文。

（八）各營再賞

至此各營眾兵馬，手執各營旗號，再到壇前領令受賞。而此段落所唱唸的請神咒文計有：〈玄壇趙將軍（趙王元帥）〉咒文、〈金吒大太子（金吒太子）〉咒文、〈木吒二太子（木吒太子）〉咒文、〈哪吒三太子（哪吒太子）〉咒文、〈黑旗大將軍（金毛道長）〉咒文。

（九）筵席間相互敬酒

開咒：唱唸〈寶劍大將軍（伏魔將軍）〉咒文。

香白內容：

> 拾鐘酒作幾排，作二排。移東就西，移南就北，中央坐定定，邊仔二盞相交拼，拼來拼去無私（輸）贏，中央一杯捧來奉敬恩主顯赫一身二身聖（配合咒文作換置供桌上酒杯之動作）。
>
> 有人食植（得）賞兵酒，歲壽吃到九十九，有人食植賞兵肉，歲壽食到百百百，老大人食去腳手根件，少年小子食去四時八節無病痛，生意人食去十四兩秤用會行，讀書人食去聰明伶俐，做官人食去好案件，查囝人食去快做親戚。

（十）軍兵回歸本位

香白內容：

> 五營眾兵馬，來有請，去有送，來不准損六畜，去不准損
> 人馬，不准在凡間擾乱（亂）軍民人等六畜。……龍開金
> 眼虎歸東山，東方去東方行，東方好軍粮、好馬料、好戰
> 場，軍去東方有人且（請），將去東方有人迎，手执青旗
> 號令，速歸在東營。

依序號令東、南、西、北及中營軍馬速歸營伍，並喝令過程中不
准在凡間擾居民及牲畜。接著發出上界將軍唐文明，請其領兵歸
上界；發出中界將軍葛文庭，領兵歸中界；發出下界將軍周文軒，
領兵歸下界。最後號令天門兵馬歸天門，地戶兵馬歸地戶；人輪
兵馬歸人輪，水輪兵馬歸水輪；火輪兵馬歸火輪，三十六員官將
各歸天門；本壇官將，五營帥將吏兵各隨聖駕歸在本廟。

　　此段落於開咒部分則唱唸〈九天劉元帥（九天元帥）〉咒文、
〈協曹盧太保（協曹太保）〉咒文、〈哪吒三太子（哪吒太子）〉
咒文、〈哪吒太子（咒文二）〉、〈哪吒太子（咒文三）〉、〈哪
吒太子（咒文四）〉、〈李府王爺〉咒文、〈吳府二鎮千歲爺（吳
府二鎮）〉、〈池府千歲爺（池府千歲）〉咒文、〈吳府王爺〉
咒文、〈范府王爺〉咒文。李府王爺、吳府二鎮、池府千歲、吳
府王爺及范府王爺，皆為臺南市南廠保安宮內所奉祀神明。

　　最後，從整個「香白」的內容來看，在「大犒賞」裡所調請
的軍兵包含了東方青龍軍、東營軍馬等五方軍馬，也另外調請了
東方女營兵馬等女五營軍兵。相關咒文如下：

> 「調到東方青龍青帝青眼青龍軍，青雲宮、青雲殿，青龍
> 神宮專拜且（請），飛雲走馬到壇前。」；「東營兵馬下
> 天曹，東營眾兵馬手执青旗號，身騎青馬速來壇前听吾號
> 令。」；「東方女營兵馬手執青旗號令，速到壇前聽號令

　　　犒賞軍兵。」……

除了五營將領外，還有所謂的領兵、押兵，即領兵爐太保，押兵
羅二娘。還有分上、中、下界的將領，分別是唐文明、葛文庭及
周文軒。相關咒文如下：

> 「左營兵、右營將，左將排兵起，右將結陣來，天兵冲天
> 起，地兵掃地來，領兵炉（爐）太保，押兵羅二娘。」；
> 「發出上界將軍唐文明，領兵歸上界；發出中界將軍葛文
> 庭，領兵歸中界；發出下界將軍周文軒，領兵歸下界。」

犒賞咒文中還顯示：除了東、南、西、北、中營兵馬之分外，還
有內營、左營、右營、前營、後營等兵馬之別，其犒賞的先後依
序為南營、西營、北營、中營、內營、左營、右營、前營、後營、
三壇猛將、本壇猛將、合壇猛將之兵馬。在兵種別上則區分有天
兵、地兵、人輪兵、水輪兵、火輪兵。或區分為天兵、地兵、水
兵、火兵、陰兵、陽兵、內營兵、外營兵。相關咒文如下：

> 「天門兵馬归天門，地戶兵馬归地戶。人輪兵馬归人輪，
> 水輪兵馬归水輪。火輪兵馬归火輪，三十六員官將各归天
> 門。本壇官將，五營帥將吏兵各隨聖駕歸在本廟。」；「天
> 兵天將，地兵地將，水兵水將，火兵火將，陰兵陰將，陽
> 兵陽將，內營兵內營將，外營兵外營將，吾有勇猛諸官將，
> 驅邪殺鬼滅妖精，弟子有事專拜且，無事不敢動神兵。」

而不管依方位或依兵種別來區分，在犒賞完後，這些五營帥將吏
兵需各隨聖駕回歸本位。即若是有宮歸宮，有廟歸廟，無宮無廟
且速歸天庭而去。不准在凡間擾乱軍民人等、豬牛犬羊雞鵝鳥

鴨，若是不遵此喝令，致厝前厝後、宅前宅後、街頭巷尾驚雞弄狗，損害人馬，即奉恩主之令，送落酆都受罪名。

## 二、臺南市安平妙壽宮「大犒賞」活動

　　安平妙壽宮舉行「大犒賞」的時機在主神（保生大帝）、良禹帝君及普庵祖師生日，其他神明生日則行一般性犒賞活動。本次記錄為 2005 年 4 月 23 日（農曆 3 月 15 日），於保生大帝生日所行之「大犒賞」活動。此活動由妙壽宮內法師團成員來執行。

犒賞程序：

（一）敕物品

（二）請神

（三）召營

（四）結界

（五）唱頌《妙壽宮經簿》

　1.唸誦神咒：

〈淨水文〉〈淨心神咒〉〈淨口神咒〉〈淨身神咒〉〈安土神咒〉〈起土神咒〉〈走土神咒〉。

　2.焚香請神

　3.唸誦《太上清靜經》

　4.焚香啟請、獻茶酒、入曲

　5.召回軍兵

　6.唸誦《安天童護命經》

　7.發出軍兵

　8.召回軍兵犒賞

　9.宣老君經（太上清靜經）、獻酒、入曲

10.焚香開鞭犒賞

11.發出軍兵（回歸本位）

12.收鞭（犒賞完成）

犒賞程序詳述如下：

（一）敕淨物品

淨爐：燒化一符紙入爐中。

淨水：燒化一符紙入淨水缽中。

淨法器：依序淨七星劍、帝鐘、天皇尺、龍鞭[118]。

接著法師至壇桌前（廟埕處）開打五方鞭（共五次）。

（二）請神（法師團成員動鼓唸請神咒文）

　　依序唸誦〈三十六將（三壇官將）〉〈五顯靈官馬華光〉〈醫龍吳真君〉〈普庵大教主〉〈朱府千歲〉〈法天張聖者（張公法主）〉〈昊天蕭聖者（蕭公聖者）〉〈七臺劉聖者（劉公法主）〉〈七臺連聖者（連公法主）〉〈三十三天都元帥（哪吒元帥）〉〈開天挨火鄧天君〉〈雷霆辛天君〉〈武穆岳元帥〉〈玄壇趙元帥〉〈黑虎將軍〉〈天乙女醫勤少娘（勤氏仙姑）〉〈上界女醫何仙姑（何氏仙姑）〉〈上界女醫李少娘（李氏仙姑）〉〈天乙十紀氏（紀氏仙姑）〉咒文。

（三）召營

　　召營的順序為中營、北營、西營、南營、東營。召營時法師團成員在旁唱誦咒文，以中營為例，咒文內容如下：

> 謹請法鼓差鳴第五聲，五聲法鼓點中營。召回中營三秦軍，中營軍馬三千三萬將，中營軍馬三千三萬人，

---

[118]「龍鞭」即法索，因法索頭部為龍頭造型故稱「龍鞭」。

此時站中之法師（法師作赤腳、摺起褲管之裝扮），燒化一張書寫「雷令 中壇元帥 罡」符紙及五張古仔紙摺成的「紙頭」，連同點燃的三支香置放於壇桌前地上。此時咒文持續唱誦著：

> 人人頭戴頭鍪身帶甲，手執長鎗火焰旗，龍車龍車曹曹兵馬去，
> 走馬排兵下來鎮東營，掃千災招百福應降臨來。神兵火急如律令

此時在旁另有一位法師，手持黑旗配合咒文搖動黑旗數次，搖動黑旗有號召兵馬行動之意。依序調請中營三秦軍、北營五狄軍、西營六戒軍、南營八蠻軍、東營九俍軍；站中之法師，依序燒化一張書寫「雷令 中壇元帥 罡」、「雷令 連聖者 罡」、「雷令 劉聖者 罡」、符紙、「雷令 蕭聖者 罡」、「雷令 張聖者 罡」符紙及五張古仔紙摺成的「紙頭」，連同點燃的三支香置放於壇桌前地上。置於地上時中營符紙放中央，其他各營依方位置放，方位如下：

```
                東      南
（壇桌、廟內方向）      中      （廟埕、廟外方向）
                北      西
```

再續唸至〈閭山靈通使（靈通三使）〉咒文後，告一段落。

（四）結界

格界的順序為中營、北營、西營、南營、東營。結界時法團成員在旁唱誦咒文，以中營為例，〈格界〉咒文內容如下：

> 謹請結界結東方，召請東方天王無界主。

此時站中之法師，燒化一張書寫「雷令 中壇元帥 罡」符紙及五張古仔紙摺成的「紙頭」，連同點燃的三支香置放於壇桌前地上，置於地上時中營符紙放中央，其他各營依方位置放，方位同上調營時。咒文持續唱誦著：

> 無界天王九萬兵，奉請張公聖者領兵下來保壇界，不許內邪侵壇界內，若有外邪侵吾壇界內，論刀寸斬不留停。火急如律令

此時在旁另有一位法師，手持黑旗配合咒文搖動黑旗數次。之後，再依序結界結中央、北方、西方、南方、東方；站中法師則依序燒化書寫著「雷令 中壇元帥 罡」、「雷令 連聖者 罡」、「雷令 劉聖者 罡」、「雷令 蕭聖者 罡」、符「雷令 張聖者 罡」符紙及五張古仔紙摺成的「紙頭」，連同點燃的三支香置放於壇桌前地上。置於地上時中營符紙放中央，其他各營依方位置放，即與上述調營時所放符紙重疊置放，相關方位如下：

東　　　南

（壇桌、廟內方向）　　　　中　　　　（廟埕、廟外方向）

北　　　西

接著再唸唱咒文：

> 上方來，上方斬，下方來，下方斬。
> 斬斷東方木輪界、斬斷南方火輪界、
> 斬斷西方金輪界、斬斷北方水輪界、斬斷中央土輪界。
> 慈濟真君中央座，五營兵馬四邊排，寸寸斬不留停。
> 火急如律令

最後續唸〈王孫三相公〉咒文後，告一段落。

（五）誦經

誦經乃唱頌《妙壽宮經簿》內容，唱誦經文前，法師在壇桌前面朝廟外方向，跪拜行禮三次。

1.唸誦神咒

> 太極分高厚，輕清上噎天。人龍修至道，身乃做神仙。
> 行滿三千歲，時登四萬年。丹臺開寶笈，金口為流傳。

續唸〈淨水文〉〈淨心神咒〉〈淨口神咒〉〈淨身神咒〉〈安土神咒〉〈起土神咒〉〈走土神咒〉。

2.焚香請神

先唸口白：

> 恭以天地高遠，憑香信以靈通，聖居杳冥，伏精誠而可格，一炷既焚，萬靈洞鑒，以今恭焚，……，奏啟前供養，請神焚香。初拜請，再拜請，三拜請。獻酒。（此時另有法師團成員，倒酒入壇桌上酒杯）

接著法師唸誦諸多神明名號：

> 玉樞教主尊壇主祖師古佛菩薩，宣封慈濟普佑妙道真君，萬壽無疆，保生大帝。左壇九天講主龍樹醫王。右壇北極鎮天真武玄天上帝。聖父協成元君。聖母玉華大仙。崇寧義勇關元帥。中壇哪吒李元帥。左丞協慈聖侯。右丞顯應聖侯。殿前統兵炳靈王。……妙壽宮三十六員官將。五營六甲吏兵出入部兵。值月值日神君。府主城隍神祇。大儼將軍。青巾真人。下壇黑虎大將。四值功曹。當宮理域真

君。土地正神。各人家敬奉香火神明，失名、洛位（落位）
等神。仗此真香，普全供養。

　　3.唸誦《太上清靜經》

於《妙壽宮經簿》提名為《金錢經》，但內容同《太上清靜經》：

> 按老君曰，大道無形，生育天地。大道無情。運行日月。
> 大道無名。長養萬物。吾不知其名。強名曰道。夫道者。
> 有清有濁。有動有靜。……真常之道。悟者自得。得悟道
> 者。常清靜矣。

從經簿上的口白內容可知，在壇場誦經是希冀眾生的罪能冰消瓦
解，並能增長其善果，進而促使民眾深入法門皈依正道。

　　4.焚香啟請、獻茶酒、入曲

　　再次的焚香啟請神尊赴筵席，再經獻茶及多次獻酒，過程中
法師團成員還配合樂器伴奏唱誦數首曲子，歌曲內容如：「左壇
九天降主龍樹王，身騎青龍赴壇門；顯明珠照耀滿乾坤，慈悲願
安泰萬年春。」及「三月三日玄帝生，四十二年早收行；武當山
白日昇天，鎮北方道果早成」……等。

　　5.召回軍兵

法師先念一段咒文：

> 寶座臨金殿，霞冠照玉軒。萬真朝帝所，飛鳥攝雲端。……
> 靈寶符命，普告九天，斬妖縛邪，殺鬼萬千。中山神呪，
> 元使玉文，持誦一遍，卻鬼延年。……急急如律令。

接著法師燒化一符放入壇桌爐中，並手持「龍鞭」至廟埕開打三
鞭。此次開鞭是要將兵馬召回點兵，打鞭的方向是由廟外打入廟

內方向，有將兵馬由外面召至廟前集合點兵之意。接著法師口唸：

> 天清地靈，天地交兵，兵隨印轉，將敕令行。⋯⋯
> 召請東營九俠軍九俠軍馬九千九萬人，⋯⋯

依序召請東營九俠軍、南營八蠻軍、西營六戒軍、北營伍狄軍到壇前集合，最後再召請普庵祖師座下三十六員官將、五營仙兵就座接受獻茶。

6.唸誦〈安天童護命經〉

> 太上曰，皇天生我，皇地載我。日月照我，星辰榮我，諸仙櫫我。⋯⋯靈同神女，破穢金剛，三千六百，常在我傍。執節奉行，與我同遊。

7.發出軍兵

法師燒化一符放入壇桌爐中，並手持「龍鞭」至廟埕開打三鞭，此次開鞭是要將兵馬發出，打鞭的方向是由廟內打入廟外方向，有將兵馬由廟前發出之意。法師口唸：「發出東營九俠軍九俠軍馬九千九萬人，⋯⋯」。依序發出東營九俠軍、南營八蠻軍、西營六戒軍、北營伍狄軍，最後發出普庵祖師座下三十六員將官、五營仙兵。

8.召回軍兵犒賞

法師燒化一符放入壇桌爐中，並手持「龍鞭」至廟埕開打三鞭，此次開鞭是要將兵馬召回，打鞭的方向是由廟外打入廟內方向，有將兵馬由外面召回至廟前準備犒賞之意。依序召回中營、北營、西營、南營、東營軍馬。每召回一營軍馬，法師拿起一座由餅粿料串成之物（上頭分別插著一支黃色、黑色、白色、紅色、青色的三角形紙旗），將此物串連同數枚十元硬幣拋出，同時在

旁另有法師拋出糖果，灑向圍觀的民眾（大人及小孩皆有，共約
二十人），民眾熱烈的接起並撿拾法師拋出的物品。

開鞭

犒賞軍兵

9.宣老君經、獻酒、入曲

先宣老君經，內容同《太上清靜經》：

> 按老君大道無形，生育天地；大道無明，運行日月；大道
> 無情，常養萬物。……

接著再召請普庵祖師座下三十六員官將五營仙兵就坐獻茶、獻
酒。過程中法師團成員還配合樂器伴奏唱誦曲子。

10.焚香開鞭犒賞

法師燒化一符放入壇桌爐中，並手持「龍鞭」至廟埕開打三
鞭，此次開鞭是要將兵馬召來犒賞，打鞭的方向是由廟外打入廟
內方向，有將兵馬由外面召來領賞之意。

依序賞「九天教主、普庵祖師、龍樹醫王、玄天上帝、保生
大帝、伏魔大帝、皓翁天君、白馬大將軍、尹元帥、吳元帥、鄧
辛張三元帥、趙元帥、劉元帥、中壇三太子、四聖者、四仙姑、
江仙官、黃仙官、溫康二元帥、朱元帥、殷元帥、周謝二元帥、
崔盧鄭寶四大神、苟畢二元帥、高元帥、王元帥、田元帥、炳靈
王、孟元帥、康舍人、王孫三元帥、……黑虎白犬神、三十六員
官將、東宮大聖、城隍祀典、四值功曹、五營六甲吏、劍印二童
子、各人家敬奉香火尊神、兵頭盧太保、押兵盧二娘」之部下將
兵，最後再召請五營軍兵及軍馬前來受賞。

接著法師念一段「口白」，內容是交代身為普庵祖師座下之
三十六員官將及五營仙兵，於受賞之後當各回五營安居，並遵敕
令負起守衛之責，過程中不准驚動甚至盜取民家牲畜等物品。

11.發出軍兵（回歸本位）

法師依序發出東營、南營、西營、北營及中營軍馬，令其各
歸本位，勿得停留擾亂。

12.收鞭（犒賞完成）

站中法師在壇桌前，面向廟外行跪拜禮三次後，法師手持「龍鞭」
至廟埕開鞭三下，口唸：

　　一打犒賞收鞭

　　二打兵馬各歸殿前敕令

　　三打合境平安

整個犒賞活動至此完成。

臺南地區大犒賞活動過程整理如下：

表 4-2-1：臺南地區大犒賞活動過程表

| 臺南市南廠小西腳平天館 | 臺南市安平妙壽宮 |
|---|---|
| （一）調請各方神將、神兵 | （一）敕淨物品 |
| （二）召五方軍馬 | （二）請神 |
| （三）結界五方、召女五營 | （三）召營 |
| （四）神將、神兵到壇 | （四）結界 |
| （五）三獻酒 | （五）唱頌《妙壽宮經簿》 |
| （六）犒賞 | （1）唸誦神咒： |
| （七）賞女五營軍馬 | 〈淨水文〉〈淨心神咒〉〈淨口神咒〉〈淨身神 |
| （八）各營再賞 | 咒〉〈安土神咒〉〈起土神咒〉〈走土神咒〉。 |
| （十）軍兵回歸本位 | （2）焚香請神 |
|  | （3）唸誦《太上清靜經》 |
|  | （4）焚香啟請、獻茶酒、入曲 |
|  | （5）召回軍兵 |
|  | （6）唸誦《安天童護命經》 |
|  | （7）發出軍兵 |
|  | （8）召回軍兵犒賞 |
|  | （9）宣老君經（太上清靜經）、獻酒、入曲 |
|  | （10）焚香開鞭犒賞 |
|  | （11）發出軍兵（回歸本位） |
|  | （12）收鞭（犒賞完成） |

## 三、儀式的操作與咒文本的運用

從與五營兵將相關的安營及犒軍活動中，可發現儀式的操作與咒文本的運用有以下的關係：

### （一）法師團的傳承脈絡與地方慣例對儀式操作之影響

有關法師操作的儀式段落如：收兵（營）、放兵（營）、清壇、召兵（或調兵）、喝令、變筵（化食）、賞兵，各地內容相似性大，但將各段落組成一個法事來操作，會因不同的師承法脈，而有不同的組合方式以及不同的應用時機，所以先釐清一法師團的傳承脈絡，有助於快速而正確的掌握所觀察儀式內容及操作特色。

### （二）咒文本與儀式操作的關係

在調遣兵將的相關儀式過程中，咒文本的內容以唱誦或口白交互的方式呈現，但以唱誦的部分為主體，也佔了儀式大部分的時間。咒文在唱誦時通常採眾人大聲齊唱並伴隨鑼鼓的聲響呈現；而口白的部分則僅由居於壇桌前之法師一人，依平日說話般的音調說出，且未配合鑼鼓等聲響。咒文本就如同戲劇綱要般，作為整著儀式進行的主軸。而儀式過程中，法師所操演的動作亦多配合咒文的文義來做；另一方面，在詢問法師相關的儀式意涵時，法師們於說明時也常引用咒文本的內容作為依據。

值得注意的是，因咒文本內容，以記「音」為主，同一「音」卻有不同的用字是常見的，這樣背景下，久經傳抄後的錯誤是可預期的；比如前文所提臺南市和意堂有關「太師啟元帥」的咒文，就咒文中的內容來看，與其他法師團所用「殷元帥」咒文是相同的，但咒文首尾出現的神明名稱，卻在傳抄過程中變成了另一神明的名稱，該法師團成員也明瞭其中可能之錯誤，但稟著此乃傳

自於先輩的作法，也不急於更改，在法事過程中眾人依然齊聲的唱誦著「太師啟元帥」的咒文，無形界的神明似乎不在意這個神名傳抄過程的錯誤，在眾人齊心虔誠的唱誦下，眾多的法事過程依然順利的完成。上述「太師啟元帥」的咒文，還可經由比對知道源自於「殷元帥」咒文，但許多咒文經由傳抄導致文義的錯誤並不是顯而易見，人們面對這些文字內容，也會作新的理解與改寫，並應用於法事過程中。而仍獲致法事科儀圓滿達成。照理來說，神明的請神咒語，應該是要正確無誤的以達邀請該神明的用意。但在請神咒的例子裡，傳抄過程所不可避免的文字錯誤，當令此請神目的無法達成才是。但其實不然，民間法師等人在作「請神」下降於童乩身上時，法師團成員唱誦的請神咒文與鑼鼓發出的聲響，產生著催化乩身進入「神明上童」的力量，此時咒文曲調與鑼鼓聲響的頻率之重要性，大於咒文的內容是否正確。

綜觀來說，在整著個調遣兵將的相關儀式如犒軍過程中，即包含了法師團成員、童乩與信眾三方人員。法師團成員是主要犒軍儀式操演者，以咒文本當作儀式操演的劇本，而在請神咒曲調及鑼鼓聲的配合與催化下，儀式現場的乩身也順利的進入「起童」的狀態下，以神明的角色來巡視犒軍會場。而備妥祭品前來犒軍的信眾們，則觀看與經歷了一齣儀式劇；法師團成員唱誦的內容與「口白」部分的文義，就好像是對各神明生平事蹟的說明，以及對現場所行的儀式之旁白解說；而神明降臨乩身並巡視會場，讓信眾直接的感受到神明的存在，並相信自身在定期對神軍的奉祀之下，神軍也會保佑闔家平安、諸事順利。

## 四、犒軍時所用紙錢與五營兵將之神格

在犒軍活動中所用紙錢的種類，透露著人們對五營軍兵所屬神階的認定，此處以臺南地區犒軍時所用紙錢來論述。

先將犒軍活動所用紙錢種類整理如下表[119]：

表 4-2-2：臺南地區犒軍活動所用紙錢種類表

| 地區廟宇 | 主神 | 壽金 | 九金 | 甲馬 | 銀紙及其他 |
|---|---|---|---|---|---|
| 臺南市安平<br>港子尾社靈濟殿 | 伍府恩主公 | 壽金 | 九金 | | |
| 臺南市安平<br>囝仔宮社妙壽宮 | 保生大帝 | 壽金 | 九金 | 甲馬 | 九銀、金錢 |
| 臺南市安平<br>海頭社廣濟宮 | 保生大帝 | 壽金 | 九金 | | |
| 臺南市安平<br>王城西社西龍殿 | 池府王爺 | 壽金 | | | |
| 臺南市中區忠澤堂 | 敕封忠祐侯城隍爺 | 壽金 | 九金 | 甲馬 | |
| 臺南市中區沙淘宮 | 中壇元帥 | 壽金 | 九金 | 甲馬 | |
| 臺南市中區<br>中和境北極殿 | 玄天上帝 | 壽金 | | 甲馬 | |
| 臺南市中區良皇宮 | 保生大帝 | 壽金 | 九金 | | 九銀、經衣、白錢 |
| 臺南市中區和意堂 | 七祖仙師 | 壽金 | 九金 | 甲馬 | |
| 臺南市中區保西宮 | 葉府千歲 | 壽金 | | 甲馬 | 經衣、白錢 |
| 臺南市中區<br>小南城隍廟 | 朱公一貴 | 壽金 | 九金 | | 九銀、經衣、白錢 |
| 臺南市中區開興堂 | 開天仙帝 | 壽金 | 九金 | 甲馬 | 九銀、金錢 |
| 臺南市中區崑明殿 | 薛府千歲 | 壽金 | 九金 | 甲馬 | 九銀 |
| 臺南市西區 | 保生大帝 | 壽金 | 九金 | 甲馬 | 金錢 |

[119] 臺南地區所謂「紙頭」包含有經衣及白錢兩種，有些受訪者提到犒賞紙錢有「紙頭」，但不確定是否指經衣及白錢時，則按照所言，僅記錄為「紙頭」。表中所記載的「銀紙」，若不確定是否為「九銀」，則按受訪者所言，記錄為「銀紙」。

| 地區廟宇 | 主神 | 壽金 | 九金 | 甲馬 | 銀紙及其他 |
|---|---|---|---|---|---|
| 六興境開山宮 | | | | | |
| 臺南市西區西羅殿 | 廣澤尊王 | 壽金 | 九金 | 甲馬 | |
| 臺南市西區四聯境普濟殿 | 池府千歲 | 壽金 | | 甲馬 | 九銀 |
| 臺南市西區四聯境金安宮 | 天上聖母 | 壽金 | 九金 | 甲馬 | |
| 臺南市西區南廠保安宮 | 五府千歲 | 壽金 | 九金 | 甲馬 | |
| 臺南市西區南廠平天館 | 池府千歲 | 壽金 | 九金 | 甲馬 | |
| 臺南市西區南廠北頭角尊王壇 | 武安尊王 | 壽金 | 九金 | 甲馬 | |
| 臺南市西區烏橋新南宮 | 天上聖母 | 壽金 | 九金 | 甲馬 | |
| 臺南市西區海安宮 | 天上聖母 | 壽金 | 九金 | 甲馬 | |
| 臺南市北區開基天后宮 | 天上聖母 | 壽金 | 九金 | 甲馬 | |
| 臺南市北區菱洲宮 | 玄天上帝 | 壽金 | 九金 | 甲馬 | |
| 臺南市北區三山國王廟 | 三山國王 | 壽金 | 九金 | 甲馬 | |
| 臺南市南區下林建安宮 | 中壇元帥 | 壽金 | 九金 | 甲馬 | 九銀 |
| 臺南市南區四鯤身龍山寺 | 清水祖師 | 壽金 | 九金 | 甲馬 | 九銀、金錢、紙頭 |
| 臺南市南區喜樹萬皇宮 | 三府千歲 | 壽金 | | | 銀紙、紙頭 |
| 臺南市南區灣裡萬年殿 | 葉府千歲 | 壽金 | 九金 | | 紙頭 |
| 臺南市東區開帝殿 | 開天炎帝 | | | 甲馬 | 銀紙 |
| 臺南市東區虎尾寮太子普安宮 | 普唵祖師、太子公 | 壽金 | 九金 | 甲馬 | |

九金與九銀

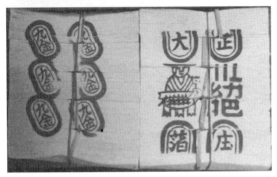

九金與九銀側面文字

　　臺南地區犒軍時所用紙錢以「九金」為主
體。「九金」上面寫有「福祿壽」字樣，「福祿
壽」字樣下方長方形區塊，塗成淡金色樣貌；整
疊的紙錢側面則印有「九金」字樣。「九銀」或
稱銀紙，大小與「九金」相同，「九銀」上面亦
寫有「福祿壽」字樣，「福祿壽」字樣下方長方
形區塊，則塗成銀白色樣貌；「九銀」常搭配「九
金」使用，但屬少量，仍以「九金」佔多數。但
也有僅用「九銀」或銀紙而不用「九金」的作法。另外亦有搭配
經衣、白錢（或說「紙頭」）的作法。從臺南地區犒軍所普遍使

用的壽金，透露出五營兵將的成員中，具有神明的屬性，這應是指五營將領之屬，但也有說壽金是要順便燒化給廟內神明的；而大量使用的「九金」，亦透露出五營兵將具有「神」軍的屬性，但在神階上又屬較低階的。至於「九銀」、銀紙、經衣、白錢的使用，則透露著五營軍兵的成員中，許多是源自於孤魂陰鬼之屬，從前述五營軍兵的來源裡即提到此類兵員。至於甲馬就其上的圖案來看，是有關戰甲、頭盔、刀、馬匹一類物品，屬戰場上所用的消耗品，人們以燒化「甲馬」的方式來補充之。

## 五、犒軍活動中所顯示的兵將組成

依各地法師團犒賞時所用咒文本內所記載，所犒賞的軍兵種類整理如下：

表 4-2-3：咒文本內所載犒賞軍兵種類表

| 澎湖地區 | | | |
|---|---|---|---|
| 澎湖妙法寶筏 | 中、東、南、西、北營軍馬 | 三隨列位神明部下軍馬 | 本壇官將兵馬 |
| 澎湖重光里威靈殿 | 中、東、南、西、北營兵馬 | 三隨列位神明部下兵馬 | 本壇官將軍兵<br>本壇法器部下兵馬 |
| 澎湖沙港村廣聖殿 | 中、東、南、西、北營軍馬 | 三隨列位神明部下軍馬 | 本壇官將軍馬<br>合壇法器軍馬<br>出隨軍馬、來到軍馬 |
| 澎湖風櫃里溫王殿 | 中、東、南、西、北營軍馬 | 溫主千歲手下軍馬 | 合壇官將軍兵 |
| 彰化地區 | | | |
| 埤頭鄉青峰巖 | 中、東、南、西、北營軍馬 | 外營軍馬 | |
| 埔鹽鄉 | 中、東、南、西、 | 本壇官將部下兵馬 | 三隨列位神明手下、部下 |

| 閣山道院 | 北營軍馬 | | 兵馬 |
|---|---|---|---|
| 埠頭鄉合興宮 | 中、東、南、西、北營軍馬 | 本壇官將部下兵馬 | 三隨列位神明手下、部下兵馬 |
| 竹塘鄉后天宮 | 中、東、南、西、北營軍馬 | 本壇諸位官將部下兵馬 | 三隨列位神明手下、部下兵馬 |
| 鹿港靜思法堂[120] | 中、東、南、西、北營軍馬 | 本壇官將部下兵馬 | 山水列位神明手下兵馬諸員官將、九洲士卒、移兵使者、合壇官將、下壇黑虎手下軍將。 |
| 鹿港照法堂[121] | 中、東、南、西、北營軍馬 | 本壇官將部下軍馬 | 山水列位神明手下兵馬諸員官將手下兵將下壇黑虎手下兵將九洲士卒使者手下兵將令旗劍印手下兵將下壇黑虎手下兵將 |
| 埠頭鄉四武宮 | 中、東、南、西、北營軍馬 | 本壇官將部下兵馬 | 山隨列位神明手下軍馬諸員官將手下兵將九洲士卒使者手下兵將令旗劍印手下兵將下壇黑虎手下兵將 |
| **臺南地區** | | | |
| 臺南市普濟殿 | 中、東、南、西、北營軍馬 | | |
| 臺南市醒心堂 | 東、南、西、北、中營軍馬 | | |
| 臺南市保安宮中告賞 | 東、南、西、北、中營軍馬 | 列位眾神 | |
| 臺南市保安宮 | 男五營軍馬；女五營軍馬； | 三壇猛將兵馬本壇猛將兵馬 | 三十六官將（三十六員諸猛將） |

---

[120] 咒文內容載於莊研育〈鹿港牽車藏儀式〉《彰化文獻》第四期，頁178~180。彰化縣文化局，2002年8月出版。

[121] 參考鹿港照法堂《法壇神咒》三壇法師林聰，民國八十四年。

| 大犒賞 | 內、左、右、前、後營兵馬 | 合壇猛將兵馬 | |
|---|---|---|---|
| 安平西龍殿 | 內五營軍馬：<br>東營張元帥軍馬<br>南營蕭元帥軍馬<br>西營劉元帥軍馬<br>北營連元帥軍馬<br>中營哪吒三太子軍馬 | 外五營軍馬：<br>左營青龍軍軍馬<br>右營白虎軍軍馬<br>前營朱雀軍軍馬<br>後營玄武軍軍馬<br>中營勾陳騰蛇軍軍馬 | 三十六員大神將軍馬<br>當境遠近神明軍馬<br>失明（名）列位軍馬 |
| 安平妙壽宮大犒賞 | 中、北、西、南、東營軍馬 | 九天教主、普庵祖師、<br>左壇降主龍樹醫王、<br>右壇北極玄天上帝、<br>慈濟宮保生大帝、<br>崇寧殿伏魔大帝、<br>掌教雷師皓翁天君、<br>護教素車白馬大將軍、<br>慈濟聖父協成元君、<br>聖母玉華大仙、<br>聖弟顯祐靈官、<br>東宮大聖部下將兵、<br>清惠宮明著天后、<br>統兵李三大將、<br>左丞協慈聖侯、<br>右丞顯應聖侯、……等部下將兵。 | 天樞院尹元帥、<br>副總管吳元帥、<br>五雷院鄧辛張三元帥、代統崇寧武穆岳元帥、<br>驅協院金輪趙元帥、…<br>三十六員官將、<br>兵頭盧太保、<br>押兵盧二娘、<br>黑虎白犬神、<br>城隍祀典部下將兵、<br>四直功曹李耿劉溫、<br>五營六甲吏、<br>劍印二童子、<br>各人家敬奉香火尊神、……等部下將兵。 |

　　在法師團所行的犒軍活動中，主要犒賞對象是按五方配置來負起守衛一境域或壇場的五營兵將。另外，當境主神以及列位眾神明手下部將也要趁機犒賞一番。除此之外，還要犒賞法師所屬法壇內的眾將官及其手下軍馬，這些法壇眾將官在名稱上有三壇猛將、本壇猛將或本壇官將、合壇猛將或合壇官將、下壇黑虎將軍之別。而在鹿港地區及其傳法的地區裡，犒賞的對象還有包括九洲士卒、移兵使者及令旗劍印手下兵將。至於臺南地區犒賞對象有時還包括三十六官將（三十六員諸猛將）。而安平妙壽宮「大犒賞」時所呼請前來受賞的名單中則已幾乎囊括了上述五營將官、當境主神、列位眾神、三壇猛將、本壇官將、合壇猛將、下壇黑虎將軍、三十六官將及其部下軍兵，是極為完整與禮數周到的犒賞方式。

## 第三節　法壇神將

### 一、四聖者及哪吒太子

　　在臺灣中南部地區與澎湖地區法師團所用咒文本裡，有關張聖者的請神咒文內容裡，大多提到張、蕭、劉、連四聖者，協力去瘟、治病、救萬民等事，也在這樣的概念下，張、蕭、劉、連四聖者常被民間法師或境域主神遣派，依東營張聖者、南營蕭聖者、西營劉聖者、北營連聖者及中營中壇元帥的配置來負起守護壇場及境域安全的重任。有關五營將領的名稱各地稍有差異，整理如下：

| 東營 | 南營 | 西營 | 北營 | 中營 |
|---|---|---|---|---|
| 張聖者、張公聖者 | 蕭（肖）聖者、蕭（肖）公聖者 | 劉聖者、劉公聖者 | 連聖者、連公聖者 | 李哪吒、中壇元帥、中壇李元帥、中壇都天李元帥 |
| 張元帥 | 蕭（肖）元帥 | 劉元帥 | 連元帥 | 李元帥 |
| 張聖者元帥 | 蕭聖者元帥 | 劉聖者元帥 | 連聖者元帥 | 中壇元帥 |
| 張府元帥 | 蕭府元帥 | 劉府元帥 | 連府元帥 | 李府元帥 |
| 法天張聖者 | 輔天蕭聖者 | 七臺劉聖者 | 七臺連聖者 | 三十三天都元帥 |

　　「蕭公聖者」與「肖公聖者」、「蕭元帥」與「肖元帥」之中，「蕭」與「肖」的閩南語發音相同，是根據同樣的音選取不同的漢字所致。其中以中營統帥的名稱最為多種，至於「法天張聖者」、「輔天蕭聖者」、「七臺劉聖者」、「七臺連聖者」及「三十三天都元帥」的名稱在法團咒文本裡亦有記載，相關咒文內容如下[122]：

　　　　拜且（請）法天張聖者，岳居福份安臨章。……
　　　　拜且輔天蕭聖者，少年捨身入儒家。……
　　　　拜且七臺山上劉聖者，降龍伏虎大慈悲。……
　　　　拜且七臺嶺下連聖者，林氏六郎變如家。……
　　　　拜且三十三天都元帥，統領天兵下瑤臺。……

接著將有關四聖者及哪吒太子的事蹟分述如下：
（一）張聖者[123]

---

[122] 摘自臺南市南廠保安宮小法團咒文本。

[123] 有關張聖者（法主公）的事蹟及信仰之相關研究見李玉昆〈亦道亦佛的法主公〉《泉州民間信仰》總 11 期，頁 42~47，泉州市區道教文化研究會編，1996 年；王銘銘〈地方道教與民間信仰---「法主公」研究筆記〉《民俗研究》第四期，1997 年；葉明生〈閩臺張聖君信仰之探討〉《福

　　有關張聖者的事蹟，先從咒文的內容來看，內容如下：

| 澎湖馬公市文澳祖師廟法師請神咒文[124] | 臺南市西區普濟殿法師請神咒文[125] |
|---|---|
| 〈法天張聖者（張公聖者）　咒〉咒文<br>謹請法天張聖者，身居泉郡延臨章。<br>赤腳修行行正法，兜鍪妙相顯威靈。<br>金沙橋上翻罡斗，青龍潭裡早修行。<br>腳踏火輪驅邪穢，手執寶劍斬妖精。<br>行雲致雨沾世界，書符出水救萬民。<br>護國救民瑞妙相，代天行化顯真身。<br>四十五年閻浮世，遊行國土救生民。<br>辰年辰月飛化身，化身應現在壇前。<br>左右伽羅五官將，前後駕馬二威兵。 | 〈法天張聖者（張公聖者）　咒〉咒文<br>謹請法天張聖者，世居福郡壇行章。<br>赤腳修來行正法，普陀廟上展威靈。<br>金沙橋上翻罡斗，青龍潭裡坐修行。<br>腳踏火輪驅邪穢，手執寶劍斬妖精。<br>行雲致雨占世界，書符出相度凡人。<br>護國佑民興廟上，代天興化救萬民。<br>四十五年嚴無世，右行國土出行程。<br>辰月卯日輝天地，化身顯現在橋前。<br>左右伽羅馬關將，功曹馬虎二位尊。 |

建道教》1999 年第 2 期（總 5 期）；葉明生〈閩臺張聖君信仰之探討（續
一）〉《福建道教》1999 年第 3 期（總 6 期）；葉明生〈永泰縣方壺岩
---張聖君信仰文化發祥地〉《張聖君信仰文化發祥地---方壺山》福建：
永泰縣方壺岩管理委員會編，1999 年。葉明生〈閩臺張聖君信仰之探討
（續二）〉《福建道教》2000 年第 1 期（總 7 期）；葉明生〈閩臺張聖
君信仰之探討（續三）〉《福建道教》2000 年第 2 期（總 8 期）；周宗
禧〈張公法主的祖殿及其羽化地點考證〉《福建道教》2000 年第 2 期；
王銘銘「法主公的傳說、信仰與傳播」附在氏著〈靈驗的「遺產」---圍
繞一個村神及其儀式的考察〉此文收於郭于華主編《儀式與社會變遷》
頁 41~55，北京：社會科學文獻出版社，2000 年；葉明生〈閩臺張聖君
信仰及法主公教之宗教傳統探討〉載於陳志明、張小軍、張展鴻編《傳
統與變遷：華南的認同和文化》北京：文津出版社，2000 年 9 月出版；
王見川〈「法主公」信仰及其傳說考察〉《臺灣宗教研究通訊》第二期，
2000 年 12 月。
[124] 澎湖澎湖馬公鎮文澳祖師廟咒文本《妙法寶筏》澎湖馬公鎮文澳林石頭
　　　重校出版。民國戊戌年陽月。
[125] 臺南市《普濟殿請神咒》郭森江抄錄，歲次癸未年正月一日，2003 年二
　　　月一日。

| | |
|---|---|
| 三界祖師盧太保，三壇祖師降仙君。<br>更有劉連蕭聖者，協力治病去瘟皇。<br>弟子一心專拜請，張公聖者降臨來。<br>神兵火急如律令 | 三界祖師五太宰，三壇祖師江舍人。<br>宮有劉蕭連聖者，協力符水救萬民。<br>弟子壇前專拜請，張公聖者速降臨。<br>神兵火急如律令 |

　　一般法師團所用的請神咒文內容，大多與此位神明的事蹟相關。比如在上述張公聖者咒文中之「金沙橋上翻罡斗」的記載，即與《閩清縣志》內所載張聖君於白雲寺為頭陀，後坐化金沙溪之事蹟有關。內容如下[126]：

> 張聖君，本永泰農家子，以採薪鬻鋤柄為業，在白雲寺為頭陀，狀貌醜怪，口能容拳，……後於金沙溪大石上坐化，鄉人立廟於金沙祀之。

「張聖君」即「張聖者」，坐化後鄉人於金沙立廟祭祀之，此事在民國《閩清縣志》卷二《名勝志》內亦有記載：[127]

> 金沙堂在十四都金沙，宋紹興二十九年建，明正統四年修，……中祀張聖君。

　　另外，臺灣地區法師所用〈張聖者咒〉中所載「四十五年閻浮世」，文句中即點出張聖者於四十五歲時得道升天之事蹟，此事亦見於永泰縣嵩口鎮月洲村鄉賢張啟榮所提供之資料，此資料除記載張聖君得道於閩清金沙之外，還明確指出張聖者於四十五

---

[126] 中國地方志集成·福建府縣志輯（19）民國《閩清縣志》卷八〈方外傳〉頁 543~544，上海書店出版社，2000 年。

[127] 中國地方志集成·福建府縣志輯（19）民國《閩清縣志》卷二《名勝志》頁 367，上海書店出版社，2000 年。

歲時坐化成佛之事。內容如下[128]：

> 法主君出生在宋天聖二年間（北宋仁宗趙禎，公元 1024
> 年），敝姓張，入閩始祖睦公，……信符公出生聖者，家
> 貧窮，母嫁盤古洋，其後學道，曾與五童鬼鬥法德化石壺
> 洞，得道於閩清金沙坐化成佛，登天得年四十五歲。

相近的事蹟亦見於其他地區的請神咒文裡，如福建德化地區道士
黃氏所用經書《聖君歷便簿》[129]裡即有記載張聖者於四十五歲
脫化凡身辭世之事：

> 啟請都天大法主，玉封監雷張聖公；生居永福桃溪境，祖
> 在月州張家庄。…
> 四十五歲閏（閻）浮世，孝宗淳熙癸卯年；功成果滿天書
> 召，九龍潭頭脫化身。辰月八日辭塵世，午時脫化上金輪；
> 法身浮在龍潭面，如生道貌語（許）威儀。

另外在福建石壺寺及民間法師道場所用〈張公法主咒〉[130]咒文
裡亦有記載：

> 香氣沉沉透乾坤，應透福地金沙堂，金沙祖殿專拜請，張
> 公聖君親降臨……

---

[128] 引自王銘銘〈地方道教與民間信仰---「法主公」研究筆記〉《民俗研究》
頁 15，1997 年第四期。

[129] 王銘銘「法主公的傳說、信仰與傳播」附在氏著〈靈驗的「遺產」---圍
繞一個村神及其儀式的考察〉此文收於郭于華主編《儀式與社會變遷》
頁 48~51，北京：社會科學文獻出版社，2000 年。

[130] 《德化文史資料》第五輯，頁 35。福建：德化縣政協文史資料研究委員
會，1994 年。

四十五歲功行滿，九龍潭頭脫凡身，千里路途鋪錦綉，一
爐香火萬家傳。

上述兩則咒文內容除皆提及張聖者於四十五歲辭世之外，還明白
指出張聖者脫化凡身之處是位於九龍潭，此事蹟與臺灣地區法師
所用〈張聖者咒〉中所載「青龍潭裡早修行」或「青龍潭裡早修
行」之事，應都源自「法主公三兄弟」聯合退敵之傳說事蹟，其
內容見鈴木清一郎《臺灣舊慣冠婚葬祭と年中行事》附錄中〈法
主公廟〉條所記載，內容如下[131]：

> 所謂法主公，據傳說是生於宋朝年間，本姓張，有兄弟三
> 人。當時福建省永春州九龍潭石牛洞中棲一怪蛇，保有著
> 數千年的老齡，稟著源自日月的神通力，能作種種的變
> 形，或施展邪術，嚴重侵害到附近居民，法主公三兄弟為
> 之憂心不已。首先，第二法主公大膽的單身進入蛇洞內來
> 討伐大蛇，但一人之力不足已應付，反而受了大蛇的毒氣
> 所吹襲而顏面焦黑呈瀕死狀態。所幸不久第一、第三法主
> 公先後各自手握小蟲，用來施展魔術以治退大蛇，並將第
> 二法主公救出。在這同時，三人英勇的雄姿就在轉眼之間
> 化成一陣輕煙消失無蹤。據說是從九龍潭底昇天為神。從
> 此人民得以安居樂業，眾人為了追慕法主公的恩德，就在
> 洞內建廟祭祀法主公。法主公是法力極大之神，有道士等
> 人祀之。

---

[131] 鈴木清一郎《臺灣舊慣冠婚葬祭と年中行事》臺北：臺灣日日新報社，
1934 年初版；臺北：南天書局，1995 年初版二刷，頁 457。

九龍潭石牛洞中的怪蛇施展邪術，嚴重侵害到附近居民，經法主公三兄弟聯合將大蛇治退，法主公兄第三人亦從九龍潭底昇天為神。在鍾華操《臺灣地區神明的由來》一書中，還記載著另一則類似的傳說，內容如下[132]：

> 宋代福建省永春州德會縣的九龍潭庄的石牛洞中，有一條千年的三尾蛇妖，久練成精，神通廣大，常常變成人形，到處害人，附近村民十分害怕，每年都要以一對童男童女來祭獻；當時有三個義結金蘭的兄弟，一姓張，一姓蕭，一姓洪，相約行俠仗義遊天下。到九龍潭，聽說妖蛇作怪，不忍心看著附近村民受害，便決心除去妖蛇，伺機下手；有一天，發現妖蛇出洞，在潭中浮游，三人馬上跳進潭中圍攻，姓張的扼住蛇頭，妖蛇巨口一張，噴出一道黑煙，以致姓張的顏面變黑，姓蕭的看著大勢不妙，情急之下，拿著大斧對著蛇身亂劈，妖蛇拼命掙扎，因而誤傷姓洪的額部，姓蕭的惶愧無措，羞得滿面通紅。結果，妖蛇是被格殺了，三人也化成一縷黑煙，從九龍潭昇天去作神了。眾人因感三人恩德，便拓石牛洞為祠，塑像以祀；姓張的是黑臉，姓蕭的是紅臉，姓洪的額部卻有一條斧痕。

上述兩則傳說事蹟皆指出：在法主公三兄弟於九龍潭降服蛇妖後，即從九龍潭昇天為神，也因此在福建即臺灣地區有關張聖君的請神咒文中，存有「九龍潭頭脫化身」及「青龍壇裡坐修行」的內容。另外，這兩則法主公三兄弟降服蛇妖的地點，皆位於福

---

[132] 鍾華操《臺灣地區神明的由來》頁 217~219，臺灣省文獻委員會，1979年。

建省永春州德會縣的九龍潭石牛洞中，但根據福建地方志書所載，永春州內並無德會縣，與「德會縣」發音近似的縣則為「德化縣」，而在《德化文史資料》裡，亦記載著多則有關「法主公三兄弟」聯合退敵的事蹟，所以推測「德會縣」應當是指「德化縣」才對。

最後，在「法主公三兄弟」傳說事蹟裡，有著三人協力來完成驅退鬼怪之事，也因此在〈張聖者咒〉中有著「更有劉連蕭聖者，協力治病去瘟皇」或「協力符水救萬民」之記載，這種概念反映在臺灣中南部及澎湖地區法師的施法過程中，即是將張、蕭、劉、連四聖者聚合在一起並配合哪吒太子，依五方配置的觀念令其分別據守境域內東、南、西、北及中央，以完成守護壇場與境域的重任。

（二）蕭聖者

有關蕭聖者的事蹟，先舉咒文的內容來看，相關咒文如下：

| 臺南市西區南廠保安宮請神咒文 | 臺南市西區普濟殿請神咒文[133] |
|---|---|
| 〈輔天蕭聖者（蕭公聖者）〉咒文<br>謹請輔天蕭聖者，少年捨身入儒珈。<br>全無師父傳公法，法主交時十八年。<br>忽然騰空相遇會，子時禍福永無差。<br>戊子九月三十夜，亥子交時十月初。<br>二十八宿功行滿，永溪池上坐蓮花。<br>千兵萬將來迎接，接引蕭公入儒珈。<br>諸員官將來侍候，除瘟破廟打冤家。<br>弟子壇前專拜請，蕭公聖者速降臨。<br>神兵火急如律令 | 〈輔天蕭聖者（蕭公聖者）〉咒文<br>謹請輔天蕭聖者，少年捨身入儒家。<br>全無師父傳公法，法主交持十八年。<br>忽然騰空相會遇，主持禍福永無差。<br>戊子九月三十夜，亥子交時十月初。<br>二十八歲功行滿，立溪池上坐蓮花。<br>千兵萬將來迎接，接引蕭公入儒家。<br>諸員關將來伺候，池溫破廟打鑾家。<br>弟子壇前專拜請，蕭公聖者速降臨。<br>神兵火急如律令 |

[133]《普濟殿請神咒》郭森江抄錄，歲次癸未年正月一日，2003 年二月一日。

從咒文內從可知蕭聖者在少年時期即捨身進入「儒珈」或「儒家」，「儒珈」與「儒家」閩南語音近似「瑜伽」，此處應指進入「瑜伽」法門，並於二十八歲時功行圓滿坐化蓮花（辭世）。而在永泰縣方壺岩張聖君母殿所編輯《方壺岩道教文化》裡有如下記載：

> 據考，「蕭公，名法明，福建延平府人。生於南宋大觀戊子年（葉按：大觀應是北宋徽宗趙佶朝，戊子為 1108 年）農曆六月二十九日，享年二十九歲，悟道於溪源山（今南平市郊），坐化於石鳳冠。」[134]

上文中所載「享年二十九歲，悟道於溪源山」與上述咒文內「二十八歲功行滿，立溪池上坐蓮花」應有所關連。另外於康熙《南平縣志》裡亦提到在卓錫劍津里建有「溪源庵」來奉祀蕭公大師之事，相關內容如下：

> 蕭法明，宋嘉熙間頭陀，卓錫劍津里溪源庵，其畔有清泉，龍井庵側怪石孤聳名鳳冠巖，嘗伏毒龍于井中，牧妖魔于石洞，至今猶存遺跡，有司刻象建庵奉祀，歲旱禱雨無不立應，祈嗣祈夢率多驗，宋勅封溪源顯跡德雲靈應蕭公大師。[135]

上文提及蕭法明乃宋嘉熙間「頭陀」，「頭陀」乃比丘修頭陀行

---

[134] 原載於《方壺岩道教文化》永泰縣方壺岩張聖君母殿編輯，2000 年 2 月內部版，轉引自葉明生〈張聖君信仰發祥地與盤谷方壺寺祭儀述略〉《民俗曲藝》頁 156~157。138 期，2002 年。

[135] 中國地方志集成・福建府縣志輯（9）康熙《南平縣志》卷十八〈人物誌/仙釋〉頁 141，上海書店出版社，2000 年。

者之稱，修頭陀行者要遵守十二條規條，名為十二頭陀[136]。從上述蕭法明身為頭陀的身份，亦可印證蕭公聖者咒文裡所載之「儒珈」或「儒家」並非是指傳承於孔子之「儒家」，而是指佛教裡的「瑜伽」教派。

（三）劉聖者

有關劉聖者的事蹟，先舉咒文的內容來看，相關咒文如下：

| 龍彼得收藏漳州道壇《本壇總咒文》[137] | 臺南市西區普濟殿請神咒文[138] |
| --- | --- |
| 〈七臺山上劉聖者（劉公聖者）〉<br>謹請七臺山上劉聖者，降龍伏虎大慈悲。獅子象牙伏猛虎，金槍樹下伏青龍。<br>岩中修行四十載，劉公聖者展神通。<br>七星員月照天下，龍樹昭彰入瑜伽。<br>諸員將官來隨護，除瘟破廟踏冤家。<br>弟子一心專程請，劉公聖者降臨來。<br>神兵火急如律令 | 〈七臺劉聖者（劉公聖者）〉<br>謹請七臺劉聖者，降龍伏虎大慈悲。獅子岩前伏猛虎，金鎗賜下伏青龍。<br>岩中修行四十載，劉公法主展神通。<br>七星圓月照天下，龍樹焦章入儒家。<br>弟子壇前專拜請，劉公聖者速降臨。<br>神兵火急如律令 |

咒文裡指出劉聖者居七臺山上，曾於獅子岩前降伏猛虎，而在修行四十載後能展神通，最後在龍樹的指引下進入了「瑜伽」法門。劉聖者所居七臺山名在福建邵武府境內即有之，山上亦有一獅子岩，且有一頭陀法名劉志達居於此修行而後化去，相關內容見於《邵武府志》裡所載有關三佛祖師之事蹟，內容如下：

三佛祖師者，一劉氏交趾人，一楊氏南華人，其一為西域

[136] 陳義孝居士編《佛學常見詞彙》頁 306，高雄淨心印經會，1993 年印。
[137] 轉引自葉明生〈試論「瑜珈教」之演變及其世俗化事象〉《佛學研究》第 8 期：頁 264，1999 年。
[138] 《普濟殿請神咒》郭森江抄錄，歲次癸未年正月一日，2003 年二月一日。

> 突利屬長民，本無姓，以母契丹氏適龔，遂為龔姓。……。
> 因同詣雪峰義存，求證上道。義存為剪髮作頭陀，命法名
> 曰：龔志道、劉志達、楊志遠，遂各受偈辭去。溯舟至郡
> 境，楊適楊源，龔適道峰，而劉居七臺山之獅子巖，後皆
> 化去。紹興八年，郡旱禱雨立應，敕封真濟、神濟、慈濟
> 三公。淳佑間，加封圓照顯佑大師。[139]

與劉聖者相關的事蹟亦見於漳平福興壇林法美抄本《請佛冊全部》中，其中有〈請劉公佛〉詞文，內容如下[140]：

> 拜請七臺岩中神通顯，獅子岩上化現身。當初三郎同結
> 義，親身下降入瑜伽。身穿金褸衣，手执楊柳洗消除，授
> 得釋迦為佛法，揎度靈通度師男。腳踏火輪統兵將，驅瘟
> 殺鬼斬邪精。

上文中記載「劉公佛」於七臺岩及獅子岩化身展神通，近似於《邵武府志》裡所載劉志達居七臺山之獅子巖修行的事蹟，而「當初三郎同結義」文句又《邵武府志》內所載三佛祖師三人同詣雪峰義存，求證上道諸事蹟相呼應；另外「親身下降入瑜伽」文句則直接點明「劉公佛」所修行為「瑜伽法」，這與上述劉聖者咒文內所載入「瑜伽」法門事蹟亦相符合。所以，劉聖者應該就是三佛祖師之一的劉志達，而劉志達除有「劉聖者」的尊稱外，在其他地區還被尊稱為「劉公佛」。

---

[139] 中國地方志集成‧福建府縣志輯（10）光緒重修《邵武府志》卷三十〈邵武縣/雜記方外〉頁831，上海書店出版社，2000年。

[140] 轉引自葉明生〈試論「瑜珈教」之演變及其世俗化事象〉《佛學研究》第8期：頁256~264，1999年。

（四）連聖者

　　有關連聖者的事蹟，先舉咒文的內容來看，相關咒文如下：

| 臺南市西區南廠保安宮請神咒文 | 臺南市西區普濟殿請神咒文 |
|---|---|
| 〈七臺嶺下連聖者（連公聖者）〉<br>拜且七臺嶺下連聖者，林氏六郎變如家。<br>剪髮光頭惟吾願，少年捨身入如家。<br>為見世間多疾病，扶攝生童在壇前。<br>不怕天高並地厚，不怕山搖（遙）江海深。<br>不怕城隍及社廟，不怕禍福不正神。<br>若有不正為禍鬼，押去天邊入禁羅。<br>為吾爐中行法界，行罡步斗到壇前。<br>弟子一心專拜請，連公聖者降臨來。<br>神　　兵 | 〈嶺上連聖者（連公聖者）〉<br>謹請嶺上連聖者，林氏六郎變儒珈。<br>剪髮光頭為吾願，少年捨身入儒珈。<br>為見世間多疾病，扶攝生童在壇前。<br>不怕天高變地厚，不怕山遙江海深。<br>不怕城隍及社廟，不怕禍福不正神。<br>若有不正為禍鬼，押去天邊入金輪。<br>於吾爐中行法界，行罡步斗到壇前。<br>弟子壇前專拜請，連公聖者速降臨。<br>神兵火急如律令 |

上述文句「剪髮光頭為吾願，少年捨身入儒珈」或載「入如家」之「儒珈」與「如家」閩南語音皆近似「瑜伽」，又從「剪髮光頭為吾願」來推測其應為入佛教之「瑜伽」法門。有關連聖者（或稱連公聖者）在明‧無根子集《海遊記》裡即有記載：

　　　　姑問曰：「師長何人，有甚見教？」其人曰：「吾乃福州紙錢嶺人，姓連名公。見汝是同鄉之人，特來告汝。明日可再見汝主，求起閭山軍馬并法寶相助，方能救得你兄。」靖姑拜謝而別。[141]

文中提到連公乃福州紙錢嶺人，為閭山門下之人。而根據葉明生

---

[141] 明‧無根子集；葉明生校注《海遊記》頁 75、頁 241~242。臺北市：施合鄭基金會，2000 年。

的說法,連公是福建民間道教閭山派中最重要的法神之一,有「九天法主」之稱,在閩臺各地道壇請神中,被並稱於「張蕭劉連四聖者」之列。據葉明生的調查,連公為宋時古田縣西溪鄉連墩人,在當地至今仍流傳許多他與陳靖姑共同收拾蛇妖及蜘蛛精的故事。其坐化地為西溪村錢嶺(道壇稱紙錢嶺),自宋以來即有廟祀之。清乾隆十六年版《古田縣志》卷八〈古跡志〉所載二十一都「錢嶺師父殿」,即當地民眾所祀之祖殿[142]。另外在民國《古田縣志》裡亦記載著「錢嶺」有座林師父殿,內容如下:

> 錢嶺林師父殿,在二一都西溪村上[143]。

值得注意的是:清乾隆十六年版《古田縣志》〈古跡志〉裡所載二十一都「錢嶺師父殿」在民國《古田縣志》裡卻記載著二一都西溪村上有「錢嶺林師父殿」,後者記載多出一個「林」姓,這位「林師父」與連聖者有何關連呢?同樣地,在咒文裡「謹請嶺上連聖者,林氏六郎變儒珈」文句,其中連聖者後又接著稱「林氏六郎」,似乎有「連聖者」亦稱「林氏六郎」之意,也即有著連聖者姓林,家中排行第六之意。為何文獻上與咒文內容裡,皆出現如此的描述,是否在當地「連」與「林」的發音是一樣的,就如同「蕭」聖者與「肖」聖者的不同記載,其實所指人物皆相同。

(五)哪吒太子

---

[142] 明・無根子集;葉明生校注《海遊記》頁 74~75。臺北市:施合鄭基金會,2000 年。

[143] 中國地方志集成・福建府縣志輯(15)民國《古田縣志》卷二十三〈祠祀志〉頁 557,上海書店出版社,2000 年。

　　最後有關主掌中營的哪吒太子，其相關事蹟又如何呢？首先來看請神咒文裡所呈現的哪吒形象及事蹟。有關哪吒的咒文類型是較多樣的，常常同一法團的咒文本內，與哪吒相關請神咒就有二至三首之多，相關的咒文內容如下：

| 澎湖縣馬公市風櫃溫王殿請神咒文 | 彰化縣埤頭鄉埔尾四武宮請神咒文 |
| --- | --- |
| 〈哪吒三太子（中壇元帥）〉咒文 | 〈哪吒三太子（哪吒太子）〉咒文 |
| 奉請哪吒三太子，太子七歲展神通。 | 謹請哪吒三太子，太子七歲展神通。 |
| 哪吒靈、哪吒靈，哪吒太子百萬兵。 | 哪吒靈靈哪吒令，哪吒太子百萬兵。 |
| 百萬兵馬排兵走，走馬排兵到壇前。 | 百萬兵馬排兵起，走馬排兵到壇前。 |
| 一歲無父天共養，二歲無娘獨自成。 | 一歲無父天宮養，二歲無娘獨自成。 |
| 三歲無兄變為弟，化作蓮花水上生。 | 三歲無兄便為弟，化作蓮花水上生。 |
| 水進之時聽水聲，水退之時近水行。 | 水進之時听水聲，水退之時近水行。 |
| 一日狂風便吹起，打到金鑾玉殿前。 | 一日狂風便吹起，打到金鑾玉殿前。 |
| 釋迦憐看天子子，變賜銅鑼鉄骨身。 | 釋伽憐看天生子，変賜銅鑼鉄骨生。 |
| 一為上帝天王力，二為殺鬼土王兵。 | 一為上帝天王力，二為殺鬼土王兵。 |
| 三為三佛慈鑾殿，掌押諸親外家神。 | 三為三佛諸寶殿，掌管諸邪外家神。 |
| 若有不正為禍鬼，押赴壇前化作塵。 | 若有不順我法旨，押去酆都受罪名。 |
| 爾好生魂吾放出，不好生魂吾不休。 | 你好生魂吾放出，不好生魂吾不休。 |
| 北極殿前護散賴，書符出水救萬民。 | 北極殿前候產難，書符咒水救萬民。 |
| 弟子一心專拜請，中壇元帥降臨來。 | 弟子一心專拜請，哪吒元帥降臨來。 |
| 神兵火急如律令 | 神兵火急如律令 |

上述咒文內容普遍見於澎湖、臺南及彰化地區法師所用咒文本內，所描述的哪吒事蹟，與明代小說《西遊記》與《封神演義》裡有關哪吒事蹟有諸多符合之處。

　　另外在臺南市西區南廠保安宮內法師團所用咒文本裡，有一〈哪吒三太子（哪吒太子）〉咒文，內容如下：

　　　　拜請哪吒三太子，太子出世無人形。本是妖精並鬼怪，但是五行來投胎。

　　　　李爺執劍來斬開，藏出一子是嬰孩。左手執來乾坤環，右

手掌來翻天綾。

寶環拋起天地動，紅綾轉縛五道神。天氣炎炎去洗身，河邊收斬蛟龍神。

現出原形小龍子，取出龍筋轉回身。父母不知也不問，哪吒入圍打龍筋。

弟子一心專拜請，哪吒太子降臨來。

神兵火急如律令

上述咒文所述有關哪吒出世的內容來看，與明朝陸西星所著《封神演義》第十二回〈陳塘關哪吒出世〉文中之描述十分符合，咒文的內容應是直接取材於此。

有關「哪吒」的其他咒文如下：

| 彰化縣埔鹽鄉閻山道院請神咒文 | 彰化縣埤頭鄉合興宮請神咒文 |
|---|---|
| 〈哪吒都太子（哪吒太子）〉 | 〈哪吒都太子（哪吒太子）〉 |
| 謹請哪吒都太子，統領天兵下瑤臺。 | 謹請哪吒都太子，喝領天兵下謠臺。 |
| 金鎗一轉天門開，繡球拋出五方來。 | 金鎗一論天門開，繡球抱出五方來。 |
| 龍王專心獻花香，哪吒太子下金楷。 | 龍王轉身獻花香，哪吒太子下金偕。 |
| 雷公霹靂金鎗响，治病救苦亦消災。 | 雷公珀緣金鎗向，治病救苦亦消災。 |
| 三歲郎君調北斗，百萬雄兵四邊排。 | 三歲郎君朝北斗，百萬雄兵四方排。 |
| 天法五雷天法將，接引壇前展威靈。 | 天法吾雷天法將，引接壇前降威靈。 |
| 弟子一心專拜請，哪吒太子降臨來。 | 弟子一心專拜請，中壇元帥降臨來。 |
| 神兵火急如律令 | 神兵火急如律令 |

上述咒文另稱哪吒為「哪吒都太子」而不是大家所熟知的「哪吒三太子」，這是出於傳抄錯誤或是另有所指呢？若比對元代楊景賢所著《西遊記·第九齣·神佛降孫》裡所載有關哪吒事蹟，或許可見一端倪，相關內容如下：

哪吒領卒子上云：「一自乾坤生我，二親教誨多能……，

八辦球攢花刺繡，九重天闕總元戎，十萬魔王都領袖。某乃毘沙門天王第三子哪吒是也。見做八百億萬統鬼兵都元帥；奉玉帝敕父王命，追捕仙衣仙酒妖魔，有神報來，是花果山紫雲羅洞主通天大聖，則就今日往下方走一遭。」……我乃八百萬天兵都元帥，我著你見我那三頭六臂的本事。[144]

上述文中提到哪吒乃毘沙門天王第三子，身為「八百億萬統鬼兵都元帥」亦為「八百萬天兵都元帥」，此「都元帥」應即可用來解釋上述咒文裡稱哪吒為「都太子」之源由。另外哪吒還有「三十三天都元帥」之稱，此名稱見於法團所用的咒文裡，內容如下：

| 臺南安平靈濟殿請神咒文[145] | 臺南市西區南廠保安宮請神咒文 |
| --- | --- |
| 〈三十三天都元帥（哪吒元帥）〉 | 〈三十三天都元帥（中壇元帥）〉 |
| 謹請三十三天都元帥，統領天兵下瑤臺。金鎗一轉天門開，繡球獻出五方來。 | 拜請三十三天都元帥，統領天兵下瑤臺。金鎗一轉天門開，繡球獻出五湖海。 |
| 頭上日月耀乾坤，足步七星扶罡在。 | 頭戴日月耀乾坤，腳踏七星毫光大。 |
| 扶佐三壇真如在，主掌法界舉英才。 | 扶助三壇真自在，主掌法界高英才。 |
| 龍王殿前威猛烈，飛沙走石洞門開。 | 龍王殿前威顯現，飛沙走石洞門開。 |
| 收斬江海蛟龍戰，治病救苦速消災。 | 海上收斬蛟龍將，治病救苦速消災。 |
| 三歲良君朝北斗，百萬兵馬四邊排。 | 三歲郎君照北斗，百萬天兵四邊排。 |
| 弟子壇前專拜請，哪吒元帥速降臨。 | 弟子一心專拜請，中壇元帥降臨來。 |
| 火急如律令 | 神兵火急如律令 |

為何在前述的「都元帥」之前，還加上「三十三天」之名呢？其實，在道教及佛教裡都有所謂的「三十三天」。先敘述道書裡所

---

[144] 《元曲選外編》第二冊，頁 657。中華書局，1967 年。

[145] 楊一志《從大員市鎮到臺灣街子：安平舊街區的空間變遷》附錄資料，中原建築學系碩士論文，2000 年。資料由靈濟殿法師陳燦傑先生提供。

載的「三十三天」：

道書裡所載的「三十三天」指神仙所居的三十三重天界，一般認為大羅天為最高之天界，其下有四方八天，共三十三天[146]。東、南、西、北四方各八天，及大羅天，合為三十三天，見《無量度人上品經》。《靈寶經》裡以大羅天為最高之天，其下有：兜率天、大梵天、月行天、速行天、智慧天、娑利天、善法堂天、影照天、威德顏天、眾分天、住輪天、清淨天、上行天、缽弘地天、雜地天、山頂天、住峰天、俱吒天、光明天、周行地天、歡喜圓天、波利樹天、摩尼藏天、雜險岸天、柔軟地天、雜莊嚴天、如意地天、微細行天、密殿中天、寰影上天、音樂天、成輪天、計為三十三天[147]；加以三清所居之清微天，禹餘天，大赤天，合為三十六天也[148]。

而欲明瞭佛界裡的「三十三天」得先從「三界」說起。三界乃佛教世界觀用語。指眾生所存在的三種界域，包含「欲界」、「色界」、「無色界」。「欲界」有六天：包含四王天、忉利天、夜摩天、兜率天、化樂天、他化自在天。此六天之共同性質是仍有欲樂。其中四王天、忉利天據須彌山而住，稱地居天，其餘諸天則住於虛空密雲之上，稱空居天[149]。「忉利」為梵語的音譯，意謂「三十三」，故忉利天又譯「三十三天」。指位在須彌山頂

[146] 胡孚琛 主編《中華道教大辭典》頁 489，中國社會科學出版社，1995年
[147] 張志哲 主編《道教文化辭典》頁95，江蘇古籍出版社，1994年。
[148] 中國道教協會/蘇州道教協會《道教大辭典》頁 96，華夏出版社。1994年
[149] 《中華佛教百科全書》頁 379（第2冊），1143-1144（第3冊），臺南縣：中華佛教百科文獻基金會，1994年。

上的三十三天。帝釋天止住於中央，其四方各有八天（城），合計三十三天。山頂四隅各有一峰，高五百由旬，由金剛手藥叉於中守護諸天。「四王天」又作四大王天、四天王天，指位於須彌山腰的多聞、持國、增長、廣目天王及其眷屬天眾之住處。依《長阿含經》卷二十〈世紀經・四天王品〉所述，須彌山的東、南、西、北四方各千由旬處為提頭賴吒天王（持國）、毗樓勒（增長）、毗樓婆叉天王（廣目）、毗沙門天王（多聞）所居之城[150]。而位於須彌山四方，乃人類所居住之洲渚。又稱須彌四洲、四大部洲、四大洲或稱四天下[151]。可見，不管是道教界或是佛國裡的「三十三天」所涵蓋的範圍皆是相當廣闊，自此也可出民間法團咒文本裡，賦予哪吒乃神通廣大、法力無邊之形象。

　　從上述法團咒文本所載與哪吒相關內容整體來看，民間法團有關哪吒的形象與通俗小說裡的描繪有直接的相關。但是小說內的形象也不是憑空虛構的，而是源於更早的文獻再加以增添而成。文獻上有關哪吒的記載在唐代所譯的密教典籍即已出現：哪吒是毘沙門天王的第三子，常隨侍在毘沙門身旁托塔相隨，塔中供奉釋迦牟尼舍利。在唐代所譯佛經及流傳於日本的密教典籍中，哪吒是毘沙門天王的眷屬神，到了晚唐至宋代間，哪吒逐漸被道教所吸收，成為玉帝前的大將，哪吒鬧海的故事，似在此時已形成，禪宗公案中並流傳著哪吒析肉還母、析骨還父的說法；至元明兩代，經雜劇、《西遊記》、《封神演義》等戲劇及小說

---

[150] 《中華佛教百科全書》頁 1143（第 3 冊），1574-1575（第 4 冊），臺南縣：中華佛教百科文獻基金會，1994 年。
[151] 《中華佛教百科全書》頁 1542（第 4 冊），臺南縣：中華佛教百科文獻基金會，1994 年。

的推衍，哪吒被定位成今日我們所熟知的形貌[152]。另外日本學者二階堂善弘在《哪吒太子考》中提到臺灣的哪吒信仰中特別的部分相當多，比如在臺灣哪吒被認為是「五營」的中營主將，這可能是在臺灣獨特地發展出來的，因為「五營」雖然是在中國南部廣泛的地方流行儀式，但別的地方的五營中似乎沒有哪吒的名字出現[153]。有關五營將軍的姓名記載，在臺南縣佳里鎮金唐殿五營旗上即有所載，內容如下[154]：

> 東營：木令張公聖者（張其清）青旗九夷軍八十一萬兵馬。
> 南營：火令蕭公聖者（蕭其龍）紅旗八蠻軍六十四萬兵馬。
> 西營：金令劉公聖者（劉武秀）白旗六絨軍三十六萬兵馬。
> 北營：水令連公聖者（連宗羌）黑旗五狄軍二十五萬兵馬。
> 中營：土令李府元帥（李哪吒）黃旗三秦軍九萬兵馬。

這是吳新榮於 1964 年所採訪之內容，類似的記載亦見於黃文博在《臺灣信仰傳奇》書內之記載，相關內容如下：

> 五營神兵受各營統帥指揮，統帥一般稱「元帥」，也叫主帥、統兵、將軍、營主或聖者，不但稱謂極多，連人物系統也很雜亂，因地而異。在所有系統中，以「張蕭劉連李」的組合最多，尤以西南沿海地區的王爺廟為最，其人物分別為張基清、蕭其明（或蕭其良）、劉武秀、連忠宮和李

---

[152] 蕭登福〈哪吒溯源〉《第一屆哪吒學術研討會論文集》頁 1~2，高雄市：中山大學清代學術中心出版；臺北市：新文豐發行。2003 年。

[153] 二階堂善弘〈哪吒太子考〉《1996 佛學研究論文集---當代的社會與宗教》頁 310~312，臺北：佛光，1996 年。

[154] 載於吳新榮〈採訪記〉《南瀛文獻》頁 95~96，第九卷合刊，1964 年 6 月。

哪吒。[155]

但上文中並未註明所採訪的地點及時間，以致讓人無法得知此五營將領之名稱是一普遍性的用法或僅是一時一地之特殊用法。不過在福建地區文獻資料裡，是有相近的人物名稱出現，如下文：

> 閭山派是在福建一地最活躍的一個道教派別，陳靖姑、陳守元、林九娘、李三娘、張慈觀、劉武秀、蕭其龍、連宗羌都是以拜許遜為祖師閭山派的主要門徒，其道壇遍布福州、古田、羅源、閩清、永泰、寧德、霞浦、南平、永安、大田、龍巖、漳平、永春、安溪、華安、南靖以及浙江省的溫州、麗水、平陽、青田、瑞安等地，對海外的傳播為香港、澳門、臺灣、馬來西亞等地。[156]

上文中提到「張慈觀、劉武秀、蕭其龍、連宗羌」都是以拜許遜為祖師閭山派的主要門徒，此四人顯然就是指五營將領四位統帥，但與學者在臺灣西南沿海地區所記錄的名稱仍有一些差異。在此先將有關五營將軍的姓名記載整理如下：

| | 張聖者 | 蕭聖者 | 劉聖者 | 連聖者 | 李哪吒 |
|---|---|---|---|---|---|
| 西南沿海地區 | 張基清 | 蕭其明（或蕭其良） | 劉武秀 | 連忠宮 | 李哪吒 李文貞[157] |
| 臺南縣佳里鎮金唐 | 張公聖者 | 蕭公聖者 | 劉公聖者 | 連公聖者 | 李府元帥 |

---

[155] 黃文博《臺灣信仰傳奇》，臺北：臺原出版社，1989 年。

[156] 王祖麟、王光輝〈福建道教淨明閭山派源流考〉《福州閭山文化》頁 81。福州：閩新出（榕）內書刊第 0412 號，1998 年。

[157] 臺南縣學甲鎮溪洲玉皇宮，中營主帥為「李文真」。黃文博《臺灣信仰傳奇》頁 39~51，臺北：臺原出版社，1989 年。

| | 張聖者 | 蕭聖者 | 劉聖者 | 連聖者 | 李哪吒 |
|---|---|---|---|---|---|
| 殿 | （張其清） | （蕭其龍） | （劉武秀） | （連宗羌） | （李哪吒） |
| 《福州閭山文化》[158] | 張慈觀 | 蕭其龍 | 劉武秀 | 連宗羌 | |
| 〈張聖者生平與功德〉[159] | 張聖者 | 蕭法明 | | 連宗羌 | |
| 《方壺岩道教文化》[160] | | | | 連公（連宗羌） | |

　　由上表，就連聖者的姓名來看，有「連宗宮」與「連宗羌」之別，兩者的差異在「宮」及「羌」字的不同，但就閩南語法音來說，「宮」及「羌」卻是相同的；劉聖者的姓名則皆載為「劉武秀」，但從臺灣地區法師所用〈劉聖者咒〉內容中推測其所指應為《邵武府志》裡所載的劉志達，此劉志達與劉武秀是否為同一人，則待更多的資料才足以推論；至於張聖者與蕭聖者的姓名則差異較大，此差異除了同音下的不同用字外，恐怕還有傳抄上的錯誤交相影響下所造成。

　　最後中營的統帥為「李哪吒」是最為人所熟知的名稱，但亦有中營統帥為「李府元帥」、「李文貞」的記載，當然以「中壇

[158] 王祖麟、王光輝〈福建道教淨明閭山派源流考〉《福州閭山文化》頁 81。福州：閩新出（榕）內書刊第 0412 號，1998 年。

[159] 在〈張聖者的生平與功德〉《張聖君信仰文化發祥地---方壺山》頁 150，福建：永泰縣方壺岩管理委員會編，1999 年。文中提及聖者二十二歲時返回永邑高蓋造橋亭，方壺懸崖峭壁建石釘，鬥文法行罡步，由蕭法明、連宗羌兩位結義兄弟協助揮劍破洞誅五鬼。

[160] 「據考，連公，名宗羌，福建古田西湖鄉錢坈人。生於建炎戊申年間〔1127~1130〕，享壽六十五歲，農曆四月十六日誕辰。」此內容原載於《方壺岩道教文化》永泰縣方壺岩張聖君母殿編輯，2000 年 2 月內部版，轉引自葉明生〈張聖君信仰發祥地與盤谷方壺寺祭儀述略〉《民俗曲藝》頁 156~157。138 期，2002 年。

元帥」來名之亦是相當普遍。二階堂善弘曾在《哪吒太子考》中
提到統領中營的「李哪吒」元帥，這「李哪吒」之稱呼在明代以
前是少見的，而哪吒跟其他四元帥的關係也曖昧，前代的資料裡
也找不到相關的記載。二階堂善弘還進一步推測五營元帥的中營
本來不是哪吒，是就中營元帥的姓是「李」而附會的，像臺南縣
學甲鎮溪洲玉皇宮的中營主帥是李文貞而不是李哪吒也可佐證
此推測[161]。二階堂善弘就有限的資料做此推測可能失之偏頗，
但卻提醒人們應注意這種不同面向的探討。比如在臺南地區，許
多的法師會將「李哪吒」與「李元帥」作一區辦，他們認為中營
的主帥為「李元帥」，此中營「李元帥」與中壇元帥李哪吒所指
不同，只是皆姓李，一為李哪吒另一為李福隆或稱李伏龍。這樣
的說法透露出某些法師的概念裡認為，許多廟內常會安奉的中壇
元帥李哪吒之職務，是不同於掌管中營的李元帥，這樣的概念在
主祀神為李哪吒的廟方法師裡更為明顯，這樣的概念也避免身李
哪吒為一廟之主而又需兼任中營統領之職的矛盾情況。

## 二、三十六員將

（一）三十六員將的種類及配置

　　1.三十六員將之種類

　　神軍的組成有「天兵、地兵」與「五營神兵」之別。針對文
獻的記載，整理成下表：

| | 天兵 | 地兵 | 五營神兵 |
|---|---|---|---|

---

[161] 二階堂善弘〈哪吒太子考〉《1996 佛學研究論文集---當代的社會與宗教》
　　　頁 310~312，臺北：佛光，1996 年。

| 鈴木清一郎[162] | 天上有三十六天罡的天兵兇神,稱為三十六軍將。 | 地下有七十二地煞的地兵惡煞。 | 全軍分成東西南北與中央五營。 |
| 宋龍飛[163] | 天上有三十六天罡的天兵凶神,又稱為三十六「將軍」。 | 地下有七十二地煞的地兵惡煞。 | 全軍分成東、西、南、北、中央等五營 |
| 周榮杰[164] | 天兵(三十六天罡或軍將) | 地兵(七十二地煞) | 五營神兵 |
| 黃有興、甘村吉[165] | 天兵(三十六天罡) | 地兵(七十二地煞) | 五營神兵 |

其中有關「五營神兵」的組成與安置已在前一章節裡論述,接著在此節裡進要一步探討「天兵」之屬的三十六天罡與三十六軍將。上述文獻中提及三十六天罡之天兵凶神稱為「三十六軍將」或「三十六將軍」。換句話說,「三十六天罡」、「三十六軍將」及「三十六將軍」所指稱對象皆相同,這樣的說法容易造成混亂,因為類似「三十六」將的說法就有多種,分別敘述如下:

(1)三十六天罡

道教稱北斗眾星中有三十六個天罡星,每個天罡星中各有一

---

[162] 鈴木清一郎《臺灣舊慣冠婚葬祭と年中行事》頁 25~26,臺北:南天書局,1995 年(1934 年初版)。

[163] 宋龍飛〈澎湖的開發史與移民的風俗民情〉《民俗藝術探源》頁 352~354,藝術家雜誌社,1982 年。此篇原載於〈澎湖的開發史與移民的風俗民情〉《藝術家》第 9 卷 4 期,1979 年。

[164] 宋龍飛〈澎湖的開發史與移民的風俗民情〉《民俗藝術探源》頁 352~354,藝術家雜誌社,1982 年。此篇原載於〈澎湖的開發史與移民的風俗民情〉《藝術家》第 9 卷 4 期,1979 年。

[165] 黃有興、甘村吉 編撰《澎湖民間祭典儀式與應用文書》頁 83,澎湖縣立文化中心,2003 年。

神。道士在齋醮作法時，常召其下凡降妖伏魔[166]。《道藏》裡《上清天樞院回車畢道正法》：「三十六天罡，天中大神王，……七總太元君，為吾驅禍殃。」小說家即以附會于梁山泊中的三十六位頭領。《大宋宣和遺事・亨集》載鄆城宋江在九天玄女廟中，得天書，上寫三十六人姓名，末有一行寫道：「天書付天罡院三十六員猛將，使呼保義宋江為帥。廣行忠義，殄滅奸邪。」明代施耐庵《水滸傳》第 71 回：宋江等于忠義堂建羅天大醮，得一石碣。前面書梁山泊天罡星三十六員，背後書地煞星七十二員。小說中所書三十六天罡星名如下：

> 天魁星、天罡星、天機星、天閒星、天勇星、天雄星、
> 天猛星、天威星、天英星、天貴星、天富星、天滿星、
> 天孤星、天傷星、天立星、天捷星、天暗星、天佑星、
> 天空星、天速星、天異星、天殺星、天微星、天究星、
> 天退星、天壽星、天劍星、天平星、天罪星、天損星、
> 天敗星、天牢星、天慧星、天暴星、天哭星、天巧星。

此為中國人的自然星辰崇拜。道家祈禳法籙中，有取罡氣神煞法。以三十六天罡，配二十四氣，按十二月建神，合七十二地煞氣取用，以為禳解凶厄。[167]

(2)三十六天將

天將多為後天神靈，或系天神化身，或屬忠孝義烈，或有功德于世之神靈，天庭擢為將帥，稱為天將。道書列為天將者，凡

---

[166] 胡孚琛　主編《中華道教大辭典》頁 1474，中國社會科學出版社，1995 年

[167] 張志哲　主編《道教文化辭典》頁 274，江蘇古籍出版社。1994 年

三十六員：蔣光、鐘英、金游、殷效、鄧郁光、辛漢臣、張元伯、陶元信、龐煜、劉吉、苟雷吉、畢宗遠、趙公明、關羽、馬勝、溫瓊、王善、康應、朱彥、吳明遠、李青天、梅天順、熊光顯、高克、石遠信、孔雷結、陳元遠、林大華、周青遠、紀雷剛、崔志旭、江飛捷、賀天祥、呂魁、方角、耿通等，稱之為三十六天將。[168]

另外在《北方真武祖師玄天上帝出身全傳》中，稱三十六天將都是真武大帝收服的神，全部隸屬真武麾下，名稱如下：水、火龜蛇二將，趙元帥趙公明，顯靈元帥關羽，雷開、苟畢二元帥，風輪元帥周廣澤，盡忠元帥張建，火德元帥謝仕榮，靈官元帥馬華光，管打不信道元帥朱彥夫，考較元帥黨歸籍，仁聖元帥康席，混氣元帥龐喬，降生元帥高原，降妖辟邪元帥雨田，威靈瘟元帥雷瓊，神雷元帥石成，虎丘元帥王鐵、高銅，先鋒元帥李伏龍，電母朱佩娘等。在民間傳說中，三十六天罡常與二十八宿、七十二地煞聯合行動，降妖伏魔。[169]

上述文獻所載「三十六天罡」與「三十六天將」內成員之名稱又與臺南地區廟宇內所見的三十六將不同，也與各地法師團所用咒文本內所記載的三十六將名稱不同，其內容詳述於後。

2.三十六將在廟中的配置

在臺南地區有些廟內兩側牆上或兩側門板上，可見或塑或畫著三十六將，並在旁邊書寫出名稱，亦有以塑像供奉在廟內兩旁的形式。有關廟中奉祀三十六將的紀錄，在片岡巖〈臺灣の巫覡〉

---

[168] 張志哲 主編《道教文化辭典》頁 274，江蘇古籍出版社。1994 年
[169] 中國道教協會/蘇州道教協會《道教大辭典》頁 101，華夏出版社。1994 年

《臺灣風俗誌》中「臺灣的儒教」章節內即有記載。文中提到儒教崇拜的神明裡有「三十六將」一項，三十六將就是天神部屬的三十六位神將，在臺南市良皇宮裡即有有奉祀，其神明名稱如下[170]：

> 紀仙姑（騎鶴）、連聖者（騎豹）、五龍官（騎馬）、鎖大將（騎麒麟）、金舍人（騎獅）、倒海大將（騎虎，海水作傾斜狀）、李仙姑（騎鶴）、馬龍官（騎馬）、劉聖者（騎獅）、枷大將（騎馬）、康舍人（騎馬）、移山大將（騎馬托山）、趙元帥（騎虎）、殷元帥（騎馬，有四手，二手舉日月，二手執弓矢）、岳元帥（騎象）、王孫元帥（騎鹿）、辛元帥（騎獅）、必大將（騎龍）、康元帥（騎馬）、溫元帥（騎獅）、咒水真人（騎馬，有三眼）、鄧元帥（騎牛，人面鳥嘴）、李元帥（騎麒麟）、高元帥（騎馬，舉人體）、勸仙姑（騎鶴）、張腥者（騎麒麟，手握蛇）、拿大將（騎牛，攜逮捕牌）、江仙官（騎馬）、虎加羅（騎獅）、食鬼大將（騎麒麟，捉鬼吞吃狀）、何仙姑（騎鶴）、蕭聖者（騎豹，頭部纏蛇）、捉大將（騎馬）、紅化官（騎馬）、馬加羅（騎麒麟）、吞精大將（騎虎，做吃妖怪狀）。

現今在臺南市中區良皇宮正殿兩側門板上可見「三十六將」的繪像，神像旁並書寫著神將名稱，但與上文片岡巖所記載之三

---

[170] 片岡巖《臺灣風俗誌》頁 1016，臺北：臺灣日日新報社，1921。
陳金田譯/片岡巖著《臺灣風俗誌》頁 600~651，臺北：大立出版社，1981年。

十六將名稱有一些不同。目前在臺南市除良皇宮外，在廟內兩側
門板或牆上塑著或畫著「三十六將」的廟宇如下：

臺南市安平區囝仔宮社「妙壽宮」：主祀保生大帝。
臺南市安平區港仔尾社「靈濟殿」：伍府恩主公。
臺南市安平區海頭社「文朱殿」：主祀李天王。
臺南市西區老古石「集福宮」：主祀玄天上帝。
臺南市西區閭山「威靈壇」：主祀閭山保生大帝。
臺南市西區「西羅殿」：主祀廣澤尊王。
臺南市中區「崑明殿」：主祀薛府千歲。
臺南市東區竹篙厝「仁和宮」（上帝廟）：主祀玄天上帝。
臺南市東區「開帝殿」：主祀開天炎帝。
臺南市南區「水門宮」：主祀吳府二鎮。
臺南市南區鹽埕「北極殿」：主祀玄天上帝。

三十六將彩繪圖
（臺南市中區興濟宮門板上）

三十六將刻畫圖
（臺南市東區仁和宮內牆上）

上述廟宇連同主祀保生大帝的良皇宮，廟宇內所配置三十六將名

稱皆如下所述：

> 張聖者、蕭聖者、劉聖者、連聖者。
> 勤仙姑、何仙姑、李仙姑、紀仙姑。
> 拿大將、縛大將、枷大將、鎖大將。
> 吞精大將、食鬼大將、移山大將、倒海大將。
> 虎伽羅、馬伽羅、龍大將、必大將。
> 江仙官、黃仙官、金舍人、康（孔）舍人。
> 康元帥、趙元帥、鄧元帥、辛元帥。
> 王元帥、高元帥、楊元帥、岳元帥。
> 李元帥、殷元帥、五（伍）靈官、馬龍官。

　　與上述名稱不一的也僅有些許差異，如：臺南市中區主祀保生大帝的開山宮，宮內三十六神將缺「五靈官」、「馬龍官」之名，而增加「五顯靈官」、「雙龍靈官」之名；臺南市中區主祀玄天上帝的開基靈祐宮與北區的菱洲宮，廟內三十六將則無「王元帥」之名，而增加「王真君」之名。

　　在臺南地區，一般認為要屬於「帝級」的神明，如玄天上帝、保生大帝、開天炎帝（神農氏）、文衡聖帝等神明，才有資格配置上述的三十六員將，此三十六將亦有「三十六官將」或「三十六關將」的說法與記法。有關「三十六將」的名稱，在法師所用咒文本裡亦有記載，將於下文詳述。

（二）「請神咒文」裡之三十六將

　　在各地「法師團」所用請神咒文中，有著「三十六將」的記載，內容如下：

　　1.臺南地區

　　(1)臺南市普濟殿「小法請神咒」裡〈三十六將〉咒文內容如

下：

　　謹請三十六將大神通，鳳毛改穢眾金剛。八百化身驅邪
　　祟，九天降主龍樹王。
　　北極真武大將軍，殿前現出諸聖尊。高天聖凡聖乾坤，張
　　蕭劉連鎮四方。
　　中壇哪吒大元帥，統領天兵展神通。鄧辛二將把天門，楊
　　岳元帥斬五瘟。
　　捉縛枷鎖四大將，馬虎伽羅二位尊。五顯靈官馬華光，益
　　烈江黃二仙官。
　　靈通高高真顯現，玉敕金康兩舍人。康趙王高四元帥，勤
　　何李紀四仙姑。
　　三頭六臂殷元帥，勇猛無雙龍靈官。吞精食鬼二大將，移
　　山倒海二將軍。
　　龍必二將真英勇，驅邪押煞滅災殃。三壇關將隨吾請，齊
　　到壇前展神通。
　　凡間有事急急請，時時刻刻到壇前。弟子壇前專拜請，三
　　十六將速降臨。
　　神兵火急如律令

上述咒文內三十六將名稱整理如下：

| 咒文內容 | 三十六將名稱 |
|---|---|
| 高天聖凡聖乾坤，張蕭劉連鎮四方。 | 張聖者、蕭聖者、劉聖者、連聖者。 |
| 中壇哪吒大元帥，統領天兵展神通。 | 中壇哪吒元帥、 |
| 鄧辛二將把天門，楊岳元帥斬五瘟。 | 鄧元帥、辛元帥、楊元帥、岳元帥。 |
| 捉縛枷鎖四大將，馬虎伽羅二位尊。 | 捉大將、縛大將、枷大將、鎖大將。馬伽羅、虎伽羅。 |
| 五顯靈官馬華光，益烈江黃二仙官。 | 五顯靈官馬華光、江仙官、黃仙官。 |

| 咒文內容 | 三十六將名稱 |
|---|---|
| 靈通高高真顯現，玉敕金康兩舍人。 | 金舍人、康舍人。 |
| 康趙王高四元帥，勤何李紀四仙姑。 | 康元帥、趙元帥、王元帥、高元帥、勤仙姑、何仙姑、李仙姑、紀仙姑。 |
| 三頭六臂殷元帥，勇猛無雙龍靈官。 | 殷元帥、龍靈官。 |
| 吞精食鬼二大將，移山倒海二將軍。 | 吞精大將、食鬼大將。移山大將、倒海大將。 |
| 龍必二將真英勇，驅邪押煞滅災殃。 | 龍大將、必大將。 |
| | 共三十六員將 |

(2)臺南市醒心堂法師所用請神咒文，其中〈三十六神將（三十六將）〉咒文內容如下：

> 謹請三十六神將，伏魔改厄諸金剛。八萬化身驅邪將，九天教主龍樹王。
>
> 北極真武上帝君，殿前現出諸聖尊。諸天聖者勝乾坤，張蕭劉連鎮四方。
>
> 中壇太子大元帥，統領天兵展威風。鄧辛兩將把天門，楊岳元帥斬五瘟。
>
> 捉縛枷鎖四大將，馬虎伽羅二隊兵。五顯龍官馬華光，益列江黃二仙官。
>
> 靈通高高真顯應，玉勒金康二舍人。康趙王高四元帥，勤何李紀四仙姑。
>
> 三頭六臂殷元帥，勇猛無雙龍靈官。吞精食鬼二大將，移山倒海二將軍。
>
> 龍必兩將真英勇，驅邪壓煞滅災秧。三壇官將隨吾請，齊到殿前展神通。
>
> 凡間有事急急請，時時刻刻到殿前。弟子一心專拜請，速速臨。

火急急如律令

上述咒文內三十六將名稱整理如下：

| 咒文內容 | 三十六將名稱 |
|---|---|
| 諸天聖者勝乾坤，張蕭劉連鎮四方。 | 張聖者、蕭聖者、劉聖者、連聖者。 |
| 中壇太子大元帥，統領天兵展威風。 | 李元帥 |
| 鄧辛兩將把天門，楊岳元帥斬五瘟。 | 鄧元帥、辛元帥、楊元帥、岳元帥。 |
| 捉縛枷鎖四大將，馬虎伽羅二隊兵。 | 捉大將、縛大將、枷大將、鎖大將。馬伽羅、虎伽羅。 |
| 五顯龍官馬華光，益列江黃二仙官。 | 五顯靈官馬華光、江仙官、黃仙官。 |
| 靈通高高真顯應，玉勒金康二舍人。 | 金舍人、康舍人。 |
| 康趙王高四元帥，勤何李紀四仙姑。 | 康元帥、趙元帥、王元帥、高元帥。勤仙姑、何仙姑、李仙姑、紀仙姑。 |
| 三頭六臂殷元帥，勇猛無雙龍靈官。 | 殷元帥、龍靈官 |
| 吞精食鬼二大將，移山倒海二將軍。 | 吞精大將、食鬼大將。移山大將、倒海大將。 |
| 龍必兩將真英勇，驅邪壓煞滅災秧。 | 龍大將、必大將。 |
|  | 共三十六員將 |

(3)臺南市南廠保安宮法師所用請神咒文，其中〈三十六員諸猛將（三十六將）〉咒文，內容如下：

拜請三十六員諸猛將，降魔氣穢大將軍。八臂化身驅邪穢，九天降主龍樹王。

北極真武大將軍，天皇天佑二位尊。高天協聖炳乾坤，張蕭劉連鎮四方。

拜請中壇都元帥，統領天兵展神通。鄧辛二將把天門，高岳元帥斬五瘟。

捉縛枷鎖四大將，虎馬珈羅二位尊。五顯龍官馬華公，基地猛烈二電光。

馬府龍官威顯現，顯現英雄展神通。靈通個個真顯現，拜請王孫三相公。

溫康馬趙四元帥，勤何李紀四仙姑。吞精食鬼二大將，降龍伏虎大慈悲。

江黃猛勇二仙官，咒水真人展神通。移山倒海二大將，殷蛟太子顯真身。

拜請金孔二舍人，二位舍人化現身。三十六員諸猛將，齊到壇前驅邪魔。

三壇猛將聞吾請，齊到壇前展神通。若有邪魔犯吾法，驅邪殺鬼滅妖精。

弟子一心專拜請，三十六將降臨來。

上述咒文內三十六將名稱整理如下：

| 咒文內容 | 三十六將名稱 |
|---|---|
| 高天協聖炳乾坤，張蕭劉連鎮四方。 | 張聖者、蕭聖者、劉聖者、連聖者。 |
| 拜請中壇都元帥，統領天兵展神通。 | 中壇都元帥 |
| 鄧辛二將把天門，高岳元帥斬五瘟。 | 鄧元帥、辛元帥；高元帥、岳元帥。 |
| 捉縛枷鎖四大將，虎馬珈羅二位尊。 | 捉大將、縛大將、枷大將、鎖大將。虎伽羅、馬伽羅。 |
| 五顯龍官馬華公，基地猛烈二電光。 | 五顯龍官馬華光 |
| 馬府龍官威顯現，顯現英雄展神通。 | 馬府龍官 |
| 靈通個個真顯現，拜請王孫三相公。 | 王孫三相公、 |
| 溫康馬趙四元帥，勤何李紀四仙姑。 | 溫元帥、康元帥、馬元帥、趙元帥。勤仙姑、何仙姑、李仙姑、紀仙姑。 |
| 吞精食鬼二大將，降龍伏虎大慈悲。 | 吞精大將、食鬼大將。 |
| 江黃猛勇二仙官，咒水真人展神通。 | 江仙官、黃仙官。咒水真人 |
| 移山倒海二大將，殷蛟太子顯真身。 | 移山大將、倒海大將。殷郊太子 |
| 拜請金孔二舍人，二位舍人化現身。 | 金舍人、孔舍人。 |
|  | 共三十六員將 |

(4)臺南市和玄堂法師所用請神咒文，其中〈三十六將〉咒文，內容如下：

> 謹請三十六將大神通，伏魔改厄眾金剛。百萬化身驅邪崇，九天教主良樹王。
>
> 北極真武大將軍，天皇天顯二聖尊。高天聖凡聖乾坤，張蕭劉連鎮四方。
>
> 中壇哪吒大元帥，統領天兵展神通。鄧辛二將把天門，趙岳元帥斬五瘟。
>
> 捉縛枷鎖四大將，虎馬珈羅二位尊。五顯龍冠馬花公，祈歲英烈二聖尊。
>
> 龍通高高真顯現，王孫三使三相公。康趙黑白四元帥，勤何李紀四仙姑。
>
> 吞精食鬼二大將，伏龍伏虎大慈悲。三壇關將隨吾請，齊到壇前展神通。
>
> 弟子一心專拜請，三十六將速降臨。

上述咒文內三十六將名稱整理如下：

| 咒文內容 | 三十六將名稱 |
|---|---|
| 高天聖凡聖乾坤，張蕭劉連鎮四方。 | 張聖者、蕭聖者、劉聖者、連聖者 |
| 中壇哪吒大元帥，統領天兵展神通。 | 中壇哪吒元帥、 |
| 鄧辛二將把天門，趙岳元帥斬五瘟。 | 鄧元帥、辛元帥、趙元帥、岳元帥 |
| 捉縛枷鎖四大將，虎馬珈羅二位尊。 | 捉大將、縛大將、枷大將、鎖大將；虎伽羅、馬伽羅 |
| 五顯龍冠馬花公，祈歲英烈二聖尊。 | 五顯龍冠馬花公 |
| 龍通高高真顯現，王孫三使三相公。 | 王孫三相公 |
| 康趙黑白四元帥，勤何李紀四仙姑。 | 康元帥、趙元帥、黑元帥、白元帥勤仙姑、何仙姑、李仙姑、紀仙姑 |
| 吞精食鬼二大將，伏龍伏虎大慈悲。 | 吞精大將、食鬼大將 |
| | 共二十七員將 |

　　上述和玄堂、南廠保安宮、醒心堂之法師團分屬不同的傳承系統，咒文本上所載三十六將名稱稍有不同。

　　2.澎湖地區

　　澎湖地區法師所用請神咒文，其中〈三十六員大將軍〉咒文，內容如下[171]：

> 三十六員大將軍，降魔去穢大金剛。八壁化身驅邪穢，九天降法龍樹王。
>
> 北極真武大將軍，天皇天遊二聖者。高隆興聖併天罡，張蕭劉連鎮四方。
>
> 中壇哪吒李太子，統領天兵展神通。丁辛二將把天門，岳府元帥斬邪瘟。
>
> 捉縛枷鎖四大將，虎馬伽羅四威尊。五顯靈通馬華公，地里英烈二恩康。
>
> 靈通個個真顯現，拜請王孫三相公。三壇猛將門外請，驅邪殺鬼救萬民。
>
> 若有災殃拼（並）禍患，邪魔污穢盡皆驚。弟子一心專拜請，三十六員降臨來。
>
> 神兵火急如律令

上述咒文內三十六將名稱整理如下：

---

| 咒文內容 | 三十六將名稱 |
|---|---|
| 高隆興聖併天罡，張蕭劉連鎮四方。 | 張聖者、蕭聖者、劉聖者、連聖者 |
| 中壇哪吒李太子，統領天兵展神通。 | 中壇哪吒李太子 |
| 丁辛二將把天門，岳府元帥斬邪瘟。 | 丁元帥、辛元帥、岳府元帥 |
| 捉縛枷鎖四大將，虎馬伽羅四威尊。 | 捉大將、縛大將、枷大將、鎖大將。虎伽羅、馬伽羅 |
| 五顯靈通馬華公，地里英烈二恩康。 | 五顯靈通馬華公；恩（溫）元帥、康元帥 |
| 靈通個個真顯現，拜請王孫三相公。 | 王孫三相公 |
| | 共十八員將 |

### 3.鹿港地區

鹿港照法堂法壇咒文本內〈三十六員神將〉咒文，內容如下：

> 謹請軍兵隨吾行，三十六員大神將。降魔去穢大將軍，降魔去穢大金剛。
>
> 九天法主龍樹王，八臂化身驅邪魔。北極鎮天四大帝，天逢天猷二聖君。
>
> 高大詡聖併天罡，張蕭劉連鎮四方。中壇哪吒都元帥，統領天兵展神通。
>
> 鄧辛二將把天門，岳趙二將斬邪瘟。捉縛枷鎖四猛將，馬虎珈儸二威尊。
>
> 五顯靈官馬華公，地祇英烈二溫康。靈通列聖真顯現，齊到壇前展神通。
>
> 欽奉玉皇上帝敕，驅邪殺鬼救萬民。弟子一心專拜請，神將軍兵降臨來。
>
> 神兵火急如律令

上述咒文內三十六將名稱整理如下：

| 咒文內容 | 三十六將名稱 |
|---|---|
| 高大詡聖併天罡，張蕭劉連鎮四方。 | 張聖者、蕭聖者、劉聖者、連聖者 |
| 中壇哪吒都元帥，統領天兵展神通。 | 中壇哪吒都元帥 |
| 鄧辛二將把天門，岳趙二將斬邪瘟。 | 鄧元帥、辛元帥、岳元帥、趙元帥 |
| 捉縛枷鎖四猛將，馬虎珈儸二威尊。 | 捉大將、縛大將、枷大將、鎖大將。虎珈羅、馬珈羅。 |
| 五顯靈官馬華公，地祇英烈二溫康。 | 五顯龍官馬華公、溫元帥、康元帥共十八員將 |

將上述各地廟宇所見及咒文本內所載三十六員將名稱整理成下表：

表 4-3-1：廟宇及咒文本內三十六員將名稱整理表

| 神將名稱 | 臺南市良皇宮[172] | 臺南地區廟宇[173] | 普濟殿咒文本 | 醒心堂咒文本 | 保安宮咒文本 | 和玄堂咒文本 | 澎湖咒文本 | 鹿港咒文本 |
|---|---|---|---|---|---|---|---|---|
| 張聖者 | ○[174] | ○ | ○ | ○ | ○ | ○ | ○ | ○ |
| 蕭聖者 | ○ | ○ | ○ | ○ | ○ | ○ | ○ | ○ |
| 劉聖者 | ○ | ○ | ○ | ○ | ○ | ○ | ○ | ○ |
| 連聖者 | ○ | ○ | ○ | ○ | ○ | ○ | ○ | ○ |
| 勤仙姑 | ○[175] | ○ | ○ | ○ | ○ | ○ | ○ | |
| 何仙姑 | ○ | ○ | ○ | ○ | ○ | ○ | ○ | |
| 李仙姑 | ○ | ○ | ○ | ○ | ○ | ○ | ○ | |
| 紀仙姑 | ○ | ○ | ○ | ○ | ○ | ○ | ○ | |

[172] 載於片岡巖《臺灣風俗誌》頁 1016，臺北：臺灣日日新報社，1921。

[173] 包含安平區囝仔宮社「妙壽宮」、安平區港仔尾社「靈濟殿」、安平區海頭社「文朱殿」、臺南市西區老古石「集福宮」、臺南市西區閣山「威靈壇」、臺南市西區「西羅殿」、臺南市中區「崑明殿」、臺南市中區「良皇宮」、臺南市東區竹篙厝「仁和宮」（上帝廟）、臺南市東區「開帝殿」、臺南市南區「水門宮」、臺南市南區鹽埕「北極殿」。

[174] 書上所載名稱為「張腥者」，應即為「張聖者」。

[175] 名稱為「勸仙姑」。

| 神將名稱 | 臺南市良皇宮[172] | 臺南地區廟宇[173] | 普濟殿咒文本 | 醒心堂咒文本 | 保安宮咒文本 | 和玄堂咒文本 | 澎湖咒文本 | 鹿港咒文本 |
|---|---|---|---|---|---|---|---|---|
| 捉大將 | ○ | ○[176] | ○ | ○ | ○ | ○ | ○ | ○ |
| 縛大將 | ◎[177] | ○ | ○ | ○ | ○ | ○ | ○ | ○ |
| 枷大將 | ○ | ○ | ○ | ○ | ○ | ○ | ○ | ○ |
| 鎖大將 | ○ | ○ | ○ | ○ | ○ | ○ | ○ | ○ |
| 虎伽羅 | ○[178] | ○ | ○ | ○ | ○ | ○ | ○ | ○ |
| 馬伽羅 | ○[179] | ○ | ○ | ○ | ○ | ○ | ○ | ○ |
| 吞精大將 | ○ | ○ | ○ | ○ | ○ | ○ | ○ | |
| 食鬼大將 | ○ | ○ | ○ | ○ | ○ | ○ | ○ | |
| 移山大將 | ○ | ○ | ○ | ○ | ○ | ○ | ○ | |
| 倒海大將 | ○ | ○ | ○ | ○ | ○ | ○ | ○ | |
| 龍大將 | | ○ | ○ | ○ | ○ | ○ | ○ | ○ |
| 必大將 | ○ | ○ | ○ | ○ | ○ | ○ | ○ | ○ |
| 江仙官 | ○ | ○ | ○ | ○ | ○ | | | |
| 黃仙官 | *[180] | ○ | ○ | ○ | | | | |
| 金舍人 | ○ | ○ | ○ | | | | | |
| 康舍人 | ○ | ○[181] | ○ | ○ | ○[182] | | | |
| 五顯靈官 | ○[183] | ○[184] | ○ | ○ | ○[185] | ○[186] | ○[187] | ○[188] |

---

[176] 名稱為「拿大將」，「捉」與「拿」同義。

[177] 書上所載三十六將成員包含「捉大將」及「拿大將」而無「縛大將」。

[178] 書上所載名稱為「虎加羅」。

[179] 書上所載名稱為「馬加羅」。

[180] 書上所載並無「黃仙官」。在臺南地區廟宇內所置三十六將成員中，計有江、黃二位仙官，此　處卻獨見「江仙官」而無「黃仙官」，推測「紅化官」之「化官」可能為「仙官」在書寫或記　錄過程中字形之轉變，而「紅化官」之「紅」的　使用，可能是「黃」的閩南語發音在長期的口耳相傳之下所造成的語音變化。

[181] 名稱為「康舍人」或「孔舍人」，「孔」與「康」閩南語發音近似。

[182] 咒文內名稱為「孔舍人」。

[183] 書上所載名稱為「五龍官」。

[184] 名稱為「五靈官」或「伍靈官」。

| 神將名稱 | 臺南市良皇宮[172] | 臺南地區廟宇[173] | 普濟殿咒文本 | 醒心堂咒文本 | 保安宮咒文本 | 和玄堂咒文本 | 澎湖咒文本 | 鹿港咒文本 |
|---|---|---|---|---|---|---|---|---|
| 馬華光 | | | | | | | | |
| 龍靈官 | ◎[189] | ◎[190] | ○ | ○ | ○[191] | | | |
| 李元帥 | ○ | ○ | ○[192] | ○[193] | ○[194] | ○[195] | ○[196] | ○[197] |
| 康元帥 | ○ | ○ | ○ | ○ | | | | ○ |
| 趙元帥 | ○ | ○ | ○ | ○ | | ○[198] | | ○ |
| 鄧元帥 | ○ | ○ | ○ | ○ | | | ○[199] | |
| 辛元帥 | ○ | ○ | ○ | ○ | | | | |
| 岳元帥 | ○ | ○ | ○ | ○ | | | ○[200] | ○ |
| 王元帥 | | ○ | ○ | ○ | | | | |
| 高元帥 | ○ | ○ | ○ | ○ | ○ | | | |

[185] 咒文內名稱為「五顯龍官馬華光」。

[186] 咒文內名稱為「五顯龍冠馬花公」。

[187] 咒文內名稱為「五顯靈通馬華公」。

[188] 咒文內名稱為「五顯靈官馬花公」。

[189] 書上所載名稱為「馬龍官」。

[190] 名稱為「馬龍官」。

[191] 咒文內名稱為「馬府靈官」。

[192] 咒文內名稱為「中壇哪吒元帥」。

[193] 咒文內名稱為「中壇太子元帥」。

[194] 咒文內名稱為「中壇都元帥」。

[195] 咒文內名稱為「中壇哪吒元帥」。

[196] 咒文內名稱為「中壇哪吒李太子」。

[197] 咒文內名稱為「中壇哪吒都元帥」。

[198] 咒文內「趙岳元帥斬五瘟」、「康趙黑白四元帥」兩句，皆出現「趙元帥」。

[199] 咒文內「丁辛二將把天門」，「丁」與「鄧」閩南語音近似。推測丁辛二將，即為「鄧元帥」、「辛元帥」兩元帥。

[200] 咒文內名稱為「岳府元帥」。

| 神將名稱 | 臺南市良皇宮[172] | 臺南地區廟宇[173] | 普濟殿咒文本 | 醒心堂咒文本 | 保安宮咒文本 | 和玄堂咒文本 | 澎湖咒文本 | 鹿港咒文本 |
|---|---|---|---|---|---|---|---|---|
| 楊元帥 | | ○ | ○ | | | | | |
| 殷元帥 | ○ | ○ | ○ | ○ | ○[201] | | | |
| 溫元帥 | ○ | | | | ○ | | ○[202] | ○ |
| 馬元帥 | | | | | ○ | | | |
| 黑元帥 | | | | | | ○ | | |
| 白元帥 | | | | | | ○ | | |
| 王孫三相公 | ◎[203] | | | | ○ | ○ | | |
| 咒水真人 | ○ | | | | ○ | | | |

　　臺南地區廟宇內所奉祀與法師所用咒文本內所載之三十六將的成員大抵相似，這群「三十六將」，在法師所作的法事科儀過程中常被調請來守護壇場，在五方守衛的概念下，以數種不同的組合來統領五營軍兵，詳細內容於下節詳述之。

（三）三十六將與五營將領之組成

　　1.張、蕭、劉、連四聖者與李元帥之組合

　　在統兵的五營將領裡，有著數種不同的組合，但大多出自於三十六員將群內。其中以東營張聖者、南營蕭聖者、西營劉聖者、北營連聖者及中營中壇元帥這組最為普遍，相關內容在前一章節已有論述。

　　2.女五營之組成

　　法師在三十六將裡調派五營統領時，也會因主神為女神的原

---

[201] 咒文內名稱為「殷郊太子」。

[202] 咒文內「地里英烈二恩康」，「二恩康」推測為「溫（恩）元帥」、「康元帥」。

[203] 書上所載名稱為「王孫元帥」。

因，而調派勤氏仙姑、何氏仙姑、李氏仙姑、紀氏仙姑及九天玄女之「女五營」將領前來統領五營軍兵。但並不是說「女五營」將領只適合搭配女神，有時法師在調派諸如張聖者、蕭聖者、劉聖者、連聖者、哪吒元帥此組將領來統領「男五營」時，亦會再安置一組由勤氏仙姑、何氏仙姑、李氏仙姑、紀氏仙姑及九天玄女所統領的「女五營」，而讓整個境域內的守衛工作更為嚴謹。法師們舉人間的實例來說明：若把「女五營」部眾當成「女警」來看，很多值勤時所遭遇的情況，男員警並不適合前去處理，若由女員警來擔任則可避免掉一些不適合或尷尬的場面出現。安置「女五營」的情況如下：

(1)安平普庵祖師會館

安平街仔市普庵祖師會館，館內五營座裡令牌上分別寫著：「勤氏仙姑、何氏仙姑、李氏仙姑、紀氏仙姑。」即是代表由女將來統領五營軍兵，至於中營的統帥則為九天玄女。相關照片如下：

五營座全圖

五營座局部圖

### (2)臺南市開基天后宮

臺南市中區開基天后宮主祀天上聖母，廟內五營座置於後殿右側福德正神神龕內右方，五營座座內置放有五人首像（代表男營各營將領）、五支令牌（代表女營）、五色營旗、六丁六甲二偶像。廟方法師提到女營的統領為：勤氏仙姑、何氏仙姑、李氏仙姑、紀氏仙姑及九天玄女。

### (3)和玄堂

和玄堂許銘楠法師，師承自和意堂王炎山法師。堂內所用的五營旗上書有符文如下：

> 「雷令 奉東營張公法主（泰山元帥、勤氏仙姑） 統領九夷軍兵馬九千九萬將九千九萬人 罡」
>
> 「雷令 奉南營蕭公法主（玄壇元帥、何氏仙姑） 統領八蠻軍兵馬八千八萬將八千八萬人 罡」
>
> 「雷令 奉西營劉公法主（廣東元帥、李氏仙姑） 統領六戎軍兵馬六千六萬將六千六萬人 罡」
>
> 「雷令 奉北營連公法主（北京元帥、紀氏仙姑） 統領五澤軍兵馬五千五萬將五千五萬人 罡」
>
> 「雷令 奉中壇哪吒元帥（太師元帥、九天玄女） 統領三真軍兵馬三千三萬將三千三萬人 罡」

五營旗上共載明著三組營將，一組為「張公法主、蕭公法主、劉公法主、連公法主、哪吒元帥」，一組為「泰山元帥、玄壇元帥、廣東元帥、北京元帥、太師元帥」，另一組為女五營之統領「勤氏仙姑、何氏仙姑、李氏仙姑、紀氏仙姑、九天玄女」。

### (4)臺南市馬祖樓天后宮

臺南市馬祖樓天后宮作安座、謝土時，請和意堂小法團作相

關科儀，在這期間於馬祖樓天后宮外左側安置一營厝，營厝內置放五支竹符，符文書有勤氏仙姑、何氏仙姑、李氏仙姑、紀氏仙姑、九天玄女名號。

(5)臺南市中區忠澤堂

廟內五營座內置有五人首像（代表男營）、五支令牌（或稱令劍，代表女營）、五支營旗。廟方法師提到女營的統領為：勤氏仙姑、何氏仙姑、李氏仙姑、紀氏仙姑及九天玄女。

3.溫、康、馬、趙、高、殷、岳元帥等之組合

溫、康、馬、趙、高、殷、岳元帥等元帥屬於天將之屬，在臺南市「南廠保安宮」法脈所傳的法事中，即有犒賞天將之作法及所用咒文本，其所謂的天將統帥即是指溫元帥、康元帥、馬元帥、趙元帥、高元帥。其調請天兵天將的咒文內容如下：

> 法鼓差明第一聲，一聲法鼓召天兵。調且（請）東營天兵九千九萬將，武界天王九千九萬人，人人頭戴帥盔穿戰甲，手执寶戟執青旗，東營天兵騎雲馬，飛雲走馬到壇前。神兵火急如律令。……

而各地安置的情況如下：

(1)安平十二宮社三靈殿

安平十二宮社三靈殿主祀文衡聖帝，廟內五營座上內置有二組五營首像、二龍虎首像、二吞精食鬼首像。廟方法師說明五營首像一組代表著張聖者、蕭聖者、劉聖者、連聖者、李元帥；另一組代則表溫元帥、康元帥、馬元帥、趙元帥、李元帥。

(2)臺南市安平興和宮

臺南市安平區興和宮主祀五府千歲，其宮內法師乃師承自臺南市「南廠保安宮」之法脈。廟外左側設一營厝，內置五支竹符，

符文分別為：

> 「勅令溫王元帥□罡」、「勅令康王元帥□罡」、
> 「勅令馬王元帥□罡」、「勅令趙王元帥□罡」、
> 「勅令保童高元帥（合境平安）罡」。

### (3)臺南市西區藥王廟

臺南市西區藥王廟主祀藥王大帝，廟前右方榕樹下設一營厝，內置有五支令牌，令牌上書有符文：

> 「勅令東營泰山康元帥護國庇民罡」、「勅令南營天庭溫元帥驅邪押煞罡」、
> 「勅令西營天庭馬元帥合竟平安罡」、「勅令北營玄壇趙元帥掃去千災罡」、
> 「勅令中營保童高元帥鎮此罡」。

相關照片如下：

營厝內令牌

營厝內令牌

(4)臺南市中區沙淘宮

臺南市中區沙淘宮主祀中壇元帥，廟內有壁畫營將，分別是東營張聖者、南營蕭聖者、西營劉蕭聖者、及北營連聖者。廟埕左方設有一「統兵營」營厝，營厝內立有五支令牌，令牌上書有符文分別為：

> 「雷□勅令東營溫府元帥（驅邪）」、「雷□勅令南營康府元帥（押煞）」、
> 「雷□勅令西營馬府元帥（擒妖）」、「雷□勅令北營趙府元帥（捉怪）」、
> 「雷□勅令中營殷郊太子（收斬魔鬼）」。

(5)臺南市下林建安宮

臺南市南區下林建安宮主祀神為中壇元帥，其宮內法師團與「南廠保安宮」法師團有傳承關係。聚落五營設於「下林」境域外圍，竹符上符文依東、南、西、北、中營，書有：溫王、康王、馬王、趙王、殷郊名號。

(6)臺南縣鹽水鎮橋南里[204]

橋南里是鹽水市區 8 里之一，在市區的最南邊，里內有「橋南街」、「藏興行（街）」、「草店尾」、「觀音爿（ping[5]）」和「竹圍仔尾」等傳統聚落，皆各有寺廟。「竹圍仔尾」以主祀五府千歲的福南宮為角頭廟，未設外五營，內五營安設五營旗和大令，計有 3 座 4 副，皆為五府千歲所有，其營將不是「張蕭劉連李」系統，而是「溫康馬趙李」。

(7)臺南市中區昆沙宮

---

[204] 黃文博《南瀛五營誌・溪北篇》頁 103~104，臺南縣政府，2004 年。

　　臺南市中區昆沙宮主祀中壇元帥，廟內五營座裡五片令牌上分別寫著：康元帥、趙元帥、靈通元帥、高元帥、溫元帥。

　　(8)臺南市中區良皇宮

　　臺南市中區良皇宮主祀保生大帝，廟內五營座裡置有五片令牌，令牌上分別寫著（由左至右）：康元帥、趙元帥、靈通三使、高元帥、溫元帥。

　　(9)臺南市西區西羅殿

　　臺南市西區西羅殿主祀廣澤尊王，廟內有兩組五營座，一營座內置有五女營首像（為女營統領）、另有二人首像（面露尖牙）、五支營旗、劍；另一營座內置有五男營首像（為男營統領）、另有二龍虎首像、五支營旗、劍。廟外設有五間營厝，中營、西營營厝內置五支令牌；南營、北營內置三支竹符；東營內置五支竹符。東營內竹符符文由左至右分別為：

> 「雷勅令張聖者□罡」、「雷勅令蕭聖者□罡」、「雷勅令中壇元帥□罡」、
> 「雷勅令劉聖者□罡」、「雷勅令連聖者□罡」。

南營內竹符符文由左至右分別為：

> 「雷勅令岳元帥□罡」、「雷勅令中壇元帥□罡」、「雷勅令溫元帥□罡」。

北營內竹符符文由左至右分別為：

> 「雷勅令康元帥□罡」、「雷勅令中壇元帥□罡」、「雷勅令趙元帥□罡」。

各地統領五營的元帥名稱稍有差異，整理如下：

| 溫、康、馬、趙、高、殷、岳等元帥作為統領五營的元帥之組合 | | | | |
|---|---|---|---|---|
| | 東 | 南 | 西 | 北 | 中 |
| 安平十二宮社三靈殿 | 溫元帥 | 康元帥 | 馬元帥 | 趙元帥 | 李元帥 |
| 臺南市安平區興和宮 | 溫王元帥 | 康王元帥 | 馬王元帥 | 趙王元帥 | 保童高元帥 |
| 臺南市西區藥王廟 | 泰山康元帥 | 天庭溫元帥 | 天庭馬元帥 | 玄壇趙元帥 | 保童高元帥 |
| 臺南市中區沙淘宮 | 溫府元帥 | 康府元帥 | 馬府元帥 | 趙府元帥 | 殷蛟太子 |
| 臺南市下林建安宮 | 溫王 | 康王 | 馬王 | 趙王 | 殷郊 |
| 臺南縣鹽水鎮橋南里 | 溫 | 康 | 馬 | 趙 | 李 |
| 臺南市中區昆沙宮 | 康元帥 | 趙元帥 | 高元帥 | 溫元帥 | 靈通元帥 |
| 臺南市中區良皇宮 | 康元帥 | 趙元帥 | 高元帥 | 溫元帥 | 靈通三使 |
| 臺南市西區西羅殿 | 岳元帥 | 溫元帥 | 康元帥 | 趙元帥 | 中壇元帥 |

　　4.康、趙、黑、白四元帥；捉、縛、枷、鎖四大將之組合各地安置的情況如下：

　　(1)安平港仔尾社靈濟殿

　　安平港仔尾社聚落外圍設有東、西、南、北、中營營厝。東、西、南、北營營厝內分別置有一支竹符，符文內容分別為：

東營「雷令 張聖者元帥罡」、南營「雷令 蕭聖者元帥罡」、
西營「雷令 劉聖者元帥罡」、北營「雷令 連聖者元帥罡」。

中營營厝置有五支竹符，符文分別為：

「雷令 泰山康元帥罡」、「雷令 玄壇趙元帥罡」、
「雷令 北京黑元帥罡」、「雷令 廣東白元帥罡」、
「雷令 中壇元帥罡」。

(2)臺南市仁厚境福德祠

臺南市中區仁厚境福德祠主祀福德正神，廟外左側設一營
厝，廟方目前無小法團，有關安置五營及後續相關儀式活動，由
廟方外請臺南市中區和意堂來行事。營厝內豎立五支竹符，符文
分別為：

「雷令東營泰山康元帥鎮煞（掃去千災）罡」、
「雷令南營玄壇趙元帥鎮煞（招來百福）罡」、
「雷令西營廣東白元帥鎮煞（四時無災）罡」、
「雷令北營北京黑元帥鎮煞（八節有慶）罡」、
「雷令中營太師啟元帥鎮煞（合境平安）罡」。

相關照片如下：

竹符外觀（尚未安置時）　　　安置於營厝內之竹符

　　另於廟前拜亭四根柱上及中央門楣上方分別貼有兩張符文，其中一張各營皆相同，符文為「敕令九鳳押煞」；另一張符文分別為：

「雷令東營張公聖者掃千災（合境平安）罡」、
「雷令南營蕭公聖者打魔鬼（風調雨順）罡」、
「雷令西營劉公聖者斬千妖（國泰民安）罡」、
「雷令北營連公聖者收瘟毒（護國庇民）罡」、
「雷令中壇李元帥鎮斬除煞（祈求吉慶）罡」。

　　和意堂內法師將張公聖者、蕭公聖者、劉公聖者、連公聖者、中壇李元帥所統領之軍兵稱為內營，主要戍守範圍在廟內及周圍；而康元帥、趙元帥、白元帥、黑元帥、啟元帥所統領的軍兵稱為外營，戍守範圍則擴及至廟內主神所管轄的境內。

　　(3)和玄堂

　　和玄堂許銘楠法師，師承自和意堂王炎山法師。堂內所用的

五營旗上書有符文如下：

> 「雷令 奉東營張公法主（泰山元帥、勤氏仙姑） 統領九
> 夷軍……九千九萬人 罡」
>
> 「雷令 奉南營蕭公法主（玄壇元帥、何氏仙姑） 統領八
> 蠻軍……八千八萬人 罡」
>
> 「雷令 奉西營劉公法主（廣東元帥、李氏仙姑） 統領六
> 戎軍……六千六萬人 罡」
>
> 「雷令 奉北營連公法主（北京元帥、紀氏仙姑） 統領五
> 澤軍……五千五萬人 罡」
>
> 「雷令 奉中壇哪吒元帥（太師元帥、九天玄女） 統領三
> 真軍……三千三萬人 罡」

(4)澎湖馬公市風櫃尾溫王殿

溫王殿境域內設置五座營厝，每間營厝置一固定式的石碑符
及三支竹符，每支竹符前又置放一組烘爐及瓷壺。每營三支竹符
上的符文由左至右分別為：

東營：「雷令 黑元帥鎮押」、「雷令 張元帥鎮押」、「雷
令 白元帥鎮押」、

南營：「雷令 康元帥鎮押」、「雷令 肖元帥鎮押」、「雷
令 趙元帥鎮押」、

西營：「雷令 捉元帥鎮押」、「雷令 劉元帥鎮押」、「雷
令 縛元帥鎮押」、

北營：「雷令 枷元帥鎮押」、「雷令 連元帥鎮押」、「雷
令 鎖元帥鎮押」、

中營：「雷令『鬼金』『鬼剛』『鬼四』『鬼將』鎮押」、
「雷令 李元帥鎮押」、「雷令 魑魅魍魎鎮押」。

東營石碑上符文為「雷令　東方張元帥鎮押」、

南營石碑上符文為「雷令　南方肖元帥鎮押」、

西營石碑上符文為「雷令　西方劉元帥鎮押」、

北營石碑上符文為「雷令　北方連元帥鎮押」、

中營石碑上符文為「雷令　中央李元帥鎮押」。

相關照片如下：

中營內竹符及石碑符

南營內竹符及石碑符

(5)臺南縣佳里興震興宮

　　臺南縣佳里鎮禮化里震興宮主祀清水祖師、李府千歲、雷府大將。在癸末年建醮慶土儀式中聘請當地蘇趁法師所帶領的法師來行事，過程中由外而內安有三組五方兵將來鎮守，位於聚落周圍這組是以竹符的形式來安置，符文分別為：

　　「奉雷令　東營張公聖者勅令行兵鎮守押煞平安罡」、

　　「奉雷令　南營蕭公聖者勅令行兵鎮守押煞平安罡」、

「奉雷令 西營劉公聖者勅令行兵鎮守押煞平安罡」、

「奉雷令 北營連公聖者勅令行兵鎮守押煞平安罡」、

「奉雷令 中營李府元帥勅令行兵鎮守押煞平安罡」。

另於廟體四角落及廟前偏左處亦安置一支竹符，符文分別為：

「奉雷令 東方捉府大將勅令行兵鎮宮平安罡」、

「奉雷令 南方縛府大將勅令行兵鎮宮平安罡」、

「奉雷令 西方加府大將勅令行兵鎮宮平安罡」、

「奉雷令 北方鎖府大將勅令行兵鎮宮平安罡」、

「雷漸耳」令（五個雷字）五雷神兵神將治凶神惡煞罡。

| 等待安置的竹符 | 「剪刀、鏡、尺」符 | 符文 |

貼於廟內牆上分置五方的「剪刀、鏡、尺」符下方，分別貼有一張符紙，每張符紙上蓋一「靈寶大天尊」印記，符文分別為：

「奉請聖人勅令青龍九炁真君鎮宮罡（四時無災）」

（「剪刀、鏡、尺」符，剪刀口朝上閉合）

「奉請聖人勅令洪（紅）龍三炁真君鎮宮罡（八節有慶）」

（「剪刀、鏡、尺」符，剪刀口朝上閉合）

「奉請聖人勅令白龍七炁真君鎮宮罡（五穀豐收）」

（「剪刀、鏡、尺」符，剪刀口朝上閉合）

「奉請聖人勅令黑龍五炁真君鎮宮罡（六畜旺盛）」

（「剪刀、鏡、尺」符，剪刀口朝上閉合）

「奉請聖人勅令黃龍十一炁真君鎮宮罡（丁財日進）」

（「剪刀、鏡、尺」符，剪刀口朝下閉合）

上述各地五營符文內營將名稱整理如下：

| | 東 | 南 | 西 | 北 | 中 |
|---|---|---|---|---|---|
| 安平港仔尾社靈濟殿 | 張聖者泰山康元帥 | 蕭聖者玄壇趙元帥 | 劉聖者北京黑元帥 | 連聖者廣東白元帥 | 中壇元帥 |
| 臺南市仁厚境福德祠 | 張公聖者泰山康元帥 | 蕭公聖者玄壇趙元帥 | 劉公聖者廣東白元帥 | 連公聖者北京黑元帥 | 中壇李元帥太師啟元帥 |
| 臺南市和玄堂 | 張公法主泰山元帥勤氏仙姑 | 蕭公法主玄壇元帥何氏仙姑 | 劉公法主廣東元帥李氏仙姑 | 連公法主北京元帥紀氏仙姑 | 哪吒元帥太師元帥[205]九天玄女 |
| 澎湖馬公市風櫃尾 | 張元帥黑元帥 | 肖元帥康元帥 | 劉元帥捉元帥 | 連元帥抈元帥 | 李元帥；鬼金、鬼剛、鬼 |

---

[205] 太師元帥即是指太師啟元帥，在和玄堂咒簿中〈太師啟元帥（太師元帥）〉咒文，與其他不同法脈的〈殷元帥（殷郊太子）〉咒文相似性極高，和玄堂許銘楠法師認為，「啟」本應是「殷」字，可能因手抄的過程過程中，傳寫成「啟」字。這樣說來「啟元帥」應為「殷元帥」，殷元帥又稱殷郊太子，若合稱則為「太子殷元帥」，或許「太師啟元帥」就是從「太子殷元帥」因字體的傳抄變成「太子啟元帥」，又加上取同音字來記錄而變成「太師啟元帥」的名稱流傳下來。

| | 東 | 南 | 西 | 北 | 中 |
|---|---|---|---|---|---|
| 溫王殿 | 白元帥 | 趙元帥 | 縛元帥 | 鎮元帥 | 四、鬼將；魑魅魍魎。 |
| 臺南縣佳里興震興宮 | 張公聖者 捉府大將 青龍九炁真君 | 蕭公聖者 縛府大將 洪龍三炁真君 | 劉公聖者 加府大將 白龍七炁真君 | 連公聖者 鎮府大將 黑龍五炁真君 | 李府元帥 五雷神兵神將將 黃龍十一炁真君 |

　　上述「三十六將」，在法師行法過程中常被調請來守護壇場，但通常不需要一次調請三十六員將，通常是配合五方守衛的概念，調請如：張聖者、蕭聖者、劉聖者、連聖者及李元帥五人；或是調請溫元帥、康元帥、馬元帥、趙元帥及高元帥五人；以及所謂的女營將領，即勤仙姑、何仙姑、李仙姑、紀仙姑四人配九天玄女掌中營。不過有些特別情況，如在作醮期間，所調請來守護壇場及境域的兵將，則是包含了法壇之「三十六將」，因為隨著醮典的結束，將舉辦所謂的「大犒賞」來犒賞在醮典期間擔負起護衛工作的將兵。在臺南市西區南廠小西腳平天館癸末年醮典後，即由該廟的小法團成員來協助「大犒賞」儀式[206]，依儀式過程所用的咒文本內容所顯示，大犒賞活動所呼請的神明從閭山教門裡的法主開始，再呼請法壇內的諸位猛將，接著是三十六員將，待三十六員將一一呼請後，最後是所屬境內神明以及本廟內所奉祀的神明。這「大犒賞」不同於平日對五營軍兵的犒賞，主要的差別是在「大犒賞」中受賞的將領涵蓋所有的「三十六將」以及境內神明手下兵將等。

（四）三十六將與保生大帝事蹟之關連

---

[206] 臺南市西區南廠小西腳平天館癸末年醮典後所辦「大犒賞」，由該廟小法團來行事。平天館小法團與南廠保安宮小法團屬同一脈之傳承。

有關保生大帝的事蹟，相關文獻記載如下：

1.黃家鼎〈吳真人事實封號考〉，乾隆《馬巷廳志》附錄下。

在文中提及了同安令江仙官、主簿張聖者，皆棄官從神游。而黃醫官、程真人、鄞仙姑，尤得神秘授之事。內容如下：

> 按神姓吳名本（从大从十，音叨，諸志多作本誤），字華基，號雲冲（一作雲衷）。同安白礁鄉人，或曰生於青礁（宋龍溪地，今屬海澄），又作安溪石門人。……神生而穎異。年十七，遇異人，授以青囊玉籙，遂得三五飛步之法，以濟人救物為念。……當是時，神以醫名天下，而又不取人一錢。於是同安令江仙官（一作少峰），主簿張聖者，高其義，皆棄官從神游。而黃醫官、程真人、鄞仙姑，尤得神秘授。

2.鍾華操《臺灣地區神明的由來》[207]。

內容提到在大帝退隱的時間裡，很多趕來向祂學習醫道，祂的門下高徒像黃醫官、程真人、鄞仙姑、昭應靈王等，都深得秘奧，共成正宗。而同安縣知縣江偓官與主簿張聖者皆棄官偕行，結草廬於礁山之顛以居，日侍大帝談經說法。內容如下：

> ……在大帝退隱的這段時間裡，聞風向慕的不乏其人，很多趕來向祂學習醫道，祂的門下高徒像黃醫官、程真人、鄞仙姑、昭應靈王等，都深得秘奧，共成正宗了。
>
> 帝嘗過桑林之野，見有枯骨，檢之失左腿，以柳枝代

---

[207] 鍾華操《臺灣地區神明的由來》頁 225~229。臺灣省文獻委員會，1979年。

之，咒水化而成形，起立猶泣尋其主，帝收為童子，命攜藥囊以隨，途逢其主，則同安縣知縣江僊官也，見而怪之曰：「是吾僕也，向為死於虎矣，猶幸存乎？」帝告以故，弗信而白於大吏，吏亦將信將疑，虛心問曰：「子能活之，果能實之乎？」帝乃施符咒水，向之起死回生，旋則轉生為死，仍成枯骨矣；由是僊官領悟玄鈔，之為異人，遂解綬於主簿張聖者以從教，聖者一得仙機，而感神化之大，悟曰：「天下有此神人，吾輩尚虛縻好爵，沈溺凡緣乎？」乃棄官偕行，結草廬於礁山之顛以居，日侍大帝談經說法，聽之謞如也。

　　大帝於行醫救眾之餘，還著醫書傳世，計有內外科十三冊之多；到景祐三年五月，修練功成，於初二日午時，偕同聖父、聖母、聖妹吳明媽、妹夫王舍人和僊官、聖者、書僮等騎乘白鶴飛昇，其年五十有八，凡屬遠近的鄉里，都列香案拜送，並醵資塑像立祠，府尹奏報其人其事，並蒙皇上敕封「慈濟」。

　3.《保生大帝真經》[208]。

　文中提到黃醫官、江舍人、勤小娘、飛天大使者等人同保生大帝共同來驅病殃。內容如下：

　　仰啟昊天吳大帝，世居泉郡誕臨漳。威靈勇猛起慈心，以法力故作醫王。

---

[208] 相傳此經專治時疫，誦之可為眾生解厄。《保生大帝真經》刊載於（頁205~206） Kenneth Dean.「Taoist ritual and popular cults of Southeast China」Princeton, N.J. : Princeton University Press, c1993.本文轉引自此。

於諸眾生多饒益。功成行滿感玉皇，詔問修何因緣行。得
正知見道彌彰，

敕補醫靈大徽號。仍差仙醫官姓黃，威武舍人江四使，青
巾真人並二童。

驅邪力士六丁將，女醫太乙勤小娘，更與飛天大使者，協
力扶衰驅病殃。

我今志心皈命請，願歆一念降恩光。

4.楊浚《白礁志略》。

大道公吳　（保生大帝）的侍從之神，在楊浚《白礁志略》
中列出如下的神譜：

> 神妹吳明媽。神妹夫王舍人。江仙江少峰，同安縣令。張
> 聖者，同安主簿。黃醫官、程真人、鄞仙姑、鄧天君、連
> 聖者、劉海王、孔舍人、炳靈官、馬迦羅、虎迦羅、劉天
> 君、王靈官、李太子、何仙姑、殷太子、張真人。殷、古、
> 宋、孟、岳、辛、高、二李、周、江、黨、黑、康弼、田
> 直、龐、楊、王、黃諸元帥，及各將，皆先後從遊，今繪
> 像廟中配享。[209]

　　保生大帝事蹟裡先出現了許多從游於大帝或習醫道之人
物，這些人物在楊浚《白礁志略》所載，成為保生大帝的侍從之
神。這些侍從之神與前述臺灣地區法師行法之時，所呼請的「三
十六將」內人物，又有頗多相同之處。如：張聖者、連聖者、何

---

[209] 楊浚《白礁志略》卷一。（此文摘錄自徐曉望《福建民間信仰源流》頁
357~358，福州：福建教育出版社，1993 年）

仙姑、虎伽羅、馬伽羅、江仙官、王元帥、高元帥、楊元帥、岳元帥、李元帥、殷元帥、黃醫官（黃仙官）、孔舍人（康舍人）、鄞仙姑（勤小娘；勤仙姑）、飛天大使者（同安主簿張聖者）。

上述保生大帝從祀神裡的「黃醫官」，在《保生大帝真經》又有一文句寫著「仍差仙醫官姓黃」，據此推測「黃醫官」與臺灣地區法師所用「三十六將」請神咒文內所載的「黃仙官」所指為同一人物。而保生大帝從祀神裡的「孔舍人」，亦出現在臺南市南廠保安宮法師所用「三十六將」咒文內；雖然在臺灣其他法師團所用「三十六將」咒文內不見「孔舍人」，但卻有「康舍人」之記載；因「孔」與「康」的閩南語發音近似，所以推測「孔舍人」與「康舍人」所指應為同一人物。至於保生大帝從祀神裡的「鄞仙姑」與《保生大帝真經》內的「勤小娘」與「三十六將」請神咒文內所載的「勤仙姑」所指應為同一人物，以下為臺南市普濟殿法師所用請神咒語本內〈上界勤仙姑（勤氏仙姑）〉咒文內容：

> 天乙女醫勤少娘，夜判陰間日判陽。頭上金髮戴紫冠，手抱葫蘆照陽間。…
> 瘡疾產難救諸苦，念吾符咒顯真形。弟子壇前專拜請，勤氏仙姑親降臨。

上述咒文內提及「天乙女醫勤少娘」與《保生大帝真經》內的「女醫太乙勤小娘」，皆提到具「女醫」的身份，而「勤少娘」與「勤小娘」閩南發音又近似，故推測所指為同一人物。有關鄞仙姑的記載亦見於《南安縣志》，文內所記鄞仙姑事蹟，即可作

一比對及印證。內容如下[210]：

> 鄞仙姑，三十二都後井鄞氏女。幼有神術，年十餘歲坐機
> 績布，伏睡機上，脫魂到郡城真濟舖，漂紗於河溝。鄉人
> 入城者，見而異之，歸告其母。父到地呼其名，拍其肩，
> 仙姑在機脫化，郡人神之，塑其像祀於真濟宮。宋太后患
> 癰疽，仙姑神化藥而愈之，勅封太乙仙姑。……

至於《保生大帝真經》內所提及的「飛天大使者」可能就是
「飛天將軍」或稱「飛天聖軍」，亦就是保生大帝的二位配祀之
一的「同安主簿張聖者」。相關的記載如下[211]：

> 白礁慈濟宮又稱西宮，或白礁祖宮，是泉州地方保生
> 大帝的祖廟。……入中殿，保生大帝聖尊崇祀於正龕，東
> 面供東聖帝，西面供西聖帝，旁龕奉保生大帝的三十六官
> 將。據傳西聖帝又稱江府先生，名江僊官，江西人，曾為
> 同安縣令；東聖帝又稱為飛天聖軍，名張聖者，安溪大坪
> 村人，曾任同安縣主簿，兩人棄官隨大帝習醫救民，江府
> 先生負責開處方，張聖者則揹負藥囊，後人感其功德，遂
> 一同立祀於廟中。
> 青礁慈濟宮俗稱東宮，……中央主奉保生大帝，供案
> 下祀虎爺，左側供奉江府先生，右側供奉飛天聖軍，兩側
> 邊龕配祀三十六官將，東邊並崇奉金面保生大帝塑像一

---

[210] 中國地方志集成・福建府縣志輯（28）民國《南安縣志》卷三十八、九
〈仙釋十三〉頁361，上海書店出版社，2000年。
[211] 《民間信仰神祇史考叢集中國神祇列傳》第二冊，頁69、74、77、80。
全國寺廟整編委員會（道觀出版社）發行，書中未註明出版年。

尊。

　　臺南地區廟宇所見及法師團所用咒文本內所載三十六員將,與保生大帝信仰下的侍從之神有諸多相同的人物,而這些神靈許多是道教裡著名的神仙,但在福建漳泉地區保生大帝的信仰下,卻被列為侍從之神,而在臺南地區法師行法時,「三十六將」群內人物也常被遣派作為五營的將領。有關臺南地區「三十六將」群的形成,若不是在地發展而成,則應與保生大帝信仰下的侍從之神有密切的關連,若此推論成立,亦可推斷這些法師團的傳承源頭是在保生大帝的信仰區內。

## 三、法壇神將與瑜珈教的關係

　　有關四聖者的咒文內容以及相關文獻中,皆明白指出入「瑜珈」法門之事蹟。首先就張聖者來看,在《德化文史資料》〈張公法主咒〉中即提到張公聖君少年入瑜珈之事蹟,內容如下:[212]:

> 香氣沉沉透乾坤,應透福地金沙堂,金沙祖殿專拜請,張公聖君親降臨。
> 啟請五雷張師父,少年親身入瑜珈,法主住在白雲山,……。

在《閩清縣志》卷二〈名勝志〉內「明邑令亳州楊應曉碑記」裡,亦提到張聖者能闡瑜伽法、運風雷的事蹟,內容如下[213]:

---

[212] 《德化文史資料》第五輯,頁 35。福建:德化縣政協文史資料研究委員會,1994 年。

[213] 中國地方志集成・福建府縣志輯(19)民國《閩清縣志》卷二《名勝志》頁 365,上海書店出版社,2000 年。

按邑志：張聖，永陽人。生而靈慧，修齋苦行。宋紹興間，
居白雲寺為頭陀，即能闡瑜伽法，運風雷，眾咸異之。

接著就蕭聖者相關咒文來看，在《德化文史資料》〈肖公聖君咒
語〉提到肖聖者入瑜珈之事，內容如下[214]：

拜請岩主肖聖者，二十五歲奉瑜珈，…忽然一夜行功滿，
蕎溪地上坐蓮花，千兵萬將來擁護，迎接肖公入瑜珈。

肖聖者即是蕭聖者，在臺南市安平街仔市普庵祖師會法師所用咒
文本裡，〈蕭聖者（蕭公法主）咒〉咒文中提到蕭聖者少年捨身
入瑜珈之事，內容如下[215]：

仰啟扶天蕭聖者，少年捨身入瑜珈。…二十八宿罡行滿，
夌溪池上坐蓮花。千兵萬將來迎接，接引蕭公入瑜珈。

同樣在臺南市安平街仔市普庵祖師會法師所用咒文本裡，〈劉聖
者（劉公法主）咒〉及〈連聖者（連公法主）咒〉咒文中皆提到
入瑜珈之記載，內容為：

謹請七臺劉聖者，伏龍伏虎大將軍。…岩中修行四十載，
劉公法主展神通。七星完明照天下，龍樹照彰入瑜珈。……
謹請七臺連聖者，林氏玉郎有神通。剪髮光頭為吾愿，少
年捨身入瑜珈。…

上述與四聖者的相關文獻以及咒文內容中，皆顯現出張、

---

[214] 《德化文史資料》第五輯，頁35。福建：德化縣政協文史資料研究委員
會，1994年。
[215] 臺南市安平街仔市普庵祖師會之陳信志法師所提供咒文本。

蕭、劉、連四聖者有入「瑜珈」法門的事蹟。另外在臺南市安平
妙壽宮「大犒賞」所用咒文本中,記載著所召請前來受賞的神將
名單中,即明白寫著「瑜珈院張肖劉連四位聖者」的稱號,更可
進一步證實張、蕭、劉、連四聖者乃被視為瑜珈教內人物。

　　至於「哪吒太子」與瑜珈教的關連,在南宋時期閩籍道士白
玉蟾,於其弟子所編的《海瓊白真人語錄》中,「哪吒太子」即
位於瑜珈教諸神將之列。相關的記載如下:

> 枏問:「今之瑜珈之為教者何如?」答曰:「彼之教中,
> 謂釋迦之遺教也。釋迦化為穢跡金剛,以降螺髻梵王,是
> 故流傳。此教降服諸魔,置諸外道,不過三十三字金輪穢
> 跡咒也。然其教中有龍樹醫王以佐之焉。外此則有香山、
> 雪山二大聖,豬頭、象鼻二大聖,雄威、華光二大聖。與
> 夫那又太子,頂輪聖王及深沙神、揭諦神以相其法,固有
> 諸金剛力士以為之佐使。所謂將吏,唯有虎伽羅、馬伽羅、
> 牛頭羅、金頭羅四將而已,其他則無也。今之邪師雜諸道
> 法之辭,而又步罡捻訣、高聲大叫、胡跳漢舞、搖鈴撼鐸、
> 鞭麻蛇、打桃棒,而於古教甚失其真,似非釋迦之所為矣。
> 然,瑜珈亦是佛家伏魔之法。」[216]

　　上文中除哪吒太子外,還提到穢跡金剛、龍樹醫王、香山雪
山二大聖、虎伽羅等諸神將,這些人物亦出現於法壇行法之初,
所呼請的本壇及合壇猛將之中;而在犒賞活動中,除犒賞五營軍
兵、當境主神以及列位眾神明手下部將之外,對於本壇及合壇諸
將及其手下兵馬也需呼請來犒賞一番。呼請本壇及合壇諸將的相

---

[216] 宋 謝顯道編《道藏》三十三冊,頁 114~115。

關咒文如下：

1.澎湖地區〈本壇諸猛將（本壇元帥）咒〉[217]：

> 奉請本壇諸猛將，穢跡金剛龍樹王。北極真武大將軍，五
> 部一測顯如雲。
>
> 普唵祖師大慈悲，三世張公召玄壇。觀音水府威靈顯，泗
> 洲九座展神通。
>
> 清水祖師同下降，硃砂府印攝生堂。金闕帝君五大聖，八
> 大金剛六天王。
>
> 香山雪山二聖者，金硃銀硃五硃郎。都天元帥統天兵，哪
> 吒殺鬼虎伽羅。
>
> 三大尊佛從天降，十大儒伽降道場。弟子一心專拜請，本
> 壇元帥降臨來。
>
> 神兵火急如律令。

2.安平港子尾社靈濟殿〈合壇諸猛將（合壇官將）咒〉[218]：

> 謹請合壇諸猛將，衛國金剛龍樹王。北極鎮天真武大將
> 軍，瑜珈五步三界輪。
>
> 金玉銀枝哪吒大菩薩，奉請關王元帥大將軍。都天殺鬼虎
> 珈羅，八萬四千大金剛。
>
> 無千無萬諸猛將，六丁六甲到壇前。祝門弟子焚香請，普

---

[217] 載於黃有興、甘村吉合著《澎湖民間祭典儀式與應用文書》頁 181，澎
湖縣文化局，1993 年。

[218] 安平港子尾社靈濟殿法師陳燦傑先生提供，刊載於楊一志《從大員市鎮
到臺灣街子：安平舊街區的空間變遷》附錄資料，中原建築學系，2000
年。

庵祖師合壇官將速降臨。

火急如律令

3.臺南安平西龍殿〈本壇諸猛將（三壇尊者）咒〉：

拜請本壇諸猛將，穢跡金剛龍樹王。北方真武大將軍，吾部一切展如雲。

普賢正神大菩薩，三世張公化玄壇。觀音水府威顯現，四洲九坐展神通。

清水開山同下降，飛符走印攝生童。金闕帝君五大聖，八大金剛六天王。

香山雪山二大聖，金硃銀硃塗硃郎。都天元帥統天兵，驅邪殺鬼虎迦邏。

三世諸佛同下降，十代諸迦降道場。弟子一心專拜請，三壇尊者降臨來。

神兵火急如律令。

4.《臺南市南廠保安宮咒簿》〈合壇官將（普庵祖師合壇官將）咒〉：

拜請合壇諸猛將，衛國金剛龍樹王。北極鎮天真武大將軍，瑜伽五步三界輪。

金玉哪吒大菩薩，奉請關王元帥大將軍。都天殺鬼虎珈羅，八萬四千大金剛。

無千無萬諸猛將，六丁六甲到壇前。惜門弟子焚香請，普庵祖師合壇官將降臨來。

神　兵

5.彰化縣鹽埔鄉閭山道院天訣堂咒文本，〈本壇諸猛將（本壇官

將）咒〉[219]：

> 謹請本壇諸猛將，穢跡金剛龍樹王。鎮天真武大將軍，五
> 步七星顯如雲。
> 普賢真身大菩薩，三世張公化玄壇。觀音水符為顯現，四
> 洲九座展神通。
> 清水祖師大菩薩，珠砂符印攝生童。金闕帝君五大聖，八
> 代金剛玉大王。
> 香山雪山瑜大聖，金珠銀珠吐珠郎。都天元帥統天兵，哪
> 吒殺鬼虎伽羅。
> 三世諸神同下降，十二瑜伽降道場。弟子一心專拜請，本
> 壇官將降臨來。
> 神兵火急如律令。

6.《莊林續道藏》〈本壇諸猛將咒〉[220]：

> 臣請本壇諸猛將，穢跡金剛龍樹尊。鎮天真武大將軍，五
> 部一切現如雲。
> 普賢真身大菩薩，三世張公化玄壇。觀音水府為顯現，四
> 州九座展神通。
> 清水泰山全下降，硃砂符印攝生童。金闕帝君五大聖，八
> 代金剛六天王。
> 香山雪山二大聖，金硃銀硃吐硃郎。都天元帥統天兵，哪
> 吒太子虎伽羅。

---

[219] 彰化縣鹽埔鄉閭山道院天訣堂法師蔡敏秋先生提供。

[220] 蘇海涵輯編《莊林續道藏》第 21 冊，頁 6111。臺北：成文，1975 年。

三世尊佛全下降，十二偷（瑜）伽降道場。

7.龍彼得輯本，漳州道壇《總壇咒文》[221]：

謹請合壇諸猛將，穢迹金剛龍樹王。北方真武大將軍，五部乙切展威靈。

普明真君大菩薩，三世張公下壇來。觀音水府威靈現，四州菩薩展[神]（身）通。

清水泰山同下降，朱砂符印攝生童。金闕帝君吳大聖，八代金剛六天王。

香山雪山二大聖，金硃銀硃吐珠郎。都天元帥統天兵，哪吒殺鬼虎伽羅。

三世尊佛從天降，十代瑜伽降道場。

從上述列舉的咒文內容可知，不管是奉請「合壇諸猛將」或「本壇諸猛將」之請神咒文，內容都非常接近；而從臺南安平西龍殿請神咒裡也可知，其奉請的「本壇諸猛將」亦可稱之為「三壇尊者」。所以「合壇」、「本壇」和「三壇」之用法應是可互換的，差別僅在各地的習慣用法不同而已。為了正確區辨與明瞭文句內容，進一步將上述咒文各句並列比較如下：

> 謹請合壇諸猛將，衛國金剛龍樹王。北極鎮天真武大將軍，瑜珈五步三界輪。[222]

---

[221] 轉引自葉明生〈試論「瑜珈教」之演變及其世俗化事象〉《佛學研究》第 8 期：頁 264，1999 年。

[222] 安平港子尾社靈濟殿法師所用〈合壇諸猛將（合壇官將）〉咒文。

> 拜請合壇諸猛將，衛國金剛龍樹王。北極鎮天真武大將軍，瑜伽五步三界輪。[223]
>
> 奉請本壇諸猛將，穢跡金剛龍樹王。北極真武大將軍，五部一測顯如雲。[224]
>
> 拜請本壇諸猛將，穢跡金剛龍樹王。北方真武大將軍，吾部一切展如雲。[225]
>
> 謹請本壇諸猛將，穢跡金剛龍樹王。鎮天真武大將軍，五步七星顯如雲。[226]
>
> 臣請本壇諸猛將，穢跡金剛龍樹尊。鎮天真武大將軍，五部一切現如雲。[227]
>
> 謹請合壇諸猛將，穢迹金剛龍樹王。北方真武大將軍，五部乙切展威靈。[228]

經比對咒文，此段文句呼請的神明有：穢跡金剛、龍樹王、真武大將軍。

> 普唵祖師大慈悲，三世張公召玄壇。觀音水府威靈顯，泗洲九座展神通。[229]
>
> 普賢正神大菩薩，三世張公化玄壇。觀音水府威顯現，四洲九坐展神通。[230]

---

[223] 臺南市南廠保安宮法師所用〈合壇官將（普庵祖師合壇官將）〉咒文。

[224] 〈本壇諸猛將（本壇元帥）〉咒文，刊載於黃有興、甘村吉《澎湖民間祭典儀式與應用文書》。

[225] 臺南安平西龍殿〈本壇諸猛將（三壇尊者）〉咒文。

[226] 彰化鹽埔鄉閣山道院天訣堂〈本壇諸猛將（本壇官將）〉咒文，法師蔡敏秋先生提供。

[227] 蘇海涵輯編《莊林續道藏》第 21 冊，頁 6111。臺北：成文，1975 年。

[228] 龍彼得輯本，漳州道壇《總壇咒文》。

[229] 〈本壇諸猛將（本壇元帥）〉咒文，刊載於黃有興、甘村吉《澎湖民間祭典儀式與應用文書》。

[230] 臺南安平西龍殿〈本壇諸猛將（三壇尊者）〉咒文。

普賢真身大菩薩，三世張公化玄壇。觀音水符為顯現，四洲九座展神通。
[231]

普賢真身大菩薩，三世張公化玄壇。觀音水府為顯現，四州九座展神通。
[232]

普明真君大菩薩，三世張公下壇來。觀音水府咸靈現，四州菩薩展身通。
[233]

經比對咒文，此段文句呼請的神明有：普唵祖師、普賢菩薩、三世張公、觀音。

清水祖師同下降，硃砂府印攝生堂。金闕帝君五大聖，八大金剛六天王。
[234]

清水開山同下降，飛符走印攝生童。金闕帝君五大聖，八大金剛六天王。
[235]

清水祖師大菩薩，珠砂符印攝生童。金闕帝君五大聖，八代金剛玉大王。
[236]

清水泰山仝下降，硃砂符印攝生童。金闕帝君五大聖，八代金剛六天王。
[237]

清水泰山同下降，朱砂符印攝生童。金闕帝君吳大聖，八代金剛六天王。
[238]

經比對咒文，此段文句呼請的神明有：清水祖師、金闕帝君、八大金剛、六天王。

---

[231] 彰化鹽埔鄉閭山道院天訣堂〈本壇諸猛將（本壇官將）〉咒文。

[232] 蘇海涵輯編《莊林續道藏》第 21 冊，頁 6111。臺北：成文，1975 年。

[233] 龍彼得輯本，漳州道壇《總壇咒文》。

[234] 〈本壇諸猛將（本壇元帥）〉咒文，刊載於黃有興、甘村吉《澎湖民間祭典儀式與應用文書》。

[235] 臺南安平西龍殿〈本壇諸猛將（三壇尊者）〉咒文。

[236] 彰化鹽埔鄉閭山道院天訣堂〈本壇諸猛將（本壇官將）〉咒文。

[237] 蘇海涵輯編《莊林續道藏》第 21 冊，頁 6111。臺北：成文，1975 年。

[238] 龍彼得輯本，漳州道壇《總壇咒文》。

> 香山雪山二聖者，金硃銀硃五硃郎。都天元帥統天兵，哪吒殺鬼虎伽羅。
> [239]
> 香山雪山二大聖，金硃銀硃塗硃郎。都天元帥統天兵，驅邪殺鬼虎迦邐。
> [240]
> 香山雪山瑜大聖，金硃銀硃吐硃郎。都天元帥統天兵，哪吒殺鬼虎伽羅。
> [241]
> 香山雪山二大聖，金硃銀硃吐硃郎。都天元帥統天兵，哪吒太子虎伽羅。
> [242]
> 香山雪山二大聖，金硃銀硃吐硃郎。都天元帥統天兵，哪吒殺鬼虎伽羅。
> [243]

經比對咒文，此段文句呼請的神明有：香山聖者、雪山聖者、都天元帥、哪吒、虎伽羅。

> 三大尊佛從天降，十大儒伽降道場。弟子一心專拜請，本壇元帥降臨來。
> [244]
> 三世諸佛同下降，十代諸迦降道場。弟子一心專拜請，三壇尊者降臨來。
> [245]
> 三世諸神同下降，十二瑜伽降道場。弟子一心專拜請，本壇官將降臨來。
> [246]
> 三世尊佛全下降，十二偷（瑜）伽降道場。[247]

---

[239]　〈本壇諸猛將（本壇元帥）〉咒文，刊載於黃有興、甘村吉《澎湖民間祭典儀式與應用文書》。

[240]　臺南安平西龍殿〈本壇諸猛將（三壇尊者）〉咒文。

[241]　彰化鹽埔鄉閭山道院天訣堂〈本壇諸猛將（本壇官將）〉咒文。

[242]　蘇海涵輯編《莊林續道藏》第 21 冊，頁 6111。臺北：成文，1975 年。

[243]　龍彼得輯本，漳州道壇《總壇咒文》。

[244]　〈本壇諸猛將（本壇元帥）〉咒文，刊載於黃有興、甘村吉《澎湖民間祭典儀式與應用文書》。

[245]　臺南安平西龍殿〈本壇諸猛將（三壇尊者）〉咒文。

[246]　彰化鹽埔鄉閭山道院天訣堂〈本壇諸猛將（本壇官將）〉咒文。

[247]　蘇海涵輯編《莊林續道藏》第 21 冊，頁 6111。臺北：成文，1975 年。

> 三世尊佛從天降，十代瑜伽降道場。[248]

經比對咒文，此段文句呼請的神明有：三大尊佛（三世諸佛）、
十大儒伽（瑜伽）。

> ＊金玉銀枝哪吒大菩薩，奉請關王元帥大將軍。都天殺鬼虎珈羅，八萬四
> 千大金剛。
> 　無萬諸猛將，六丁六甲到壇前。祝門弟子焚香請，普庵祖師合壇官將速
> 降臨。[249]
> ＊金玉哪吒大菩薩，奉請關王元帥大將軍。都天殺鬼虎珈羅，八萬四千大
> 金剛。
> 無千無萬諸猛將，六丁六甲到壇前。惜門弟子焚香請，普庵祖師合壇官將
> 降臨來。[250]

經比對咒文，此段文句呼請的神明有：哪吒大菩薩、關王元帥、
虎珈羅、八萬四千大金剛、六丁、六甲。

　　上述「合壇諸猛將」或「本壇諸猛將」咒文，所呼請的神明
綜合整理如下：
穢跡金剛、龍樹王、真武大將軍；普唵祖師、普賢菩薩、三世張
公、觀音；清水祖師、金闕帝君（太上老君）、八大金剛、六天
王；香山聖者、雪山聖者、都天元帥、哪吒、虎伽羅；三大尊佛
（三世諸佛）、十大儒伽（瑜伽）；哪吒大菩薩、關王元帥、虎
珈羅、八萬四千大金剛、六丁、六甲。其中龍樹王即「龍樹醫王」，
從在法團咒本裡〈龍樹醫王〉之咒文內容：「拜請左壇教主龍樹
王，神通變化廣無邊。…弟子一心專拜請，龍樹醫王降臨來。[251]」

---

[248] 龍彼得輯本，漳州道壇《總壇咒文》。
[249] 安平港子尾社靈濟殿〈合壇諸猛將（合壇官將）〉咒文。
[250] 臺南市南廠保安宮〈合壇官將（普庵祖師合壇官將）〉咒文。
[251] 臺南市南廠保安宮〈龍樹王（龍樹醫王）〉咒文。

可知；而金闕帝君即「太上老君」，在元・念常撰《佛祖歷代通載》內即有記載：「老君為九天教主金闕帝君。建七曜之冠。披九色之帔。乘八景玉輿。駕五色神龍。金闕之中坐玉帳之內。[252]」至於「三世張公」及「關王元帥」所指為何，則尚無法判定。

　　在上述法壇神將中，諸如穢跡金剛、龍樹王、八大金剛、香山聖者、雪山聖者、哪吒、虎伽羅、八萬四千大金剛，亦為白玉蟾所言「瑜珈教」之神將群內人物。而白玉蟾所言「今之邪師雜諸道法之辭，而又步罡捻訣、高聲大叫、胡跳漢舞、搖鈴撼鐸、鞭麻蛇、打桃棒」這與臺灣地區法師在行法過程中，腳踏步罡、手捻指訣、手搖帝鐘、鞭打法索等情景亦是十分相近的；這種種吻合之處，都透露出這些法師所屬的教派與「瑜珈教」有著直接而密切的傳承關係。至於上述法壇神將中的真武大將軍（玄天上帝）、金闕帝君（太上老君）、六丁、六甲等乃屬道教界神明，而普唵祖師、普賢菩薩、觀音、清水祖師、六天王、三大尊佛（三世諸佛）及前已述的穢跡金剛、龍樹王、八大金剛……等為佛教界神尊。從整個法壇的神將組成及性質來看，可說是兼容佛教、道教人物及特徵在內，從而形構出一種亦佛亦道的宗教型貌。

---

[252] 元・念常撰《佛祖歷代通載》大正新脩大藏經，第四十九冊 No. 2036，頁 716。

# 第五章

# 結　論

　　不同地區的五營設置物，雖其形式樣貌看似不同，但在五營兵將的構成、安置及在調兵遣將的儀式作法中，有著一套頗為近似的系統性作法，各地五營兵將安置概念有著諸多的相似性，其源由之一乃是與古代中國的空間概念及五行思想有關。先民對天地間日月星辰、四時運作的觀察與體會，很早就產生了「天圓地方」、「上下四方」的概念，從考古的發現與古代文獻的記載，都可找到諸多的相關資料。而「四方」與「五方」概念的差別，僅在於是否將「中央」也包含在內來論述，合中央加上四方即是「五方」的概念。而天地四方或稱「六合」，亦是中央與四方概念的延伸。而有關「九野」、或「九洲」的論點，亦有「中央曰鈞天」、「正中冀州曰中土」中央的概念，另將東、南、西、北四方再細分為正東、正南、正西、正北、東南、東北、西南、西北，此四方四隅再加上中央，即為九野、九洲等九方概念，看似為九方亦可視為五方概念的延伸。所以，一境域內的「五營兵將」按中央與四方來安置的概念起源甚早，並與古代中國既有的空間概念息息相關。而五行思想裡的系統性原裡，如五方、五行、五色、五獸等的對應，更顯現在五營軍兵的相關配置裡。

　　而各地五方軍名稱與數量則源於古代中國與四方夷族的稱呼。五方軍的稱號如：東方九夷軍、南方八蠻軍、西方六戎軍、北方五狄軍及中央三秦軍之名號，普遍的用在各地法團所調請的五方軍裡，如：臺灣、福建、廣東、貴州、四川等地區民間法團。這些稱號，與早期中國對四方夷族的稱呼有關。「中國」相對於四夷，有居中之國之意，居中的「中國」，加上外圍的四夷，即是五方概念的體現。隨著歷史的進程，中國四方民族由四夷的通稱，再區分為東夷、南蠻、西戎、北狄。進一步又有諸如東方九夷、南方八蠻、西方六戎、北方五狄等的稱呼。古籍裡所載「東

方九夷」、「南方八蠻」、「西方六戎」、「北方五狄」的名稱，恰與現代「五營兵將」東、南、西、北營軍兵的名號與數量相符合，至於中營「三秦軍」的名稱之產生，則與位於關中地區的「三秦」之地有關。五營裡五方軍的名稱與數目，實是源自於此，據此也可明瞭，為何五營相關符文裡，各方位所配之數為何與五行原理下的五方對應之數不合之緣由。

另外，就早期文獻的記載顯示，安置五營神軍的時機主要是疫症流行時，將神兵神將配置在發生祟物及疫症發生等地點，以便鎮壓邪鬼惡靈的作祟，冀希保佑闔境平安。而在臺南地區許多宮廟內法師依循傳統作法，平常時日並不在廟境周圍安置五營軍兵，五營軍兵的安放是在境域內逢疫病流行、地方不安寧、起建廟期間、作醮期間等特殊情境下，才於境域周圍設置五營軍兵來加強鎮守，待危機解除或事情完成，在一番盛大犒賞軍兵後，即恢復成平日的作法。

至於一般學者常所用的「內、外五營的觀念」，在田野訪查時容易有先入為主的觀念，在解釋五營軍兵的安置上亦會有所侷限與偏差，所以在本論文裡是採描述性的敘述或採用當地人的說法來行文論述。基於上述觀點，對於這些無形的五營軍士的安置情況，在不沿襲「內、外五營」的區分下，而從安置於各處的符文裡來說明。這些書有符文的五營置物，如竹節、瓦片、紙品、石碑等，將其安置在某處就象徵著將兵員部署於某地，其任務即依符文上所敕令之事，這些符文上的內容就好像人間的一只「派令」一樣，書寫在某神明旨意下，命令各營部將帶領軍兵鎮守一地，而五營符文安置物所環繞起的空間，即標誌出整體的守備範圍。通常在廟宇建成，入火安座之時，最需驅邪押煞，防止妖魔鬼怪趁機侵入，這時廟內境域的守衛最為重要，貼於廟內牆上的

五方符文，即代表在這特殊時機下，部署五方兵員，加強鎮守廟內空間，以防邪煞妖鬼入內。除了廟內兵員的安置外，在廟宇主體建物四周安置諸如「竹符」的作法，這等於是在廟體四周再增派兵員戍守之意，有多重防衛之作用；而再向外擴大的防線，就是安置於聚落外圍的五方竹符了，通常兵員的安置是不超過該廟宇神明所管轄的境域範圍。至於在安置境域五營的過程中，同時也是一次神明的巡境活動，雖然各地安營時的作法看似不同，卻都存有驅邪押煞、清淨場域的用意。而安五營表面雖然只到五處地點，安放了五營軍兵，但過程中卻是行繞了整個廟境一圈，即是藉著安營、巡營的過程中，已將境域內邪魔惡煞驅除斬殺殆盡，自此境域已潔淨，復加五營軍兵已安置完畢，之後直到年底收營的期間裡，此等驅邪押煞、鎮境平安的任務，便交由五營軍兵來擔負。

在論述五營兵將之組成時，亦不能忽略「三十六將」之成員，在臺南地區許多廟內兩側牆上或兩側門板上，可見或塑或畫著三十六將，並在旁邊書寫出名稱，亦有以塑像供奉在廟內兩旁的形式。在臺南地區，一般認為要屬於「帝級」的神明，如玄天上帝、保生大帝、開天炎帝（神農氏）、文衡聖帝等神明，才有資格配置上述的三十六員將，此三十六將亦有「三十六官將」或「三十六關將」的說法與記法。有關「三十六將」的名稱，在法師團所用咒文本裡亦有記載，臺南地區廟宇內所奉祀及咒文本內所載之三十六將的成員大抵相似。這群「三十六將」，在臺南地區法師行法過程中常被調請來守護壇場，在五方守衛的概念下，以數種不同的組合來統領五營軍兵。而這些「三十六將」又與保生大帝信仰下的侍從之神有密切的關係，所以臺南地區「三十六將」群的形成，若不是在地發展而成，則應與保生大帝信仰下的侍從之

神有密切的關連。若此推論成立，亦可推斷這些法師團的法脈源頭是在保生大帝的信仰區內。

在法脈的源流方面，劉枝萬認為彰化縣閭山道院天訣堂所屬教派為閭山教內的「法主公教」。並認為法主公教起源於福建永春州，而傳自於泉州。此教門雖托許真君為法主，以藉「閭山」之稱，實則供奉張聖君；其所行主要法事僅有請神、送煞、消災、課誦（犒賞）、調營等而已，尤其著重於調營一項最為常用。就法事內容而言，上述「法主公教」的相關法事亦呈現在臺南地區以及澎湖地區法師行法內容中，但臺南地區以及澎湖地區法師所行法事內容則更為多樣，像臺南、澎湖兩地區所普遍舉行的「造橋過限」或稱「過平安橋」法事，在彰化地區的法師行事裡即未見。至於廟壇內供奉張聖君的情況，在閭山道院天訣堂所廣傳下的彰化地區的確如此，但在臺南及澎湖地區則不多見。在臺南市區（不含安平地區）法師傳承派別有「紅頭」、「黑頭」[1]之概分，「紅頭」以臺南市西區「南廠保安宮」法師團為代表，在臺南地區傳承甚廣、人員甚多，其法壇內主祀神為「徐甲真人」；而「紅頭」之外則多歸為「黑頭」法脈，綜觀臺南市區屬「黑頭」法脈之法師團，其所奉祀的法主則有「普庵祖師」及「閭山祖師」之別。至於澎湖地區及安平地區，法脈之區分為「普庵派」與「閭山派」，宮廟內法師團屬「普庵派」者較多，其廟壇內則依其派別而各自奉祀「普庵祖師」或「閭山祖師」。上述彰化地區、臺南市區、安平地區及澎湖地區之法師團，雖其派門的名稱與奉祀

---

[1] 有關台南地區法團裡「紅頭」、「黑頭」之分以及「南廠保安宮」法師團之系譜之詳細論述，見王釗雯《台南市宮廟小法團之研究》台南大學台灣文化研究所碩士論文，2005年。

的教主不同，但在調遣五營兵將、犒賞軍兵時的行法過程，以及相關請神咒文均十分相近，推測其為同一法脈下的不同分流，可歸於同一教門之下，如劉枝萬所言之「法主公教」，但就各地各自有其崇奉的教主而言，採「法主公教」之名並不十分合適。

　　另外從四聖者的相關文獻以及咒文內容中，皆顯現出張、蕭、劉、連四聖者有入「瑜伽」法門的事蹟。至於「哪吒太子」與瑜伽教的關連，在南宋時期之《海瓊白真人語錄》內，有關瑜伽教的問答內容中，即明白指出「哪吒太子」位於瑜伽教諸神將之列。此外，在咒文裡所呼請的法壇神將中，諸如穢跡金剛、龍樹王、八大金剛、香山聖者、雪山聖者、哪吒、虎伽羅、虎珈羅、八萬四千大金剛，亦為白玉蟾所言「瑜珈教」之神將群內人物。而白玉蟾所言瑜伽教之特徵又與臺灣地區法師在行法過程中，腳踏步罡、手捻指訣、手搖帝鐘、鞭打法索等情景十分相近的；這種種吻合之處，都透露出這些法師所屬的教派與「瑜珈教」有著直接而密切的傳承關係。很有可能這些法師所屬的教派源頭曾隸屬於白玉蟾所載瑜珈教門內，而從五營信仰在魏晉南北朝之文獻即有記載來看，當時的瑜珈教應已有類似安置五營兵將來護衛的觀念，只是當時還未賦予各營統帥一個專屬的將領名稱[2]。另外就臺灣、澎湖及福建地區法師團流傳下來，有關「法壇神將」之咒文[3]內容並未載有四聖者之名號來看，四聖者應是在後來才被

---

[2]　就像現今中國東南及西南某些地區的作法一樣，那即是依五方來安置五營兵，各方營兵的區別僅是東方九夷軍、南方八蠻軍…之類，並未再指派一特定的將領來領兵。

[3]　指前一章節裡所討論之〈本壇諸猛將（本壇元帥）咒〉、〈合壇諸猛將(合壇官將)咒〉、〈本壇諸猛將（三壇尊者）咒〉、〈本壇諸猛將（本壇官將）咒〉等名稱稍有差異，但內容相近之咒文。

納為瑜珈教內神將，而之所以將四聖者納入瑜珈教內神將，應是瑜珈教為配合在福建地區發展下所採行的方法，即是將福建各地區普遍受崇敬的神明納入其神譜之下，而五營將領之空缺正是一個極佳的位置，將具有主掌地位的中營主帥留給原先既有神譜內神將，而將四方輔佐地位的各營統帥留給福建地區神明擔任。至於中營元帥為何會由哪吒擔任，應是其護法與勇猛的形象，使得哪吒成為主掌中營的最佳人選。

最後試問，「五營兵將」信仰在現今社會的意義何在呢？從早期的文獻資料來看，五營軍兵的安置與流行疫症有直接關係，但在對於流行疫症的病因已為人所明瞭的今日，五營兵將的信仰並未消失，在許多地區還是延續著。其實，在現今社會中，人們面對諸如交通意外事故，這種無法掌握的情況，仍希冀神明的庇佑以及神軍的護助，來避免這種傷害的發生，或是將傷害減到最低程度。從瘟疫到交通意外事故，這兩事件的相似點在於，對當時的人來講，這種危難都屬於不易控制、不知何時會發生，發生後每人的傷害程度又不同，嚴重者甚至喪失生命。所以，只要人間存在著人們無法掌握與預知的情事，在人們對神明的信仰下，五營兵將們總會有新的任務出現，我們無法得知五營兵將是否有能力擔負起接踵而來的新任務，但可以肯定的是，在保有五營兵將的信仰下，人們堅信危難總會在五營兵將的守護之下度過，或許就是這種心理面的支持與穩定力量，讓人們有信心與毅力來度過生活艱難的時期，這亦即是「五營兵將」信仰的積極意義所在。

# 參考書目

## 一、史料

《尚書》四庫叢刊正編（001）（大本原式精印），臺灣商務印書館印行。

《周禮》四庫叢刊正編（001）（大本原式精印），臺灣商務印書館印行。

《禮記》四庫叢刊正編（001）（大本原式精印），臺灣商務印書館印行。

《毛詩》四庫叢刊正編（001）（大本原式精印），臺灣商務印書館印行。

《春秋穀梁傳》四庫叢刊正編（002）（大本原式精印），臺灣商務印書館印行。

《淮南子》四庫叢刊正編（022）（大本原式精印），臺灣商務印書館印行。

《呂氏春秋》四庫叢刊正編（022）（大本原式精印），臺灣商務印書館印行。

《史記（全注、全譯）》天津古籍出版社/國際文化出版公司，1995年。

《新添古音說文解字注》許慎撰；段玉裁注，臺北：紅葉文化出版，1998年。

《道藏》上海書店/文物出版社/天津古籍出版社。

《正統道藏》臺北：新文豐出版社。

《大藏經》日本大正一切經刊行會/中華佛教文化館大藏經委員會出版，1955年。

《莊林續道藏》蘇海涵輯編，臺北：成文，1975年。

## 二、地方志書

明 何喬遠《閩書》福建人民出版社，1994年。

康熙《南平縣志》中國地方志集成・福建府縣志輯（9）上海書店出版社，2000年。

康熙《德化縣志》中國地方志集成・福建府縣志輯（27）上海書店出版社，2000年。

民國《古田縣志》中國地方志集成・福建府縣志輯（15）上海書店出版社，2000年。

民國《閩清縣志》中國地方志集成・福建府縣志輯（19）上海書店出版社，

2000 年。

## 三、專書

1907 年：《臺灣慣習記事》臺灣總督府臺灣慣習研究會刊行。

1919 年：丸井圭治郎《臺灣宗教調查報告書 第一卷》臺灣總督府，1919 年；捷幼出版社，1993 年重印出版。

1921 年：片岡巖〈臺灣の巫覡〉《臺灣風俗誌》臺北：臺灣日日新報社。

1934 年：鈴木清一郎《臺灣舊慣冠婚葬祭と年中行事》臺北：臺灣日日新報社，1934 年。臺北：南天書局，1995 年初版二刷。

1935 年：增田福太郎《臺灣本島人の宗教》東京：財團法人明治聖德紀念學會，1935 年；臺北：南天書局，1996 年二刷。

1937 年：國分直一[1]《童乩》臺南：臺南州衛生課。

1938 年：曾景來《臺灣宗教と迷信陋習》臺北：臺灣宗教研究所，1938 年初版；臺北：南天書局，1995 年二版二刷。

1939 年：增田福太郎《臺灣の宗教》東京：養賢堂，1939 年初版。臺北：南天書局，1996 年二刷。

1942 年：增田福太郎《民族信仰を中心として---東亞法秩序說》東京：ダイヤモソド社發行，1942 年初版。臺北：南天書局，1996 年二刷。

1974 年：劉枝萬〈閭山教之收魂法〉《中國民間信仰論集》中研院民族所專刊之二十二。

1979 年：沈平山《中國神明概論》臺北：新文豐出版。

1979 年：鍾華操《臺灣地區神明的由來》臺灣省文獻委員會。

1979 年：仇德哉《臺灣廟神傳》仇德哉（著作兼發行人）。

---

[1] 在國分直一〈童乩的研究〉裡提到：對乩童研究貢獻最大的是在 1937 年（昭和 12 年），由台南州東石郡警察課針對所檢舉的郡下童乩，令其精細實演而記錄的資料。這記錄在當時是由由警察課長永田三敬氏及司法主任篠宮秀雄氏整理，經州衛生課長野田兵三氏整理，然後再經國分直一整理而成的。國分直一〈童乩的研究〉《民俗台灣》第一卷第一～三號，昭和 16 年/1941 年。

1980 年：李亦園《信仰與文化》臺北：巨流。

1981 年：盧嘉興 等人 南瀛文獻叢刊第二輯《輿地纂要》臺南縣政府編印。

1982 年：宋龍飛《民俗藝術探源》藝術家雜誌社。

1983 年：劉枝萬《臺灣民間信仰論集》臺北：聯經。

1983 年：王振惠、游醒民《臺南市志-首卷》臺一版。臺南：臺南市政府。

1983 年：仇德哉《臺灣之寺廟與神明》臺中：臺灣省文獻委員會。

1983 年：大淵忍爾 編《中國人宗の教儀禮---佛教 道教 民間信仰》福武書店。

1983 年：劉枝萬《中國道教の祭りと信仰》櫻楓社。

1983 年：福井康順等監修《道教》東京都：平河（出版）。

1983 年：劉枝萬《臺灣民間信仰論集》臺北：聯經。

1984 年：董芳苑《臺灣民間宗教信仰》臺北：長青文化。

1984 年：劉寧顏主編《臺灣慣習記事（中譯本）》臺灣省文獻委員會譯編。

1985 年：石萬壽《臺南府城防務的研究》臺北：友寧。

1987 年：藍永蔚《春秋時期的步兵》臺北：木鐸出版社印行。

1987 年：葛兆光《道教與中國文化》上海人民出版社。

1988 年：鍾華操《臺灣地區神明的由來》臺灣省文獻委員會。

1989 年：鈴木清一郎、馮作民（譯）《增訂臺灣舊慣習俗信仰》臺北：眾文。

1989 年：蔡相煇《臺灣的祠祀與宗教》臺北：臺原出版社。

1989 年：黃文博《臺灣信仰傳奇》臺北：臺原出版社。

1990 年：片岡巖《臺灣風俗誌》臺北：眾文圖書。

1990 年：任繼愈主編《中國道教史》上海人民出版社。

1990 年：林會承《臺灣傳統建築手冊：形式與作法篇》臺北：藝術家，再版。

1991 年：李豐楙〈臺灣儀式戲劇中的諧噱性---以道教、法教為主的考察〉《民俗曲藝》71 期，頁 174~210。

1991 年：林會承《清末鹿港街鎮結構》三版。臺北：境與象出版。

1991 年：伊能嘉矩《臺灣文化志》（中譯本），臺灣省文獻會編譯。

1992 年：黃有興《澎湖的民間信仰》臺北：臺原出版社。

1992 年：鄺芷人《陰陽五行及其體系》臺北：文津出版。

1992 年：福井康順等監修；朱越利、徐遠和、馮佐哲譯《道教》上海：古籍出版（共三冊），1990-1992 年。

1993 年：李豐楙〈煞與出煞：一個宇宙秩序的破壞與重建〉《民俗系列講座》頁 257~336。

1993 年：蕭登福《道教與密宗》臺北：新文豐出版。

1993 年：陳其南《臺灣的傳統中國社會》臺北：允晨出版。

1993 年：李零《中國方術考》北京：人民中國出版社。

1993 年：黃新亞《三秦文化》遼寧教育出版社。

1993 年：王躍《四川省江北縣復盛鄉協睦村四社諶宅的慶壇祭儀調查》臺北市：施合鄭基金會。

1993 年：王躍《四川省江北縣舒家鄉上新村陶宅的漢族「祭財神」儀式》臺北市：施合鄭基金會。

1993 年：黃有興、甘村吉《澎湖民間祭典儀式與應用文書》澎湖縣文化局。

1993 年：徐曉望《福建民間信仰源流》福建教育出版社。

1993 年：陳義孝居士編《佛學常見詞彙》高雄淨心印經會。

1993 年：Taoist ritual and popular cults of Southeast China / Kenneth Dean. Princeton, N.J. : Princeton University Press, c1993.

1994 年：安倍明義《臺灣地名研究》臺北：武陵出版。

1994 年：宋錦秀《傀儡、除煞與象徵》臺北：稻香出版。

1994 年：劉枝萬《臺灣の道教と民間信仰》東京都：風響社。

1994 年：劉還月《臺灣民間信仰小百科【廟祀卷】》臺北：臺原出版。

1994 年：劉還月《臺灣民間信仰小百科【靈媒卷】》臺北：臺原出版。

1994 年：吳先化 編著《閭山正統大法符咒》臺北：文翔圖書公司。

1994 年：王秋桂・庹修明《貴州省德江縣穩坪鄉黃土村土家族衝壽儺調查報告》臺北市：施合鄭基金會。

1994 年：張志哲 主編《道教文化辭典》江蘇古籍出版社。

1994 年：吳楓 主編《中華道學通典》海口：南海出版公司。

1994 年：《德化文史資料》第五輯。福建：德化縣政協文史資料研究委員會。

1994 年：《臺灣廟宇文化大系（五）保生大帝卷》自立晚報社文化部出版。

1995 年：郭金龍 等撰稿《二崁民俗活動專輯》澎湖縣立文化中心。

1995 年：胡天成《四川省接龍陽戲接龍端公戲之二---接龍慶壇》施合鄭基金會。

1995 年：王秋桂、庹修明（計畫主持人）《貴州省晴隆縣中營鎮新光村硝洞苗族慶壇調查報告》臺北市：施合鄭基金會。

1995 年：胡孚琛 主編《中華道教大辭典》中國社會科學出版社。

1996 年：吳永猛《澎湖宮廟小法的功能》澎湖縣立文化中心。

1996 年：葉明生編著《福建省龍巖市東肖鎮閭山教廣濟壇科儀本彙編》臺北：新文豐出版。

1996 年：李豐楙、朱榮貴主編《儀式、廟會與社區：道教、民間信仰與民間文化》臺北市：中研院中國文哲研究所籌備處。

1996 年：田繼周《先秦民族史》四川民族出版社。

1996 年：中國道教協會辭典編輯委員會《中國道教大辭典》臺中市：東久出版。

1996 年：林國平《閩臺民間信仰源流》臺北市：幼獅文化出版。

1997 年：葉明生、劉遠《福建龍巖市蘇邦村上元建幡大醮與龍巖師公戲》臺北：施合鄭民俗文化基金會。

1997 年：《蘇府大二三王爺開基祖廟---鹿港奉天宮志》李秀娥 編纂。

1997 年：康豹《臺灣的王爺信仰》臺北：商鼎文化。

1997 年：卿希泰《中國道教史》臺北：中國道統出版社。

1997 年：黃文博《臺灣民間信仰與儀式》臺北：常民文化。

1998 年：曾景來《臺灣的迷信與陋習》臺北：武陵出版。

1998 年：呂大吉《宗教學通論》北京：中國社會科學出版社。

1998 年：高怡萍《澎湖群島的聚落、村廟與犒軍儀式》澎湖縣立文化中心。

1998 年：黃應貴（主編）《空間、力與社會》臺北：中研院民族所。

1998 年：蕭登福《周秦兩漢早期道教》臺北：文津出版社。

1998 年：葛兆光《七世紀前中國的知識、思想與信仰世界》上海：復旦大學出版。

1999 年：黃有興、甘村吉《澎湖的避邪祈福塔》澎湖縣立文化中心。

1999 年：《臺灣地名辭書—卷廿一 臺南市》臺灣省文獻委員會編印。

1999 年：王嵩山《集體知識、信仰與工藝》臺北：稻香出版。

1999 年：李亦園《宇宙觀、信仰與民間文化》臺北：稻鄉出版。

1999 年：胡天成《民間祭禮與儀式戲劇》貴州民族出版社。

1999 年：張豈之 主編《精編中國思想史》臺北：水牛出版社。

1999 年：曾光棣《澎湖的五營---以空間的角度來看》澎湖縣立文化中心。

1999 年：古家信平《臺灣漢人社會における民間信仰の研究》，東京堂。

1999 年：增田福太郎《臺灣漢民族的司法神---城隍信仰的體系》頁 168~176，古亭書屋譯，臺北：眾文圖書，1999 年。

1999 年：《張聖君信仰文化發祥地---方壺山》福建：永泰縣方壺岩管理委員會編。

2001 年：黃兆漢《中國神仙研究》臺灣學生書局。

2001 年：鄭志明《中國社會鬼神觀念的衍變》臺北：中國大道文化。

2001 年：呂宗力、欒保群 編《中國民間諸神》河北教育版社。

2001 年：陳器文《玄武神話、傳說與信仰》高雄：麗文文化事業有限公司。

2001 年：馬書田《中國冥界諸神》臺北：國家出版社。

2001 年：松本浩一《中國の呪術》，大修館書店。

2001 年：增田福太郎著；黃有興譯《臺灣宗教論集》臺灣省文獻委員會。

2002 年：李豐楙、劉苑如 編《空間、地域與文化---中國文化空間的書寫與闡釋》臺北：中央研究院。

2002 年：李燦煌主編《晉江民俗掌故》晉江文化叢書·第二輯。廈門：廈門大學出版社。

2002 年：張慶宗等撰稿/攝影《探訪大安（二） 聚落人文采風》臺中縣大安鄉公所。

2003 年：馬書田《中國道教諸神》臺北：國家出版社。

2003 年：《儺韻---貴州德江儺堂戲》貴州省德江縣民族宗教事務局編，貴

州民族出版社。

2003 年：黃有興、甘村吉 編撰《澎湖民間祭典儀式與應用文書》澎湖縣
　　立文化中心。

2003 年：瓦鄧布葛（著）、根瑟‧馬庫斯（譯）《宗教學入門》臺北：東
　　大出版。

2003 年：林國平《閩臺民間信仰源流》福建人民出版社。

2004 年：黃文博《南瀛五營誌‧溪北篇》臺南縣政府。

2004 年：楊錫彭著譯《新譯山海經》臺北：三民書局。

## 四、期刊、論文

1959 年：吳瀛濤〈臺灣的降神術〉《臺灣風物》第九卷‧第 5、6 期，頁
　　25~27。

1963 年：國分直一；周全德譯〈童乩的研究〉《南瀛文獻》第八卷合刊，
　　頁 46~53。

1973 年：施振民〈祭祀圈與社會組織：彰化平原聚落發展模式的探討〉《中
　　央研究院民族學研究所集刊》36 期：頁 191~208。

1974 年：劉枝萬〈閭山教之收魂法〉《中國民間信仰論集》中央研究院民
　　族學研　究所專刊之二十二。

1979 年：宋龍飛〈澎湖的開發史與移民的風俗民情〉《藝術家》第九卷第
　　四期。

1981 年：石萬壽〈臺南市宗教志〉《臺灣文獻》32:4（1981）頁 3~56。

1987 年：周榮杰〈閒談童乩之巫術與其民俗治療〉《高雄文獻》30/31：頁
　　69~122。

1987 年：黃有興〈澎湖的法師與乩童〉《臺灣文獻》38（3）：頁 133~164。

1988 年：〈河南濮陽西水坡遺址發掘簡報〉《文物》1988 年 3 期。

1989 年：林會承〈從儀式行為看臺灣傳統建築的意義及空間觀念〉《臺灣
　　風物》39 卷 2 期。

1989 年：〈1988 年河南濮陽西水坡遺址發掘簡報〉《考古》1989 年 12 期。

1990 年：呂理政《天、人、社會：試論中國傳統的宇宙認知模型》臺北：

中央研究院民族學研究所。

1990 年：余光弘〈化敵為友：臺灣民間信仰中鬼的奉祀〉中研院民族所集刊 70:39-66。

1991 年：林美容《從祭祀圈來看臺灣民間信仰的社會面》〈歷史文化與臺灣（三）--臺灣研究研討會記錄〉臺北縣：臺灣風物雜誌社。

1991 年：康豹〈屏東東港鎮的迎王祭典〉中研院民族所集刊 70:95-210。

1992 年：丁荷生、鄭振滿〈閩臺道教與民間諸神崇拜〉《中研院民族所集刊》73 期，1992 年春季。

1992 年：呂理政〈空間認知與宇宙意象---以臺灣的聚落、廟宇與民宅厭勝物為例〉《傳統信仰與現代社會》臺北：稻鄉出版。

1993 年：吳永猛〈澎湖宮廟小法的普唵祖師之探源〉《硓𥑮石》16 期，1999 年。（本文轉載自《慧炬雜誌》354 期，臺北，1993 年。）

1993 年：范勝雄〈臺南市安南區之寺廟信仰初探〉《臺灣文獻》（第 44 期第 2、3 卷）：57-74。

1993 年：勞格文撰、呂錘寬整理〈福建省南部現存道教初探〉《東方宗教研究》　新 3 期：臺北：藝術學院傳統藝術研究所。

1993 年：侯錦郎著、許麗玲摘錄〈臺灣常見的祭祀用紙錢〉《民俗曲藝》81 期。

1994 年：高怡萍《澎湖離島果葉村的犒軍儀式與儀式象徵》國立清華大學社會人類學研究所碩士論文。

1994 年：高怡萍〈澎湖的犒軍儀式〉《中國民族學通訊》32：77-99。

1994 年：李豐楙〈從成人之道到成神之道---一個臺灣民間信仰的結構性思考〉
《東方宗教研究》新 4 期：183-209，臺北：東方宗教研究會。

1994 年：李豐楙〈金門閭山派奠安儀式及其功能〉發表於「中國祭祀儀式與儀式戲劇研討會」，清華大學與中央圖書館漢學研究中心合辦。

1994 年：李豐楙〈金門閭山派奠安儀式及其功能---以金湖鎮復國墩關氏家廟為例〉
　　《民俗曲藝》91:359-464。

1994 年：吳永猛〈澎湖宮廟小法的普唵祖師之探源〉《東方宗教研究》新
　　4 期，　頁 165~181，1994 年。（後又發表於《硓祜石》16 期，頁 57~70。
　　澎湖　縣立文化中心，1999 年 9 月。）

1994 年：葉明生〈福建道教閭山派現狀與發展之探討〉《福建省宗教研究
　　會論文集》。

1995 年：潘朝陽〈中心—四方空間形式及其宇宙論結構〉《師大地理研究
　　報告》23 期。

1995 年：謝宗榮〈臺灣民間信仰文物中的民間藝術風貌初探〉《臺灣文獻》
　　（第 46 卷第 1 期）：143-171。

1995 年：朱洪　馬建釗〈廣東省潮安縣李公坑村畬族「招兵」節活動紀實〉
　　頁 305~317《畬族歷史與文化》中央民族大學出版社。

1995 年：葉明生《閩西南道教閭山派傳度中心永福探秘》《民俗曲藝》頁
　　166~206，94、95 期合刊本。

1995 年：王秋桂、王天麟〈奠安與出煞：安龍科儀初探〉《民俗曲藝》頁
　　141~164，94、95 期合刊本。

1995 年：楊蘭〈貴州晴隆縣白勝村水壩山苗族慶壇述要〉《民俗曲藝》94、
　　95 期合刊本。

1995 年：吳永猛〈普菴禪師與民間信仰〉《佛教與中國文化國際學術會議
　　論文集中輯》頁 485~497，1995 年 7 月出版。

1996 年：曾光棣《澎湖的五營以空間的角度來看》碩士論文。中壢：中原
　　大學建築研究所。

1996 年：李秀娥〈「人、神、地」所建構的信仰場域初探〉收錄於《儀式、
　　廟會與社區》中研院文哲所。

1996 年：馬上雲《犒軍儀式之音樂研究---以臺灣西南沿海地區為主的觀察》
　　國立臺灣師範大學音樂研究所碩士論文。

1996 年：高怡萍〈民間宗教中兵馬儀式的地區性差異：以金門及澎湖的鎮
　　符儀式為例〉收錄在莊英章、潘英海主編《臺灣與福建社會文化論文
　　集三》頁 244~269，臺北：中研院民族所。

1996 年：謝英從〈從「謝平安」祭祀活動看永靖地區的村落〉《臺灣文獻》

（第 47 卷第 4 期）：69-115。

1996 年：魏捷茲〈澎湖群島的村廟公司與人觀〉《臺灣與福建社會文化論文集（三）》中研院民族所。

1996 年：李玉昆〈亦道亦佛的法主公〉《泉州民間信仰》總 11 期，頁 42~47，泉州市區道教文化研究會編。

1996 年：吳永猛〈澎湖宮廟普唵禪師信仰的探討〉《臺灣佛教研討會論文集》臺北：財團法人佛教青年文教基金會。

1996 年：陳慶芳訪談，楊素晴總編輯〈鹿港地區民間信仰「法師」系統及相關儀式採訪〉《彰化縣口述歷史二》。彰化縣立文化中心出版。

1996 年：戴文鋒〈臺灣民間有應公信仰考實〉《臺灣風物》46 卷 4 期。

1996 年：二階堂善弘〈哪吒太子考〉《1996 佛學研究論文集---當代的社會與宗教》臺北：佛光。

1997 年：謝宗榮〈臺灣傳統民間信仰廟宇建築的空間藝術-以鹿港古蹟及寺廟為例〉《臺灣文獻》（第 48 卷第 2 期）：73-98。

1997 年：蔣瓊徵《澎湖聚落民間信仰空間防衛體系之探討》 中壢：中原大學建築學系碩士論文。

1997 年：王銘銘〈地方道教與民間信仰---「法主公」研究筆記〉《民俗研究》1997 年第四期。

1998 年：李豐楙〈道、法信仰習俗與臺灣傳統建築〉《聚落與社會》（郭肇立主編）臺北：田園城市文化，頁 107~129。

1998 年：謝宗榮〈臺灣傳統厭勝物的信仰意涵與藝術風貌〉《臺北文獻》直字第 123 期：107~170。

1998 年：謝宗榮〈厭勝物所反應的臺灣民間信仰空間觀念〉《臺北文獻》第 124 期：133-160。

1998 年：邱上嘉《臺灣傳統聚落中「五營」的初步研究：以雲林地區為例》行政院國家科學委員會專題研究計劃。雲林：國立雲林科技大學空間設計系。

1998 年：郭金龍〈澎湖民間避邪物之七---鎮五營〉《硓𥑮石》13：29-32。

1998 年：吳永猛〈澎湖小法呂山派現況的探討〉《空大人文學報》第 7 期，

頁 287~310，1998 年（後又發表於《硓砧石》28 期，澎湖縣立文化中心，2002 年。）

1998 年：顧樂真〈廣西民間祭祀中有關符咒諸問題〉《民俗曲藝》116 期，頁 223~242，1998 年 11 月。

1999 年：李豐楙〈煞：一個非常的宇宙現象〉《歷史月刊》142 期。

1999 年：邱上嘉《「五營」在臺灣傳統聚落空間結構上的意義研究》行政院國家科學委員會專題研究計畫。雲林：國立雲林科技大學空間設計系。

1999 年：方鳳玉《臺灣傳統聚落中的五營研究---以雲林地區為例》雲林：雲林科技大學工業設計研究所碩士論文。

1999 年：蔡佩如《穿梭天人之際的女人：女乩童的性別特質與身體意涵》清華大學人類學研究所。

1999 年：葉明生〈魂歸閭山---建陽閭山教功德道場儀式中靈魂信仰之探討〉《民俗曲藝》118 期。

1999 年：葉明生〈試論「瑜珈教」之演變及其世俗化事象〉《佛學研究》第 8 期：頁 256~264。

1999 年：葉明生〈閩臺張聖君信仰之探討〉《福建道教》1999 年第 2 期（總 5 期）

1999 年：葉明生〈閩臺張聖君信仰之探討（續一）〉《福建道教》1999 年第 3 期（總 6 期）。

1999 年：葉明生〈永泰縣方壺岩---張聖君信仰文化發祥地〉《張聖君信仰文化發祥地---方壺山》福建：永泰縣方壺岩管理委員會編。

1999 年：郭金龍〈澎湖民間避邪物之八---綜合篇〉《石老石古石》14 期，頁 36~40，澎湖縣立文化中心季刊，1999 年 3 月。

1999 年：吳永猛〈密宗曼荼羅與臺灣民間小法道壇的比較〉《空大人文學報》8 卷，頁 211~238。

2000 年：周宗禧〈張公法主的祖殿及其羽化地點考證〉《福建道教》2000 年第 2 期王見川〈「法主公」信仰及其傳說考察〉《臺灣宗教研究通訊》第二期，2000 年 12 月。

2000 年：王銘銘「法主公的傳說、信仰與傳播」附在氏著〈靈驗的「遺產」---圍繞一個村神及其儀式的考察〉此文收於郭于華主編《儀式與社會變遷》頁 41~55，北京：社會科學文獻出版社。

2000 年：葉明生〈閩臺張聖君信仰之探討（續二）〉《福建道教》2000 年第 1 期（總 7 期）。

2000 年：葉明生〈閩臺張聖君信仰之探討（續三）〉《福建道教》2000 年第 2 期（總 8 期）。

2000 年：葉明生〈閩臺張聖君信仰及法主公教之宗教傳統探討〉載於陳志明、張小軍、張展鴻 編《傳統與變遷：華南的認同和文化》北京：文津出版社，2000 年 9 月。

2000 年：邱上嘉《「五營」的境域觀念研究：以雲林縣傳統聚落及臺南府城聯境為例》行政院國家科學委員會八十九年度專題研究計畫成果報告。執行單位：國立雲林科技大學空間設計系暨研究所。

2000 年：許家勇〈初探許厝埔十二庄安營鎮符〉《鹿港文教基金會八十八年度大專獎學金得獎學生作品集》頁 30~36。鹿港：鹿港文教基金會。

2000 年：楊一志《從大員市鎮到臺灣街子：安平舊街區的空間變遷》中原建築學系碩士論文，2000 年。

2000 年：賴孟玲、邱上嘉〈「五營」的境域觀念：以臺南府城聯境為例〉《第四屆建築生產及管理技術研討會論文集》頁 287~294，雲林科技大學。

2000 年：潘朝陽〈空間‧地方觀與「大地具現」暨「經典訴說」的宗教性詮釋〉《中國文哲研究通訊》2000 年。

2000 年：潘朝陽、梁一萍〈「空間、地域與文化」跨學科座談會〉《中國文哲研究通訊》2000 年。

2001 年：邱上嘉《聚落「空間貞定物」之研究---以臺灣西南沿海地區的「五營」為例》行政院國家科學委員會八十九年度專題研究計畫成果報告。雲林：國立雲林科技大學空間設計系研究所。

2001 年：李豐楙〈道教喪葬禮俗複合的魂魄觀〉《泉南文化》4，2001 年。

2001 年：葉明生〈閩臺張聖君信仰之探討（續二）〉《福建道教》2001 年

第 1 期。

2001 年：葉明生〈閩臺張聖君信仰之探討（續三）〉《福建道教》2001 年第 2 期。

2001 年：賴孟玲《臺灣西南沿海地區的「五營」研究》雲林：雲林科技大學空間設計系碩士論文。

2001 年：戴文鋒〈臺灣民間五營的民俗與信仰〉《漢家雜誌》68 期：頁21~25。

2001 年：葉明生〈道教閭山派之研究（一）---閭山派的源流與形成〉《道韻（九）淨明閭山派與養生哲學》臺北：中華大道出版社。

2001 年：吳永猛〈民間信仰的道法二門之探討〉《空大學訊》274 期，頁1~12。

2001 年：吳永猛〈澎湖小法探索〉《澎湖民俗藝術研討會》第一場，頁 27~40。

2001 年：莊宏誼〈元代道教玄天上帝信仰〉《道教與文化學術研討會論文集》臺北：國立歷史博物館。

2002 年：林瑋嬪〈神的具形化：談漢人的神像與乩童〉《物與物質文化學術研討會》中央研究院民族學研究所 主辦，2002 年 06.11~15。

2002 年：吳永猛〈澎湖村落五營信仰之探討〉澎湖研究第一屆學術研討會論文輯》頁 68~79。

2002 年：胡紅波〈乾隆刻本「全像顯法降蛇海遊記傳」的發現〉《成大宗教與文化學報》2 期，頁 31~51，2002 年 12 月。

2002 年：胡紅波〈古本「臨水平妖傳」---乾隆十八年木刻「全像顯法降蛇海遊記傳」〉《臺灣源流》24 期，頁 88~105，2001 年 12 月。

2002 年：葉明生〈張聖君信仰發祥地與盤谷方壺寺祭儀述略〉《民俗曲藝》138 期。

2002 年：莊研育〈鹿港牽車藏儀式〉《彰化文獻》第四期，頁 163~188。彰化縣文化局，2002 年 8 月。

2002 年：俞黎媛〈試論莆田的張聖者信仰〉《臺灣宗教研究通訊》第四期，2002 年 10 月。

2003 年：蕭登福〈哪吒溯源〉《第一屆哪吒學術研討會論文集》頁 1~65，

高雄市：中山大學清代學術中心出版；臺北市：新文豐發行。

2003 年：李豐楙〈五營信仰與中壇元帥：其原始及衍變〉《第一屆哪吒學術研討會論文集》高雄市：中山大學清代學術中心出版；臺北市：新文豐發行。

2003 年：吳永猛〈哪吒太子在法教小法法壇的地位〉《第一屆哪吒學術研討會論文集》頁 155~169。

2003 年：吳永猛〈南瀛地區小法團的探索〉《南瀛傳統藝術研討會論文集》頁 2~15。

2004 年：徐曉望〈宋代閭山派巫法與早期媽祖信仰〉《2004 大甲媽祖國際學術研討會論文集》靜宜大學觀光事業學系編印。

2005 年：王釗雯《臺南市宮廟小法團之研究》臺南大學臺灣文化研究所碩士論文年。

## 五、科儀本、咒文本

蘇海涵編輯《莊林續道藏》（22）（23）（25），臺北：成文出版社，1975 年。

吳先化編著《閭山正統大法符咒》臺北：文翔圖書公司，1994 年。

黃福全編著《道教科儀集成（6）調召五營科儀》逸群出版社，1995 年。

鄭煌濱整編《正宗澎湖普唵正法》高雄濟安堂藏版，臺中：如意堂，2001 年。

鄭聿翔編著《道家符咒秘典》臺中：瑞成書局，2002 年。

鄭聿翔編著《道家法師寶典》臺中：瑞成書局，2003 年。

鄭聿翔編著《道家符咒科儀》臺中：瑞成書局，2003 年。

國家圖書館出版品預行編目資料

臺灣民間信仰中的五營兵將／許宇承著. -- 初版. --
　　臺北市：蘭臺, 2006[民 95]
　　　面；　公分. --（臺灣鄉土與宗教研究叢刊；第 1 輯）
　　參考書目：面

　　ISBN 978-986-7626-40-0（平裝）


538.68232　　　　　　　　　　　　　　　95022365

B004
臺灣鄉土與宗教叢刊　第一輯

# 臺灣民間信仰中的五營兵將

總　編　輯：李世偉、郝冠儒
作　　　者：許宇承
出　版　者：蘭臺出版社
地　　　址：台北市中正區開封街一段 20 號 4 樓
電　　　話：(02)2331-1675　傳真：(02)2382-6225
編　　　輯：張加君
美　　　編：赤邑生
總　經　銷：蘭臺網路出版商務股份有限公司　劃撥帳號：18995335
網 路 書 店：http://www.5w.com.tw　E-Mail：lt5w.lu@msa.hinet.net
網 路 書 店：博客來網路書店　http://www.books.com.tw
網 路 書 店：中美書街　http://chung-mei.biz
香港總代理：香港聯合零售有限公司
地　　　址：香港新界大蒲汀麗路 36 號中華商務印刷大樓
　　　　　　C&C　Building, 36, Ting　Lai　Road, Tai Po, New Territories
電　　　話：(852)2150-2100　　傳真：(852)2356-0735
出 版 日 期：2009 年 3 月初版
定　　　價：新臺幣 350 元整

ISBN-13：978-986-7626-40-0　　　　　版權所有‧翻印必究
ISBN-10：986-7626-40-0